Nicholas Humphrey arbeitet am Darwin College in Cambridge/England. Neben seiner wissenschaftlichen Tätigkeit hat er sich als Autor, u. a. von »Consciousness Regained« und »The Inner Eye«, und Dokumentarfilmer einen Namen gemacht. Er studierte zusammen mit Dian Fossey die Berggorillas in Ruanda. Schwerpunkt seiner Forschung ist die Funktionsweise des menschlichen Gehirns. Er wurde mit zahlreichen Preisen ausgezeichnet, darunter 1985 mit dem Martin Luther King Memorial Prize.

Vollständige Taschenbuchausgabe August 1997
Droemersche Verlagsanstalt Th. Knaur Nachf., München
Copyright © 1995 für die deutschsprachige Ausgabe
by Hoffmann und Campe Verlag, Hamburg
Titel der Originalausgabe: »A History of the Mind. Evolution
and the Birth of Consciousness«
Copyright © 1992 by Nicholas Humphrey
Originalverlag: Simon & Schuster, New York, London,
Toronto, Sydney, Tokio, Singapur
Umschlaggestaltung: Graupner & Partner, München
Umschlagfoto: The Image Bank, München
Druck und Bindung: Elsnerdruck, Berlin
Printed in Germany
ISBN 3-426-77275-2

5 4 3 2 1

Nicholas Humphrey

Die Naturgeschichte des Ich

Aus dem Englischen
von Ulrich Enderwitz

Für Ayla

Inhalt

Danksagung   13

Lies mich   15

Kapitel 1 **Geist und Körper**   21
Eine Einführung in das Problem – die scheinbare Unvergleich-
barkeit von Geist und Gehirn – Lösungen und solche, die keine
sind – ein hoffnungsloses Unternehmen? – Leibniz' Mühle –
Darstellungsebenen – die Verheißung des Funktionalismus.

Kapitel 2 **»Puzzlearbeit« (eine Randbemerkung zur Sprache)** 32
Die Schwierigkeit zu sagen, »was man eigentlich meint« – wie
Wörter zuviel oder zuwenig mitteilen – Äußerungen zum
Phänomen Bewußtsein.

Kapitel 3 **Was geschah in der Geschichte:
die Sache aus der Innenperspektive**   41
Eine Welt ohne Phänomene – Lebensstoff und die Bedeutung der
Körpergrenzen – »Ich« und »Nicht-Ich« – die Vordringlichkeit
des Affekts – die Entwicklung von Empfindlichkeit – Repräsentationen und Handlungsstrategien – »was geht mit mir vor«
kontra »was geht da draußen vor« – Zeichen der Sinnesempfindung und Bezeichnetes der Wahrnehmung – die Zweigleisigkeit
der Evolution des Geistes.

Kapitel 4 **Die zwei Zuständigkeitsbereiche der Sinne**   52
Thomas Reid zur wesentlichen Unterscheidung zwischen »Sinnesempfindung« und »Wahrnehmung« – Starbuck über »intime«
und »bestimmende« Sinnesvorgänge – Probleme mit Wörtern –
die Frage, in welcher Beziehung die beiden Repräsentationsweisen zueinander stehen – serielle oder parallele Kanäle im Gehirn?

Kapitel 5 »Was sehen wir?«   62
Der Gesichtssinn als Testfall für die Unterscheidung – die
Probleme der Philosophen, die sich weigern, die Unterscheidung
zu treffen – wie sich der Gesichtssinn aus einem Hautsinn
entwickelte – Haut wird Auge – Auge bleibt Haut – die Fort-
dauer des intimen Moments im Gesichtssinn.

Kapitel 6 Die Farben sind die Tasten   70
Intime menschliche Reaktionen auf die »Berührung« farbigen
Lichts – die Ästhetik der Farbe – verstärkte Reaktionen bei
Kranken – Manfred Clynes' Messungen »sentischer Reaktionen«.

Kapitel 7 Im Reich der Sinne   75
Der Kult um die Empfindung – platonische Vorurteile gegenüber
dem Intimen der Sinnesempfindung – romantische Gegenbewe-
gung – impressionistische Malerei – Kant und Cézanne zum
subjektiven Charakter des Schönen – Empfindung in der »reinen
Kontemplation« – Aldous Huxley über die Intensivierung der
Sinnesempfindung durch bewußtseinserweiternde Drogen.

Kapitel 8 Wechselsicht   82
Die Möglichkeit, zwischen beiden Kanälen nach Belieben zu
wählen – Affen belegen den Wechsel zwischen den Modalitäten –
Wahrnehmungsinteresse kontra Lust zu empfinden – Roger Fry
über einen korrespondierenden Unterschied in den Reaktionen
der Menschen auf Kunst.

Kapitel 9 »Das muß merkwürdig aussehen!«   87
Warum die Philosophie des Geistes sich zu einem großen Teil
von der Psychologie der Sinne leiten lassen muß – nichts ist
im Geist, was nicht zuvor in den Sinnen war – worum es bei
einer Theorie des Bewußtseins geht – Locke und Wittgenstein
über das »umgekehrte Spektrum« – Diderot zur Notwendigkeit
echter experimenteller Daten.

Kapitel 10 Neue Versuchsanordnungen   94
Experimente, um zu beweisen, daß Empfindung und Wahrnehmung
ihre eigenen Wege gehen können – auf den Kopf gestellte Sicht –
Anpassung der Wahrnehmung ohne Veränderung der Empfindung – »Sehen mit der Haut«: visuelle Wahrnehmung mittels
anhaltender taktiler Empfindungen.

Kapitel 11 **Seelenblindheit und Blindsichtigkeit**   103
Klinische Beweise für parallele Kanäle der Sinnesempfindung
und der Wahrnehmung – Empfindung ohne Wahrnehmung? –
visuelle Agnosie – Wahrnehmung ohne Empfindung? – unter-
schwelliges Wahrnehmen – »Blindsicht« nach Verletzung der
Sehrinde.

Kapitel 12 **Mehr über die Blindsicht**   111
Wie stellt sich Blindsicht dar? Helens Fall: ein Affe, der »einfach wußte«, was da draußen war – Parallelen beim Menschen –
Blindsicht als visuelle Wahrnehmung, die nichts mit »mir« zu
tun hat – die Bedeutung der Sinnesempfindung für die Bestätigung der Wahrnehmung.

Kapitel 13 **Feuer in Händen; ein Dolch der Einbildung**   119
Der Unterschied zwischen »einfach wissen« und »empfinden« –
Vorstellung und Erinnerung – die sensorische Blässe von Vorstellungen – ein hypothetischer Fall, bei dem jemand sich hören
hört – entwicklungsgeschichtliche Überlegungen – die Klarheit der Vorstellungen setzt diese gegen die Realität ab – Leben
im subjektiven Präsens des Empfindens – die Zwischenstellung
der Vorstellungen.

Kapitel 14 **Er dacht, er säh 'nen Elefant**   129
In Richtung auf eine Vorstellungstheorie – Empfinden als Kopieren, Wahrnehmen als Geschichtenerzählen – die Notwendigkeit, Wahrnehmungsfehler zu erkennen – »Rückübertragung an
den Ausgangspunkt« – wo findet der Kontrollvergleich statt? –
Beweis, daß der Sinnesempfindungskanal beteiligt ist – Täu-
schungen und »phänomenale Regression aufs reale Objekt« –
eine spezifische Hypothese – Konkurrenzverhältnis zwischen
Sinnesempfindung und Wahrnehmung – Träume als Grenzfall –
Beweismaterial aus der Neurophysiologie.

Kapitel 15 **Hier steckt es**   148
»Bewußtsein zu haben bedeutet im wesentlichen, Empfindungen
zu haben« – ich fühle, deshalb bin ich – acht Feststellungen, die
daraus folgen.

Kapitel 16 **Hier steckt *was*?**
Ein Kapitel über das Definieren   150
Was »Bewußtsein« bedeutet, und warum das Wort nötig ist –

etymologische Betrachtungen – transitives und intransitives
Bewußtsein – »Empfindungen zu haben« ist eine natürliche
Vorstellung – aus der Sicht des Kindes – wie das Wort Bewußtsein gelernt wird – wie es faktisch gebraucht wird – Bewußtsein und Affekt – warum Theorien, die von der Empfindung
absehen, am eigentlichen Problem vorbeigehen.

Kapitel 17 Fünf Eigentümlichkeiten bei der Suche nach einer Theorie 167

Was heißt es, »Empfindungen zu haben«? – fünf charakteristi-
sche Eigenschaften, durch die sich Empfindungen von Wahrnehmungen unterscheiden – zum Subjekt gehörig – an eine bestimmte Körperstelle gebunden – modalitätsspezifisch qualifi-
ziert – gegenwartsgebundene, existierende Wesenheit – in all
diesen Hinsichten selbstdarstellend – wie lassen sich diese
Wesensmerkmale der Empfindung plausibel mit einem Hirn-
mechanismus in Verbindung bringen?

Kapitel 18 Das Problem der Eignerschaft (ein Schlag nach Steuerbord) 184

Was bedeutet es, wenn man sagt, meine Empfindungen sind
»meine eigenen«? – das Problem der Eignerschaft im allgemeinen – der Primat des Eigentums am eigenen Körper – wie das Eigentum am eigenen Körper sich aus der Erfahrung der Beherr-
schung der eigenen Gliedmaßen entwickelt – »Ich« als Quelle
selbsttätigen Handelns – Verhalten siamesischer Zwillinge und
Verhalten bei Lähmungen als stützendes Beweismaterial –
Eignerschaft im allgemeinen als faktische Verfügung – »Ich« als
Urheber meiner eigenen Empfindungen? – die Möglichkeit, daß
Empfinden eine Form von Körpertätigkeit ist, die vom »Ich«
ausgeht.

Kapitel 19 Die Frage der Zeigewörter (ein Schlag in Richtung Hafen) 196

Weitere Analogien zwischen Empfindungen und Körpertätigkei-
ten – das Wesen von »Zeigewörtern« und ein starkes Argument, das
daraus folgt – der einzige Weg, das »Hier« und »Jetzt« eines
Ereignisses anzuzeigen, besteht darin, an einer »einschlägigen«
Stelle eine physische Bewegung zu erzeugen: Deshalb muß die
Empfindungsaktivität sich bis zu der Stelle erstrecken, an der
die Empfindung verspürt wird, um dort etwas zu bewegen.

Kapitel 20 **Plus ça change ...**   204
Der entwicklungsgeschichtliche Stammbaum der sensorischen
Aktivität – wie sensorische Repräsentationen ihren Anfang als
affektive Reaktionen an der Körperoberfläche nahmen – das
sensorische Epithel war zugleich das reaktive Epithel – die
»Sinnesempfindungsschleife« wurde länger, indem sich die Reaktion unverändert bis hinaus zur Körperoberfläche erstreckte –
selbst die sensorischen Reaktionen beim Menschen stammen
noch von den amöboiden »Zuckungen« ab, »die Zustimmung
oder Ablehnung bedeuteten«.

Kapitel 21 **Eine kleine Geistmusik**   209
Das Problem, wie es zur Qualität der Sinnesempfindung kommt –
wie konnte die ganze Bandbreite menschlicher Empfindungen
sich aus solchen »Zuckungen« (oder »Sentiments«) entwickeln? –
Sentiments an der Körperoberfläche weisen einen »adverbialen
Stil« auf – modale Qualität ist durch die Struktur des Epithels
bestimmt, innermodale Qualität durch die Funktion der affektiven Reaktion – ein Gleichnis aus der Musik.

Kapitel 22 **Besondere Nervenenergien**   216
Mehr über die Qualität der Sinnesempfindung – die traditionelle
Theorie »spezifischer Nervenenergien« und warum sie nicht
funktioniert – Akzentverschiebung von der Eingabe auf die
Ausgabe – Körperhandlungsmodi als Analogie zu den Empfin-
dungsmodi – die Möglichkeit einer objektiven Phänomenologie.

Kapitel 23 **Rauch ohne Feuer**   221
»Nur geistige Dinge sind wirklich«? – Beweismaterial, das gegen
die direkte Beteiligung der tatsächlichen Körperoberfläche an
den Empfindungen spricht – Phantomglieder, der blinde Fleck
beim Sehen – Notwendigkeit einer Theorie Nummer zwei – ein
»inneres Modell« als Ersatz für den tatsächlichen Körper? – wie
dieses innere Modell sich durch Abkürzung der Sinnesempfindungsschleife an der Hirnrinde entwickelt haben könnte – »Hirnsentiments« im Gegensatz zu »Körpersentiments« – worin besteht
jetzt das *Tun* der Hirnsentiments?

Kapitel 24 **Gegenwärtigkeit**   233
Was bedeutet die Behauptung, daß »eine Empfindung zu spüren
darin besteht, die nötigen Anweisungen für Sentiments zu erteilen«? – warum über den Begriff »Anweisungen« noch Näheres

ausgeführt werden muß – Anweisungen sind intentional und müssen das Ergebnis antizipieren, aber eine Abfolge von Nervenimpulsen kann als solche nichts antizipieren – die »erweiterte Gegenwart«, und wie sich tatsächliches und antizipiertes Ergebnis überlagern können – nachhallende Rückkoppelungsschleifen und ihre Entwicklung im Gehirn – sensorische Aktivitäten werden zu »Anweisungen für sich selbst« – Phänomenologie der bewußten Gegenwart.

Kapitel 25 **Hurra!** 248
Die Theorie in der Rekapitulation – bewußtes Empfinden entsteht aus einer eigentümlichen Art von intentionalem Tun – aus einer Art von Tun, das sich seine eigene erweiterte Gegenwart außerhalb der physikalischen Zeit schafft und dessen Urheber, Zuschauer und Genießer in unauflösbarer Verschränkung das über Bewußtsein verfügende Subjekt ist.

Kapitel 26 **Ein Hoch auf den Konservatismus** 253
Obwohl jetzt die meisten Bestandteile der Theorie an ihrem Platz sind, droht uns die Sinnesempfindungsqualität durch die Lappen zu gehen – was wird aus dem »adverbialen Stil« der Sentiments, wenn sie keine wirkliche Körpertätigkeit mehr einbegreifen? – Rückgriff auf den Gedanken des entwicklungsgeschichtlichen Konservatismus – eine Analogie aus der Architektur – »skeuomorphe« Elemente in der Entwicklung von Bauplänen – der modale Stil der Sentiments als Relikt – Schriftformen als analoges Verhältnis – das Problem des genetischen Abdriftens – die Möglichkeit von Unterschieden im Empfindungsstil der verschiedenen Tierarten.

Kapitel 27 **Geist ward Fleisch** 264
Die umfassendere Perspektive – wie weit in die Natur hinein erstreckt sich Bewußtsein? – kann ein von Menschen gemachtes Gebilde Bewußtsein haben? – welche Art von Beweisen können wir für das Bewußtsein im Geiste anderer zu finden hoffen? – wie verhält sich das Bewußtsein anderer animalischer Wesen zu unserem? – welche Grenzen sind unserem eigenen Erkennen gesteckt?

Kapitel 28 **Wasser und Wein** 284
Aber ist das *alles*? – Was sonst wird noch verlangt? – metaphysische Vollständigkeit – der Status einer funktionalistischen Identitätstheorie – Kripke über zufällige und notwendige

Identität – ist eine Welt denkbar, in der unsere Theorie keine
Gültigkeit hätte? – wenn die Theorie leistet, was sie leisten
soll, dann *muß* sie universale Gültigkeit haben.

Kapitel 29 Sein und Nichts   297
Finis.

Register   301

Danksagung

Ich habe Grund, mich bei zahlreichen Personen für ihre Hilfe zu bedanken: vor allem bei Peter Bieri, Robert van Gulick, Nicolas Grahek, Ray Jackendoff, Marcel Kinsbourne, Ayla Kohn, Anthony Marcel, Jay Rosenberg, David Rosenthal und Eckart Scheerer.

Aber einem schulde ich so viel mehr als jedem anderen, daß ich seinen Namen gesondert aufführen muß. Daniel Dennett ist ein Kollege der Art, wie ihn sich jeder wünscht und fast niemand findet: ein Gönner, Lehrer, Kritiker, Mitstreiter und Freund. Er hat mir Mut gemacht, dieses Buch zu beginnen, hat mir die Basis geliefert, von der aus ich es in Angriff nehmen konnte, hat meine Zweifel beschwichtigt, hat andere wachgerufen und hat das ganze Unternehmen mit detaillierter Kritik begleitet. Bei der Position, die er selbst in einer Reihe der hier behandelten Fragen bekanntermaßen einnimmt, und unseren Meinungsverschiedenheiten in diesen Fragen hat er sicher oft das Gefühl gehabt, sich ein Kuckucksei ins Nest gelegt zu haben. Um so herzlicher danke ich ihm.

Während der Abfassung des Buches hielt ich mich als Gaststipendiat an Dennetts »Center for Cognitive Studies« in der Abteilung für Philosophie an der Tufts University auf und war anschließend Mitglied der »Gruppe Geist und Gehirn« im Zentrum für Interdisziplinäre Forschung (ZiF) an der Universität Bielefeld. In einer Zeit, in der Großbritannien akademische Zigeuner aus uns allen macht, bin ich diesen ausländischen Universitäten besonders dankbar für die Aufnahme, die ich bei ihnen fand. Für weitere finanzielle und materielle Unterstützung danke ich der Kapor-Stiftung (die für das Stipendium an der Tufts University sorgte), Alec Horsley und dem Verlag.

Jenny Uglow hat das Manuskript meisterhaft druckfertig gemacht.

Lies mich

Der unbestimmte Artikel in unserer Sprache macht durchaus Sinn. Während es falsch wäre, dieses Buch »The *History of the Mind*« zu nennen, kann ich ohne Skrupel von »a *history*« reden. Dieses Beispiel erklärt einen Teil der Beschaffenheit des menschlichen Geistes: eine Entwicklungsgeschichte, die sich um die Frage dreht, wie das sinnliche Bewußtsein auf die Welt kam und was es dort treibt. Aber Entwicklungsgeschichte macht den größten Teil der Geschichte aus und sinnliches Bewußtsein den besten Teil des Geistes.

In den letzten Jahren sind zahlreiche – vielleicht zu viele – Bücher über Geist, Bewußtsein und Evolution erschienen (zwei davon habe ich beigesteuert). Und angesichts überladener Bücherregale und schwindender Aufnahmebereitschaft muß ich wohl erklären, was an diesem Buch anders ist.

Wenn man so will, ist es ein altmodisches Buch. Über Computer oder künstliche Intelligenz oder die sogenannte »kognitive Revolution« in der Psychologie hat es sehr wenig zu sagen. Auf jüngste Entwicklungen in den Neurowissenschaften nimmt es fast gar nicht Bezug. Quantentheorie, fraktale oder morphische Felder finden darin keine Erwähnung. Soziobiologische Methoden werden nicht bemüht. Tatsächlich könnte dieses Buch in vieler Hinsicht auch vor hundert Jahren geschrieben worden sein. Nur, daß dies nicht geschah! Das Buch bleibt am theoretischen Stollenvortrieb in vorderster Front beteiligt, aber viel Arbeit läßt sich eben nach wie vor mit dem Spaten verrichten.

Anders an dem Buch ist auch, daß es ambitionierter als die

meisten ist. Es hat sich vorgenommen, das Bewußtseinsproblem nicht einfach nur zu bestimmen, sondern zu lösen. Nach Jahrzehnten eines unangebrachten Optimismus und entsprechender Enttäuschungen sehen viele Wissenschaftler und Philosophen ihre Hauptaufgabe nach wie vor darin, jenseits der Berge die Stelle zu orten, wo der Regenbogen die Erde berührt. Aber es ist an der Zeit, daß wir tatsächlich nach dem Goldtopf zu graben beginnen.

Anders an dem Buch ist, daß es von der Sache selbst handelt. Während ich in *Consciousness Regained** und in *The Inner Eye*** noch versuchte, das Wesen der »bewußten Einsicht« in unsere Empfindungen zu klären, kehre ich hier zum eigentlichen Wesen der Empfindung zurück. Ich lasse meine frühere Position völlig außer acht und konzentriere mich statt dessen auf das Bewußtsein als reine Sinnesempfindung. Als J. M. Keynes von einem Freund gefragt wurde, warum er so bereitwillig eine Reihe seiner früheren Ansichten fallen lasse, antwortete er: »Was bleibt mir denn anderes übrig, wenn ich feststelle, daß ich mich geirrt habe?« In meinem Fall ist, glaube ich, das Problem nicht so sehr, daß ich mich getäuscht habe, sondern daß ich in den früheren Arbeiten auf einem zu abgehobenen Niveau anfing und die fundamentalen Probleme ungelöst ließ.

Andere Autoren zum Thema Bewußtsein haben sich, wie anfangs auch ich, mit Vorliebe auf zweitrangige mentale Fähigkeiten konzentriert – auf »Gedanken über Empfindungen« und »Gedanken über Gedanken«. Diese Präferenz ist verständlich. Hochentwickelte Eigenschaften, wozu abstraktes Denken, Sprache, Selbstbewußtsein, soziales Bewußtsein und so weiter gehören, sind Zeichen reifen Menschseins, während bloße Empfindung auch bei Tieren und Säuglingen zu finden ist. Die ersteren beeindrucken und erstaunen uns mehr als die letzteren, sie scheinen mehr evolutions- und individualgeschichtliche Ar-

---

* Nicholas Humphrey (1983), *Consciousness Regained*, Oxford 1983.
** Nicholas Humphrey (1986), *The Inner Eye*, London 1986.

beit zu erfordern, sie sind Voraussetzung für die geistige Tätigkeit eines Erwachsenen – und sie faszinieren den Theoretiker. In einem gleichfalls kürzlich erschienenen Buch übers Bewußtsein schreibt zum Beispiel William Calvin: »Ich meine tatsächlich Bewußtsein in dem Sinne, wie wir ... die Vergangenheit betrachten und die Zukunft vorhersagen, wie wir vorausplanen, was wir morgen tun werden, wie wir bestürzt eine Tragödie sich entwickeln sehen und wie wir unsere Lebensgeschichte erzählen.«[*] Auch Roger Penrose hat sich zu dem Thema geäußert: »Die Fähigkeit, unter geeigneten Umständen den Unterschied zwischen Wahr und Falsch zu erahnen oder intuitiv zu erfassen – inspiriert zu urteilen –, das ist das Kennzeichen des Bewußtseins.«[**] Ich kann die Begeisterung verstehen, mit der beide Wissenschaftler nach einer Erklärung für diese bemerkenswerte menschliche Fähigkeit suchen, und ich wünsche ihnen dabei alles Gute. Ich aber möchte einen Schritt nach dem anderen tun. Unsere Lebensgeschichte ist zunächst nämlich die Geschichte eines *empfindenden Selbst*. Ohne ein solches Selbst kann diese Geschichte ja nicht entstehen. Und dieses Buch handelt von ihrer Entstehung.

Ich habe das Buch in Form einer Entdeckungsreise geschrieben (eine Wiedergabe des Weges, den mein eigenes Denken gegangen ist). Meine Argumentationsweise ist zwar nicht gerade willkürlich, aber doch ein wenig glücksritterhaft – indem sie je nach Bedarf biologisches Beweismaterial oder logische Gründe heranzieht, oder auch reine Spekulation, wo nichts anderes verfängt.

Wer eine Theorie vorträgt, sollte sich zwar hinter dem Diktum verstecken, daß es auf den Weg, nicht auf das Ziel ankomme, aber ich glaube in der Tat, daß wissenschaftliche Ziele losgelöst von dem Weg, der zu ihnen führt, etwas ziemlich Sinnloses sind. In *The Hitchhiker's Guide to the Galaxy*[***] stellt

---

  [*] William Calvin (1990), *The Cerebral Symphony*, New York 1990, S. 3.
 [**] Roger Penrose (1989), *The Emperor's New Mind*, Oxford 1989, S. 412 (dtsch.: *Computerdenken*, Heidelberg 1991).
[***] Douglas Adams (1987), *The Hitchhiker's Guide to the Galaxy*, London 1979 (dtsch: *Per Anhalter durch die Galaxis*, Berlin 1984).

17

sich heraus, daß die Lösung für das Rätsel »des Lebens, des Universums und des ganzen Rests« »zweiundvierzig« lautet. Mag sein, daß dies zutrifft. Aber wen interessiert das schon, wenn nicht zugleich erklärt wird, wie es kommt oder warum es sich so verhält, daß die Antwort gerade 42 lautet? Für sich und als abstraktes Faktum genommen, ist 42 schlicht öde.

Ist es denkbar, daß auch Antworten auf Fragen nach dem Bewußtsein ähnlich öde sind? Obwohl ich selbst davon betroffen bin: Jawohl, ich habe den Verdacht, daß sie, abstrakt vorgetragen, langweilig und enttäuschend sein könnten (oder vielleicht sogar sein *müßten*). Aber wenn das Problem in einen evolutionsgeschichtlichen Kontext eingebettet wird, verhält es sich anders.

Wenn ich nicht einer großen Selbsttäuschung erliege, habe ich nicht bloß die Vorstellungen von Zeit und Raum freigelegt ... sondern ich bin zuversichtlich, daß ich in Kürze noch mehr vollbringen kann – nämlich, daß es mir gelingt, alle fünf Sinne zu entwickeln, will heißen, aus *einem Sinn* abzuleiten & ihr Wachstum & die Ursachen ihrer Verschiedenheit darzutun & in dieser Darlegung die Vorgänge des Lebens und des Bewußtseins zu enträtseln.

Samuel Coleridge, Brief an Thomas Poole, 1801*

---

* Samuel Coleridge (1801), zit. in Richard Holmes, *Coleridge*, London 1989, S. 300.

Kapitel 1
Geist und Körper

Alles, was in der Natur von Interesse ist, spielt sich in den Grenzzonen ab: an der Oberfläche der Erde, in der Zellmembran, im Augenblick der Katastrophe, am Anfang und Ende eines Lebens. Die ersten und letzten Seiten eines Buches sind die am schwierigsten zu schreibenden.

Ich beginne dieses Buch am 25. Dezember, genau ein Jahr nachdem mein Vater starb. Vielleicht schließe ich es ab, wenn mein erstes Kind zur Welt kommt.

Als mein Vater starb, flog ich von Amerika nach England und kam am nächsten Tag auf unserem Bauernhof in der Nähe von Cambridge an. Mein Vater lag ausgestreckt auf seinem Bett, im sprichwörtlichen Sinne entschlafen. Der Bestattungsunternehmer kam und bat mich, ihm zu zeigen, wo der Leichnam lag. Die Familie, meinte er, solle vielleicht lieber in ein anderes Zimmer gehen, während er und sein Kollege »sie« die Treppe hinuntertrügen. Diese »Verwechslung«, dieses »sie«, hatte auf mich eine merkwürdig entlastende Wirkung. Mein Vater war nicht mehr da.

Siebzig Jahre lang war mein Vater ein Gefäß mit Wahrnehmungsfähigkeit, ein Bläschen bewußten Menschseins, das in der dunklen Gischt fühlloser Materie mitgeführt wurde. Diesen begrenzten Zeitraum hindurch war er sich selbst Subjekt, allen anderen Objekt. Sein Bewußtsein war etwas Separates. Was in seinem Geist vorging, war auf keinen von uns je übertragbar. Er war Zentrum von Vorstellungen und Gedanken. Er genoß das Präsens reiner Sinnesempfindungen. Er wußte, was es hieß, ein menschliches Wesen zu sein. Aber schließlich zerbrach die goldene Schale, platzte das Bläschen. Von diesem Augenblick an war die Innen-/Außen-Unterscheidung verschwunden; oder, genauer gesagt, es war kein Innen mehr vorhanden.

Bei seiner Beerdigung lasen wir eine Stelle aus John Bunyans *The Pilgrim's Progress*: »Als der Tag, da er von hinnen mußte, gekommen war, geleiteten ihn viele zum Fluß hinab, in den er mit den Worten hineinschritt: ›Tod, wo ist dein Stachel?‹ Und da er tiefer hineinschritt, sagte er: ›Hölle, wo ist dein Sieg?‹ So ging er hinüber, und alle Posaunen erschollen für ihn auf der anderen Seite.«*

Während dessen dachte ich an William Drummonds *Cypresse Grove*: »Wenn zwei Pilger, die nur ein paar Meilen zusammen gewandert sind, angesichts ihrer bevorstehenden Trennung Herzeleid empfinden, welchen Kummer bei der Trennung müssen dann erst zwei so herzliche Freunde und von Haßgefühlen freie Liebende empfinden, wie es Leib und Seele sind?«**

Sogar in unserem Jahrhundert wurde noch ernsthaft versucht, das »Entfliehen der Seele« mit wissenschaftlichen Meßmethoden zu beobachten. Im Jahrgangsband 1907 des *Journal of the American Society for Psychical Research* berichtete Dr. Duncan MacDougall, daß er sterbende Patienten auf ein leichtes Bett gelegt und dieses auf eine Reihe von genau im Gleichgewicht befindlichen Waagen montiert habe. Er beobachtete bei sechs verschiedenen Patienten zum Zeitpunkt des Todes plötzliche Gewichtsverluste zwischen 10 und 42 Gramm. Als er ähnliche Experimente mit sterbenden Hunden durchführte, konnte er bei ihrem Tod keinen Gewichtsverlust feststellen.***

Wiederholungen des Experiments brachten keine Bestätigung der MacDougallschen Ergebnisse. Wenn ein Mensch stirbt, verfügt er nicht über ein einziges Atom mehr oder weniger. Vielmehr verhält es sich einfach nur so, daß die Atome, aus

---

* John Bunyan (1678), *The Pilgrim's Progress*, Teil II, London 1910.
** William Drummond of Hawthornden (1623), *The Cypresse Grove*, zit. in John Hadfield, *A Book of Beauty*, London 1952, S. 183.
*** Duncan MacDougall (1907), zit. in James E. Alcock, *Parapsychology: Science or Magic*, Oxford 1981, S. 11.

denen er bestand, neu geordnet werden und nach dieser Umordnung keine Person mehr bilden.

Bei einem Gottesdienst in Harlem vor zwei Wochen hörte ich einen schwarzen Prediger über das Thema »Sich nehmen, was einem gehört« reden. Die entscheidende Frage, so sagte er, sei: »Bist du oder bist du nicht?« Hamlet drückte es anders aus: »Sein oder Nichtsein?« Auf diese Frage gibt es keine halbherzige Antwort. Entweder das Selbstsein ist etwas Reales, oder aber es ist überhaupt nicht. Eine Person ist, oder sie ist eben nicht. Was dieses *ist* bedeutet, darum geht es im vorliegenden Buch.

Ich habe einen großen Fisch an der Angel. Aber die erste Hälfte des Buches werde ich mich damit beschäftigen müssen, die Leine einzuholen. Und bevor mir das gelungen ist, möchte ich lieber nicht großartig über Umfang oder Gewicht des Fisches spekulieren. Über seine Form allerdings kann ich jederzeit Auskunft geben: Sie befaßt sich mit dem Geist-Körper-Problem, und dies wiederum befaßt sich damit, wie im menschlichen Gehirn Bewußtseinszustände entstehen können. Genauer gesagt (und zu gegebener Zeit wird größere Genauigkeit nötig sein), ist es das Problem, zu erklären, wie im menschlichen Gehirn subjektive Empfindungen entstehen können.

Das Vokabular, mit dem ich arbeiten muß, ist mir (und Ihnen!) möglicherweise nicht übermäßig hilfreich. Schon der Ausdruck »subjektive Empfindungen« ist recht vage. Es ist indes der gängige Terminus, den Philosophen für ihre Fachdiskussionen verwenden, um sprachlich festzuhalten, wie es ist, wenn man Bewußtsein von innen her erlebt. Beispiele für subjektive Empfindungen sind etwa das sinnlich wahrgenommene Rot einer Rose, das Gefühl des Schauders, der einem den Rücken hinunterläuft, der Geschmack von Roquefortkäse.

Jeder von uns macht, wie es scheint, die Erfahrung solcher Empfindungen in der »Abgeschiedenheit« des eigenen Bewußtseins. Ihre »Qualität« ist uns klar, wenn sie sich auch anderen nicht ohne weiteres mitteilen läßt. Und weil Qualität für die

Empfindung eine so große Rolle spielt, ja, einer ihrer wesentlichen Bestandteile ist, bezeichnen die Philosophen subjektive Empfindungen manchmal auch einfach als »Qualia«. Sicher weisen subjektive Empfindungen auch quantitative Aspekte auf: Ich kann zum Beispiel von einem Rotton sagen, daß er zweimal so intensiv ist wie ein anderer. Aber was ich nicht mitteilen könnte (und als bekannt voraussetzen muß), ist, worin die Qualität Rot besteht.

Ich möchte das Problem an drei Beispielen aus dem menschlichen Leben demonstrieren, deren »Qualität« unbestritten ist:

Beispiel 1: Wenn ich mir auf die Zunge beiße, reagiere ich mit einer subjektiven Schmerzempfindung (und damit ich mich erinnere, was das heißt, beiße ich kurz einmal zu). Diese Empfindung existiert nur für mich, und wenn ich versuche, anderen mitzuteilen, wie sie beschaffen ist, kann ich das nur recht unbestimmt und mit Hilfe von Metaphorik. Gebunden ist meine Schmerzempfindung an einen Zeitpunkt (eben jetzt) und an einen Ort (meine Zunge). Darüber hinaus weist sie einen Stärkegrad (schwacher Schmerz) und eine affektive Färbung (unangenehm) auf. Aber in den meisten anderen Punkten entzieht sie sich offenbar jeder physikalischen Beschreibung. Ich würde geradezu darauf bestehen, daß mein Schmerz nicht Teil der objektiven Welt, der Welt physischer Stofflichkeit ist. Kurz: Er kann schwerlich als physikalischer Vorgang begriffen werden.

Beispiel 2: Im selben Augenblick, in dem ich mir auf die Zunge beiße, spielen sich im Gehirn Prozesse ab, die damit in Zusammenhang stehen. Diese Prozesse bestehen in der Aktivität von Nervenzellen. Im Prinzip (obwohl natürlich nicht in praxi) könnten sie von einem unabhängigen Beobachter mit Zugang zum Inneren meines Kopfes wahrgenommen werden. Und sollte der einem Wissenschaftlerkollegen mitzuteilen versuchen, worin mein hirngestützter Schmerz besteht, würde er für diesen Zweck die objektive Sprache der Physik und Chemie als völlig ausreichend ansehen. In seinen Augen würde mein hirngestützter Schmerz einzig und allein der Welt physikalischer Stofflichkeit angehören. Er wäre nichts anderes als ein physikalischer Vorgang.

Beispiel 3: Nach allem, was wir wissen, basiert Beispiel 1 voll und ganz auf Beispiel 2. Mit anderen Worten, die subjektive Empfindung wird durch Hirnprozesse herbeigeführt (was immer die genaue Bedeutung von »herbeigeführt« sein mag).

Die Frage ist also, *wie* und *warum* und *mit welchen Folgen* es zu dieser Abhängigkeit des nicht-physischen Geistes vom physischen Gehirn gekommen ist.

Über Jahrhunderte hat diese Frage die Philosophen frustriert, zur Verzweiflung getrieben, ja, geradezu in Panik versetzt. Vor 350 Jahren verlieh René Descartes seinem Ohnmachtsgefühl entsprechend Ausdruck: Die auf das Problem bezogene Betrachtung der ersten Meditation habe ihn, erklärt er zu Beginn der zweiten, »in so gewaltige Zweifel gestürzt, daß ich sie nicht mehr vergessen kann, und doch sehe ich nicht, wie sie zu lösen sind; sondern ich bin wie bei einem unvorhergesehenen Sturz in einen tiefen Strudel so verwirrt, daß ich weder auf dem Grunde festen Fuß fassen, noch zur Oberfläche emporschwimmen kann«.*

Descartes Lösung bestand darin, die logische Folgerung aus dem einen Beispiel zu leugnen und sich vorbehaltlos zur dualistischen Hypothese zu bekennen. Der Dualismus vertritt die Ansicht, daß in der Welt zwei gänzlich unterschiedliche Arten von Materie existieren, Geistmaterie (aus der subjektive Empfindung besteht) und physikalische Materie (aus der das Gehirn besteht), und daß diese beiden halbwegs unabhängig voneinander existieren. Im Prinzip könnte es also Geist ohne Gehirn und Gehirn ohne Geist geben. Falls und wann immer diese beiden verschiedenen Wesenheiten zusammentreffen und interagieren – Descartes mußte selbstverständlich zugeben, daß dies der Fall ist –, impliziert das einen Kontakt über eine metaphysische Trennlinie hinweg.

* René Descartes (1641), *Meditationen über die Grundlagen der Philosophie*, Darmstadt 1960, S. 20.

Das Dilemma mit dem Dualismus ist, daß er gleichermaßen zuviel und zuwenig erklärt; nur wenige Philosophen haben sich mit ihm anfreunden können. In neuerer Zeit wurden unterschiedliche Formen des Monismus kultiviert, der die Ansicht vertritt, in Wirklichkeit gebe es nur eine Art von Materie, aus der letztendlich sowohl der Geist als auch das Gehirn bestehe. In seiner extremsten Form, dem Physikalismus, behauptet er sogar, daß bestimmte subjektive Empfindungen tatsächlich identisch seien mit den jeweiligen physikalischen Vorgängen im Gehirn (auf dieselbe Weise, wie ein Blitz identisch sei mit einer elektrischen Entladung in der Luft).

Sich mit dieser Aussage anzufreunden ist auch nicht gerade leicht. Zunächst würde daraus nämlich folgen, daß nur lebende Organismen auf der Basis von Kohlenstoffverbindungen (also mit Gehirnen auf dieser Basis), wie wir selbst, bewußte Empfindungen haben können, die den unseren irgend vergleichbar wären. Nur wenige Philosophen sind aber dazu bereit, im voraus anderen Lebensformen mit anders beschaffenen Gehirnen das Bewußtsein abzusprechen. Es wäre, gelinde gesagt, ziemlicher Chauvinismus anzunehmen, daß etwaige humanoide Geschöpfe auf einem fernen Planeten nur deshalb keiner unserer subjektiven Empfindungen fähig sein sollten, weil sie andere Elemente als Bausteine benutzen und obwohl auch sie sich intelligent und feinfühlig verhalten. Die Möglichkeit jedenfalls sollte man nicht so einfach ausschließen.

Selbst wenn subjektive Empfindungen wirklich mit physischen Zuständen identisch wären, würde diese Tatsache uns erst recht in eine Erklärungsnot versetzen. Würden wir nämlich einfach nur diese Identität einräumen, so hätten wir bezüglich der geheimnisumwitterten Frage, wie es denn zu dieser Identität kommt, noch nicht das geringste geleistet. Auch Analogien – wie die mit dem Blitz – brächten uns da nicht weiter. Denn im Falle des Blitzes gibt es in Wirklichkeit gar kein Geheimnis: Jeder Physiker kann vorhersagen, daß eine elektrische Entladung in der Atmosphäre unter entsprechenden Bedingungen Blitz und Donner hervorruft. Hingegen kann niemand auch nur ansatzweise aus der elektrischen Aktivität im Gehirn die subjektive Empfindung von Käsegeschmack vorhersagen.

Samuel Johnson schrieb 1759 in *Rasselas*: »Materie kann sich von Materie nur ihrer Form, Masse, Dichte, Bewegung und Bewegungsrichtung nach unterscheiden: welcher dieser Eigenschaften, in was für einer Spielart oder Kombination auch immer, läßt sich Bewußtsein zuordnen? Rund oder quadratisch, fest oder flüssig, groß oder klein zu sein, in die eine oder andere Richtung langsam oder rasch bewegt zu werden – das alles sind Modalitäten des materiellen Bestehens, die dem Wesen des Denkens gleichermaßen fremd sind.«* Und bei vielen heutigen Denkern trifft man noch dieselben Ängste an. Der britische Philosoph Colin McGinn schrieb kürzlich: »Irgendwie wird, so spüren wir, das Wasser des physischen Gehirns in den Wein des Bewußtseins verwandelt, aber wie diese Umwandlung vor sich geht, bleibt uns ein absolutes Rätsel. Neurale Übertragungen scheinen irgendwie nicht der richtige Weg, um Bewußtsein in die Welt zu bringen ... Das Geist-Körper-Problem ist das Problem, zu verstehen, wie das Wunder gewirkt wird.«**

McGinns trauriges Fazit ist die faktische Unlösbarkeit des Problems: Entweder gibt es tatsächlich gar keine Lösung oder, wenn es sie gibt, ist der menschliche Verstand zu beschränkt, um sie je zu erfassen.

Bestimmte Problemkategorien sind prinzipiell unlösbar. Niemand kann etwa einen Liter Flüssigkeit in einem Halblitergefäß unterbringen oder den rechten Handschuh der linken Hand anpassen oder (um beim vorherigen Bild zu bleiben) Wasser in Wein verwandeln. Wenn das Geist-Körper-Problem diese Art von Problem wäre, hätte es wenig Sinn, sich mit ihm noch weiter zu beschäftigen.

Aber ehe wir dergleichen Parallelen ziehen, sollten wir unsere

---

* Samuel Johnson (1759), *The History of Rasselas, Prince of Abyssinia*, hrsg. v. J.P. Hardy, Oxford 1988.
** Colin McGinn (1989), »Can we solve the mind-body problem?«, *Mind*, 98 (1989), S. 349–366.

Aufmerksamkeit auf einen interessanten Unterschied richten, der etwa zwischen dem Problem, einen Liter in einem Halbliltergefäß unterzubringen, und dem Problem, die Entstehung des Bewußtseins im Hirn zu erklären, besteht: Während ersteres nach allem, was wir wissen, noch nie vorgekommen ist, ereignet sich letzteres ständig. Wenn die »Verwandlung des Wassers des physischen Gehirns in den Wein des Bewußtseins« ein Wunder ist, dann ist es eines jener alltäglichen Wunder, auf die der Begriff per definitionem keine Anwendung findet.

So gesehen sollten wir mit Bedacht an das Geist-Körper-Problem herangehen, damit wir nicht unter der Hand ein Problem daraus machen, das nicht nur schwierig ist, sondern logisch unüberwindlich scheint.

In seiner »Monadologie« aus dem Jahr 1714 stellte sich Gottfried Wilhelm Leibniz das Gehirn hinlänglich vergrößert vor, um darin umherwandern zu können wie ein Aufseher in einer Mühle: »Man muß übrigens notwendig zugestehen, daß die *Perzeption* und alles, was von ihr abhängt, *durch mechanische Gründe*, d.h. durch Gestalt und Bewegung, *nicht zu erklären* ist. Denkt man sich eine Maschine, die auf die Produktion von Gedanken, Empfindungen und Perzeptionen eingerichtet wäre, so könnte man sie sich, unter Wahrung der Maße, so weit vergrößert denken, daß man wie in eine Mühle in sie hineingehen könnte. Dies vorausgesetzt, wird man bei ihrer Besichtigung im Inneren nichts als getrennte Teile finden, die einander stoßen, aber niemals etwas, woraus man eine Perzeption erklären könnte.«*

Auf den ersten Blick ist dieses Bild verführerisch, aber näher besehen hat es eine augenscheinliche Schwäche. Leibniz nahm die Mühle als Metapher für die grundlegende physikalische Wirklichkeit. Genauso gut aber hätte er einen völlig anderen Zusammenhang mit ihr veranschaulichen können. Denn wohlgemerkt, die Mühle ist nicht einfach nur ein physikalischer Ge-

---

* Gottfried Wilhelm Leibniz (1714), »Monadologie«, Abschn. 17, *Hauptwerke*, Stuttgart 1958, S. 134–5.

genstand. Vor allem ist sie eine *Mühle*, eine Maschine, die Korn mahlt und Mehl für Brot liefert; sie ist ein Arbeitsplatz; sie ist eine Quelle des Wohlstands. Wer eine Mühle betreten und nur »getrennte Teile, die einander stoßen«, wahrnehmen würde, könnte diese Eigenschaften ebenfalls nicht erklären. Grund aber für diese Unfähigkeit wäre der häufige Irrtum, wonach der unmittelbare Augenschein für die gesamte Wirklichkeit genommen wird: Der Mühlenbesucher hätte sich in der Beschreibungsebene vertan.

Ich brachte einmal in eine Vorlesung eine Schachtel mit, in der sich zwei Gegenstände befanden. Ich pochte mit einem Lineal auf die Sachen und forderte die Studenten auf zu raten, was in der Schachtel sei. »Hohlkörper«. Ich ließ sie einen Blick hineinwerfen. »Knochen« ... »Menschliche Schädel«. Der eine war kleiner als der andere. »Schädel von Mann und Frau«. Ich nahm die Schädel aus der Schachtel heraus und erklärte, es seien Indianerschädel, gestohlen aus einem Grab. (»Bringen Sie sie zurück.«) Ich erläuterte, daß es sich wahrscheinlich um Mann und Frau handele, ein junges Ehepaar, das gemeinsam verunglückt und dann beerdigt worden sei. Ich gab ihnen Namen und stellte sie Wange an Wange nebeneinander, Hiawatha und Minnehaha. (»Das ist empörend ...«)

Aus dieser Lektion ließ sich folgendes lernen: Zwei überwiegend aus Kalk bestehende Hohlkörper waren auf einer anderen Beschreibungsebene die sterblichen Überreste eines Liebespaars, und der Umgang mit ihnen konnte sowohl lockerer Lehrstoff als auch eine grobe Pietätlosigkeit darstellen. Unterschiedliche Interpretationsebenen können eben sehr weit voneinander entfernt sein.

Was aber für eine Mühle oder einen Totenschädel gilt, das gilt zweifellos in noch stärkerem Maß für einen funktional hochentwickelten Mechanismus wie ein Gehirn. Auf einer Erklärungsebene sind Gehirne ohne Frage physikalische Objekte, die sich in bezug auf ihre materiellen Bestandteile reduktiv beschreiben lassen. Dies ist aber ganz gewiß nicht der einzige Weg, auf dem sie sich beschreiben lassen, ja, es ist nicht einmal unbedingt der erhellendste. Um ein besseres Verständnis davon zu ermöglichen, wie geistige Tätigkeit entsteht, muß man sich vielleicht das, was das Gehirn in zeitlicher Abfolge tut, als von dem verschieden vorstellen, was es in jedem einzelnen Augenblick ist.

Eine Möglichkeit dazu wäre beispielsweise, sich das Gehirn als einen Datenverarbeitungsapparat oder als eine Logikmaschine vorzustellen, so daß die Eigenschaften, die es für uns hat, weniger physikalischer als mathematischer Natur sind. Ein Gehirn ließe sich demnach als eine Apparatur beschreiben, die »Daten« aufnimmt und zwecks weiterer Informationsgewinnung »verarbeitet« (was zweifellos der Fall ist, wenn wir uns entschließen, es so zu beschreiben). Man könnte sagen, entscheidend sei die mathematische Beziehung zwischen Input und Output. So gesehen wären bestimmte subjektive Empfindungen nicht bestimmten physikalischen Vorgängen im Gehirn gleichzusetzen, sondern den durchgeführten logischen Verknüpfungsoperationen.

Die Theorie, der zufolge geistige Zustände allgemein nichts anderes sind als mathematisch definierte Datenverarbeitungszustände, ist unter dem Namen *Funktionalismus* bekannt. Sie ist von etlichen zeitgenössischen Philosophen begeistert aufgenommen worden. William Lycan zum Beispiel schreibt in seinem kürzlich veröffentlichten Buch, der Funktionalismus sei »die einzige unter sämtlichen vorhandenen philosophischen Lehrmeinungen, für die ich bereit (wenn auch nicht befugt) bin, über Leichen zu gehen«.* Aber wenn auch viele andere geneigt sein mögen, der These von einem Entsprechungsverhältnis zwischen Datenverarbeitungszuständen und bestimmten geistigen Prozessen zuzustimmen – bewußte geistige Prozesse würden sie von dieser Äquivalenz ausnehmen und mit noch größerer Entschiedenheit die bewußte Wahrnehmung subjektiver Empfindungen.

Zweifellos ist die Vorstellung, daß Bewußtseinszustände eher logischen als stofflichen Zuständen des Gehirns korrespondie-

---

* William Lycan (1987), *Consciousness*, Cambridge/Mass. 1987, S. 37.

ren sollen, recht merkwürdig. Sie mutet besonders befremdlich an, wenn wir uns klarmachen, daß eben diese logischen Zustände ja auch in einer unbelebten Apparatur existieren könnten und daß folglich die Apparatur (egal, woraus sie bestände) über bewußte Empfindungen verfügen würde.

Manch einem erscheint diese Vorstellung denn auch als gar zu absonderlich. Auch hier paßt ein Zitat von McGinn: »Der ›qualitative Gehalt‹ bewußter Erfahrung – die Rotwahrnehmung, die Schmerzempfindung usw. – läßt sich aus Datenverarbeitungsprozessen im Nervensystem nicht herleiten.«[*] Ray Jackendoff, Verfasser von *Consciousness and the Computational Mind*, schreibt: »Von der bewußten Erfahrung als von einem Informationsfluß zu reden finde ich haargenau so unsinnig, wie einen Haufen neuraler Entladungen in ihr zu sehen.«[**]

Mag indes sein, daß wir einfach noch nicht genug über den Aspekt der Datenverarbeitungstätigkeit des Zentralnervensystems wissen und daß die Sache, wenn wir erst besser informiert sind, gar nicht mehr so wunderbar wirkt.

Nun, wir werden sehen ... Aber nicht, ehe wir nicht einen besseren Begriff davon haben, worin die »Geist«-Seite beim Geist-Körper-Problem besteht. Und das wird eine größere Revision – oder Überholung – weitverbreiteter Vorstellungen davon erfordern, *wofür* Geist da ist. Auch wenn ich in der Tat beabsichtige, das Phänomen »Bewußtsein« in empfindungsfähigen menschlichen Wesen zu erklären, muß ich zuvor noch viel darüber sagen, was es bedeutet, ein menschliches Wesen zu sein, und vorher noch viel darüber, was es heißt, über Empfindungsfähigkeit zu verfügen.

---

[*] Colin McGinn (1987), »Could a machine be conscious?«, in: *Midwaves*, hrsg. v. Colin Blakemore und Susan Greenfield, Oxford 1987, S. 287.
[**] Ray Jackendoff (1987), *Consciousness and the Computational Mind*, Cambridge/Mass. 1987, S. 18.

Kapitel 2

»Puzzlearbeit«
(eine Randbemerkung zur Sprache)

Kaum habe ich damit begonnen, unser Problem zu skizzieren, unterbreche ich mich auch schon, um einige vorsorgliche
Anmerkungen über den Gebrauch von Wörtern zu machen. Bereits in den zurückliegenden Passagen und mehr noch in den
kommenden sind etliche der Schlüsselbegriffe in Anführungszei-
chen oder kursiv gesetzt – ein sicheres Zeichen dafür, daß die betreffenden Bezeichnungen ihren Gegenstand nicht präzise genug
beschreiben. Manchmal hat man, wie Alfred Prufrock in dem
Gedicht von T. S. Eliot* jammert, das Gefühl:

> »Auszudrücken, was ich genau sagen will,
>   ist mir nicht gegeben!
> Vielmehr ist es, als sähe man eine Laterna magica
>   Nervenmuster auf der Projektionsfläche weben.«

Wenn es aber zutrifft, daß unsere sprachlichen Mittel für die
Beschreibung von Geist und Bewußtsein unzulänglich sind,
dann könnte man daraus auch schließen, daß an dem ganzen
Unternehmen etwas ernsthaft faul ist. Schließlich werden diese
Fragen schon endlos diskutiert. Wenn es nach wie vor schwer-
fällt, für die Beschreibung solcher doch wohl grundlegender
Vorstellungen wie die von Geist und Bewußtsein die richtigen
Begriffe zu finden, dann heißt das vielleicht, daß diese Vorstel-
lungen am Ende gar nicht so fundamental sind.

* T.S. Eliot (1917), »The Love Song of J. Alfred Prufrock«, *Collected Poems
  1909–1962*, London 1974.

In der Philosophie des 20. Jahrhunderts gibt es eine starke Strömung, der zufolge die Unfähigkeit, präzise in Worte zu fassen, was wir sagen wollen, im Zweifelsfall ein Beleg dafür ist, daß wir eben eigentlich gar nichts Wesentliches zu sagen haben. »Alles, was sich sagen läßt«, schreibt Wittgenstein, »läßt sich klar sagen.« Ich glaube jedoch nicht, daß die Sache wirklich so einfach ist. Wittgensteins Cambridge-Kollege C. D. Broad etwa vertrat die Ansicht: »Klarheit reicht nicht.« Er wollte damit sagen, daß Klarheit im Ausdruck keine Garantie dafür ist, daß man etwas Vernünftiges sagt – sie sei Voraussetzung, reiche aber nicht aus. Ich bin dagegen noch nicht einmal überzeugt davon, Klarheit als unabdingbare Grundlage für Problembeschreibungen zu akzeptieren. Wie wir alle wissen, zeichnen sich eine große Zahl der Mitteilungen, die Menschen einander in der Praxis machen, nicht gerade durch Klarheit aus. Und doch gelingt es uns offenbar in den meisten Fällen, den Sinn dessen, was wir mitteilen wollen, auch überwiegend deutlich zu machen.

Wir sollten im Blick auf die menschliche Sprache nicht den Standpunkt des Dr. Pangloss einnehmen. Seine Maxime war, daß in dieser besten aller möglichen Welten auch alles zum besten stände. So wäre er zweifellos auch der Überzeugung gewesen, daß es um unsere Sprache gar nicht besser bestellt sein könnte. Doch ist dies wohl ein Irrtum. Denn was für jedes Kind gilt, nämlich daß es einen Wortschatz erst erwerben muß, gilt auch für die menschliche Kultur. Deshalb ist es eine Überlegung wert, ob unsere Sprachkultur nicht in bestimmten Bereichen noch in den Kinderschuhen steckt.

Ein entlarvendes Beispiel sprachlicher Unreife findet sich bei Platon, der beim Diskurs über arithmetische Fragen offenbar nur sehr mühsam artikulieren konnte, was er sagen wollte. In *Politeia* erörtert Sokrates, wie die Wächter des Staates die Fortpflanzung der Bürger organisieren sollen: »Die nun, welche ihr zu Lehrern der Stadt erzogen habt, werden die Zeiten glücklicher Erzeugung und Mißwachses für euer Geschlecht, wiewohl weise, durch Berechnung mit Wahrnehmung verbunden doch

nicht immer treffen, sondern diese werden an ihnen vorbeigehen, und so werden sie auch einmal Kinder zeugen, wenn sie
nicht sollten.« Gott sei Dank, sagt Sokrates, lasse sich alles
arithmetisch austüfteln: »Es hat aber das göttliche Erzeugte
einen Umlauf, welchen eine vollkommene Zahl umfaßt, das
menschliche aber eine Zahl, in welcher, als der ersten, Vermehrungen – hervorgebrachte und hervorbringende – nachdem sie
drei Zwischenräume und vier Glieder von teils ähnlich und
unähnlich, teils überschüssig und abgängig machenden Zahlen
empfangen haben, alles gegeneinander meßbar und ausdrück-
bar darstellen.«*

Wem das spanisch beziehungsweise griechisch vorkommt,
der befindet sich in guter Gesellschaft, denn sogar die klassischen Kommentatoren der griechischen Antike wußten nicht,
was sie daraus machen sollten. Heute stimmt man allgemein
darin überein, daß es sich bei der betreffenden Zahl – »Platonische Zahl« – um 216 handelt. 216 Tage sind 7 Monate, was bei
den Griechen als die Mindestzeit einer Schwangerschaft galt
(die normale Schwangerschaftsdauer wird dann als 216 + 3 x 4
x 5 = 276 errechnet).

Nun ist 216 die Kubikzahl von 6, und sie ist auch die Summe
der Kubikzahlen von 3, 4 und 5. Offenbar war es diese Eigentümlichkeit, die Platon deutlich zu machen suchte. Aber
wenn er auch wußte, worum es sich bei der »dritten Potenz«
handelte – die mathematische Bedeutung der Sache intuitiv verstand –, hatte er doch keinen Ausdruck dafür. Und so blieb ihm
nach Ansicht der Gelehrten nichts anderes übrig, als sich so un-
beholfener Wendungen wie »Vermehrungen – hervorgebrachte
und hervorbringende –« oder »drei Zwischenräume und vier
Glieder« zu bedienen.

Heute mag es einem fast aberwitzig vorkommen, daß ausge-
rechnet ein so geistreicher Kopf wie Platon um den Ausdruck
für eine so simple Vorstellung wie das »Erheben in die dritte Potenz« verlegen gewesen sein sollte. Jedes heutige Schulkind

* Platon, *Politeia*, 8. Buch, 546b–c.

schneidet da besser ab. Aber wie dem auch sei, niemand würde vermutlich aus Platons Schwierigkeiten im Ausdruck folgern wollen, daß »in die dritte Potenz erheben« ein Konzept sei, über das es nicht zu diskutieren lohne.

Ich habe Platons Dilemma mit der betreffenden Formulierung erwähnt, um zu demonstrieren, welche Sprachschwierigkeiten auf uns zukommen können, wenn wir über Geist und Bewußtsein reden. In unserem Stadium der kulturellen Entwicklung gibt es nach wie vor Dinge, die wir intuitiv würdigen und begreifen, ohne sie gleich angemessen in Worte fassen zu können.

Das Problem wird besonders deutlich, wenn mehrere Sprachen im Spiel sind, die über unterschiedliche Ausdrucksmittel verfügen. Es gibt einen berühmten Essay des Philosophen Thomas Nagel mit dem Titel »Wie ist es, eine Fledermaus zu sein?« (»What is it like to be a bat?«).* Im Französischen ist dies vom Übersetzer (mit dem Ausdruck des Bedauerns) wiedergegeben worden als »Quel effet cela fait d'être une chauve-souris?«** – was wörtlich bedeutet »Welche Wirkung hat es (oder welchen Eindruck macht es), eine Fledermaus zu sein?«. Da der Witz bei Nagels Essay aber gerade die Überlegung ist, daß das subjektive Erleben einer Fledermaus sich nicht in Begriffen beobachtbarer Wirkungen beschreiben läßt, ist die Gefahr nicht ganz auszuschließen, daß die französischen Leser Nagels Überlegungen nur unvollständig mitbekommen. Deshalb würde aber niemand bezweifeln, daß auch Franzosen über eine Vorstellung verfügen, die wir mit »Wie ist es, wenn...« wiedergeben, und daß es nur darum geht, diese Vorstellung anzusprechen.

Das ist eines der Probleme mit der Sprache. Aber es gibt noch

---

* Thomas Nagel (1974), »What is it like to be a bat?«, *Philosophical Review*, 82, 1974. (Dtsch.: »Wie ist es, eine Fledermaus zu sein?«, in: *Einsicht ins Ich*, hrsg. v. D. Hofstadter und D.C. Dennett, Stuttgart 1986.)

** In der *Vues de l'Esprit* betitelten französischen Übersetzung von *The Mind's I* (dtsch.: *Einsicht ins Ich*), hrsg. v. D. Hofstadter und D.C. Dennett, Paris 1985.

ein anderes, fast genau entgegengesetztes. Während uns nämlich manchmal die Worte fehlen, gehen sie uns ein anderes Mal zu leicht von der Zunge. Daß ein Wort oder Ausdruck in unserer Sprache existiert und für den Gebrauch zur Verfügung steht, ist noch keine Garantie dafür, daß es auch von Nutzen ist. Bestimmte Wörter sind, wenn man so will, Hochstapler, die viel mehr versprechen als sie halten können. (Tatsächlich würden manche geltend machen, daß »wie ist es, wenn ...« genau ein solcher Fall ist!)

Eines der bekanntesten Beispiele ist der Begriff »Phlogiston«, der Ende des 17. und Anfang des 18. Jahrhunderts kreiert wurde, um einen Stoff mit negativer Masse zu bezeichnen, den Körper angeblich bei der Verbrennung abgaben. Aber zu denken wäre etwa auch an Begriffe wie »élan vital«, »animalischer Magnetismus«, »Telepathie«, ganz zu schweigen von einer Unmenge anderer Begriffe mit ehrwürdiger Tradition wie »Weihnachtsmann«, »Ungeheuer von Loch Ness« und »atomare Abschreckung«.

George Eliot schrieb 1856 in ihr Tagebuch: »Ich habe nie zuvor so sehr gewünscht, die Namen der Dinge zu kennen. Das Verlangen ist Teil der Neigung, die jetzt in mir heranwächst, aus aller Unbestimmtheit und Ungenauigkeit in das helle Licht der klar unterschiedenen, lebendigen Ideen zu entrinnen. Der bloße Umstand, daß man eine Sache benennt, verleiht unserer Vorstellung von ihr tendenziell Endgültigkeit.«[*] Aber die bloße Tatsache, daß die Benennung dem Benannten Bestimmtheit verleiht, kann sich ambivalent auswirken. Haben wir erst ein Wort für unsere Vorstellung gefunden, so sind wir leicht davon zu überzeugen, daß die benannte Sache selbstredend auch etwas Eigenständiges und Bestimmtes sein müsse.

Der große Eisenbahnraub in den sechziger Jahren in England liefert dafür einen komischen Beleg. Die Polizei war mit der Aufklärung des Verbrechens nicht vorangekommen. Schließ-

---

[*] George Eliot (1856), *Journal*, 20. Juli 1856, in: *George Eliot's Life as related in her Letters and Journals*, hrsg. v. J. W. Croft, Edinburgh 1885.

lich veranstaltete der Leiter von Scotland Yard eine Pressekonferenz, auf der er mit offensichtlicher Genugtuung verkündete, er könne nun verraten, daß »hinter dem Raub ein Hirn steckt«. Seine Feststellung veranlaßte die französische Zeitung *Le Monde* zu einem ironischen Kommentar: »Tout est expliqué. Un cerveau, c'est quelque chose!« Aber es war natürlich überhaupt nichts *expliqué*, da das *cerveau* weit entfernt davon war, *quelque chose* zu sein. Die Rede vom Hirn war für Scotland Yard einfach eine bequeme Methode, um die eigene Unfähigkeit bei der Verfolgung der Verbrecher zu kaschieren.

Beide hier dargestellten Probleme mit der Sprache schaffen im Hinblick auf eine Erörterung des Geistes ein zweifaches Dilemma: Man muß damit rechnen, daß es Bereiche gibt, in denen die Wörter gewissermaßen Katz und Maus mit einem spielen, und wieder andere, bei denen sie Sirenengesänge anstimmen. Eine von George Eliots Romanfiguren, Mr. Tulliver, macht im Gespräch mit seiner Frau genau dies sehr schön deutlich: »Nein, nein, Bessy; ... ich meine [was ich gesagt habe] als Beispiel für was anderes. Aber tut nichts, ist schon 'ne verzwickte Sache, das Reden, ja, das ist es.«*

Um einen Eindruck davon zu bekommen, wie verwirrend es sein kann, über den Geist zu reden, sollten wir einige neuere Äußerungen, die sich mit dem Thema »Bewußtsein« befassen, unter die Lupe nehmen.

»Bewußtsein ist die größte Erfindung in der Geschichte des Lebens; dadurch ist es dem Leben möglich geworden, sich selbst wahrzunehmen.« [Stephen Jay Gould (Biologe)**]

»Bewußte Wahrnehmung ist eine bedingte Eigenschaft des Realitätsmodells in seiner dreigliedrigen Form. Es läßt sich als der subjektive Aspekt der fortlaufenden Re-Präsentation einer

---

* George Eliot, *Die Mühle am Floss*, übers. v. O. und E. Fetter, Aufbau Verlag, Berlin und Weimar 1967, S. 10.
** Stephen J. Gould (1984), im Gespräch mit Colin Tudge, BBC Radio 3, 20. September 1984, *The Listener*, S. 19.

zeitlich stabilisierten Datendarstellung betrachten, in deren Rahmen Probleme einer mehrseitigen Verarbeitung unterzogen werden können.« [John Crook (Verhaltensforscher)*]

»In allen Zusammenhängen, in denen er gern verwendet wird, ist der Begriff ›bewußt‹ mitsamt den ihm verwandten Bildungen für *wissenschaftliche* Zwecke ebenso unnütz wie unnötig.« [Kathleen Wilkes (Philosophin)**]

»Die Rede von Bewußtsein in der psychologischen Wissenschaft ist angebracht, legitim und nötig. Angebracht ist sie, weil Bewußtsein ein zentraler (wenn nicht sogar *der* zentrale) Aspekt des geistigen Lebens ist. Legitim ist sie, weil es für die Konstatierung von Bewußtsein ebenso vernünftige Gründe gibt wie für die Konstatierung anderer psychologischer Konstrukte. Nötig ist sie, weil sie Erklärungswert hat und weil es Gründe für die Annahme gibt, daß dem Bewußtsein kausale Bedeutung zukommt.« [Anthony Marcel (Psychologe)***]

»Ich stelle fest, daß ich keine deutliche Vorstellung davon habe, was die Leute meinen, wenn sie von ›Bewußtsein‹ oder ›phänomenaler Wahrnehmung‹ reden.« [Alan Allport (Psychologe)****]

Hinzufügen möchte ich noch die berühmte Passage von William James aus dem Jahr 1904: »›Bewußtsein‹ ... ist der Name für etwas Nicht-Existentes und hat im Kreis der obersten Prinzipien nichts verloren. Wer sich immer noch an das Wort klammert, klammert sich an einen bloßen Widerhall, an den fernen Nachklang, den die entschwindende ›Seele‹ im Luftraum der

---

* John Crook (1987), »The nature of conscious awareness«, in: *Midwaves*, hrsg. v. Colin Blakemore und Susan Greenfield, Oxford 1987, S. 392.

** Kathleen V. Wilkes (1988), »– – –, yishi, duh, um, and consciousness«, in: *Consciousness in Contemporary Science*, hrsg. v. A. J. Marcel und E. Bisiach, Oxford 1988, S. 38.

*** Anthony J. Marcel (1988), »Phenomenal experience and functionalism«, in: *Consciousness in Contemporary Science*, hrsg. v. A. J. Marcel und E. Bisiach, Oxford 1988, S. 121.

**** Allan Allport (1988), »What concept of consciousness?«, in: *Consciousness in Contemporary Science*, hrsg. v. A. J. Marcel und E. Bisiach, Oxford 1988, S. 159.

Philosophie zurückläßt ... Mir scheint, daß die Zeit reif ist für seine öffentliche und universale Abdankung.«* James ging sogar noch weiter. »Der durch Stimmritze und Nase hinausströmende Atem«, schrieb er, »ist, davon bin ich überzeugt, die Essenz, aus der die Philosophen das Wesen, das ihnen als Bewußtsein gilt, konstruiert haben.« Daß derselbe Mann, der einige Jahre zuvor in seinen *Principles of Psychology* die Idee des »Bewußtseinsstroms« propagiert hatte, dem Begriff als solchem gegenüber eine solche Skepsis entwickelte, deutet darauf hin, daß er in ungewöhnlich hohem Maß enttäuscht war.

Vielleicht hätte James die Bemerkung eines amerikanischen Schuljungen gefallen, die vor einiger Zeit in einer Ausgabe des *Boston Globe* stand. Der Junge hatte einen Aufsatz über das Phänomen Vakuum schreiben sollen: »Vakuums«, hatte er geschrieben, »sind Nichtse. Erwähnt werden sie nur, damit sie wissen, daß wir wissen, daß es sie gibt.«**

Auch der Bericht eines »Loch-Ness-Forschers« namens Maurice Burton aus den sechziger Jahren hätte ihn möglicherweise amüsiert: »Nach meinen eigenen Erfahrungen und denen anderer Beobachter kommt der einen Feststellung mehr Wahrheit als irgendeiner anderen zu: nämlich, daß das Ungeheuer von Loch Ness erstaunlich selten auftaucht.«***

Nachdem das Ungeheuer von Loch Ness angeblich mit einer Unterwasserkamera photographiert worden war, meinte der Naturforscher Sir Peter Scott in der Zeitschrift *Nature*, es verdiene nun auch einen wissenschaftlichen Namen, und schlug *Nessiteras rhombopteryx*, Ness-Bewohner mit rhomboiden Flossen, vor.**** Der unglückliche Zufall wollte es, daß der

 * William James (1904), »Does ›consciousness‹ exist?«, *Journal of Philosophy, Psychology and Scientific Method*, 1, 1904.
 ** Schuljunge, 6. Klasse, zit. in *Boston Globe*, 25. Januar 1988.
 *** Maurice Burton (1960), »The Loch Ness Monster: a Reappraisal«, *New Scientist*, 8, 1960, S. 773–775.
 **** Peter Scott (1975), zit. in »Naming the Loch Ness Monster«, *Nature*, 258, 1975, S. 466–468.

Name ein Anagramm war für »monster hoax by Sir Peter S.« (Monster-Ulk von Sir Peter S.).

Es kann sich also herausstellen, daß nur der Versuch, das Phänomen Bewußtsein begrifflich zu fassen, Schwierigkeiten bereitet. Aber unüberwindlich sollten diese eigentlich nicht sein. Denn wenn es etwas gibt, das ebenso wahr ist wie irgend etwas anderes, dann ist es die Feststellung, daß Bewußtsein erstaunlich *häufig* vorkommt.

Kapitel 3

Was geschah in der Geschichte: die Sache aus der Innenperspektive

Es gibt zahlreiche Möglichkeiten, einen Fisch zu fangen (wenn es sich nicht gerade um ein Monster handelt). Man kann ein Netz durch den Fluß ziehen und damit alles abfangen, was an Pflanzen und Getier vorhanden ist. Dabei muß man aber eben auch Wasserpflanzen, Frösche und vielleicht alte Stiefel in Kauf nehmen. Man kann einen Wurm auf einen Angelhaken stecken und die Angel an einem Teich, der Fischreichtum verspricht, auswerfen. Aber dabei riskiert man, daß der Teich schon leergefischt ist oder man einen Tag erwischt hat, an dem die Fische einfach nicht beißen wollen. Oder man kann, hat mir ein alter Schotte erzählt, die Fische kitzeln: Man schleicht leise am Ufer entlang, bis man einen Fisch unmittelbar stromaufwärts im Wasser stehen sieht; man beugt sich vom Ufer aus vor und schiebt die Finger ganz, ganz langsam unter den Bauch des Fisches; dann streichelt man ihn; und dann, hat er erzählt, läßt der Fisch sich einfach aus dem Wasser heben.

Eine hübsche Geschichte, denn ich bin davon überzeugt, daß wir uns dem Wesen des Bewußtseins am besten nähern, wenn wir es kitzeln. Das heißt, wir müssen entdecken, wo es liegt, uns langsam heranpirschen und es dann becircen, bis wir es mit der Hand greifen können.

Es ist die (oder eine) Geschichte des geistigen Lebens, die sich wie ein roter Faden durch dieses Buch ziehen soll. Damit meine ich »Entwicklungsgeschichte« im großen Maßstab: von der Entstehung unseres Planeten bis zur Entstehung des heutigen Menschen. Einen solch großen Zeitraum einzubeziehen, hat zwei Gründe: Ich möchte weder Postulate über die Entstehung von Geist und Bewußtsein vorausschicken, noch über die objektive physikalische Wirklichkeit aufstellen.

Angenommen, wir beschränken uns auf eine vergleichsweise kurze Zeitspanne, etwa auf die letzte Million Jahre. Wir sähen uns dann mit zwei Faktenzusammenhängen konfrontiert: einerseits den gegebenen Phänomenen der subjektiven Erfahrung und andererseits den gegebenen Phänomenen der materiellen Welt. Wir ständen dann vor einem Problem wie schon im früheren Kapitel, nämlich, daß zwei Phänomenkategorien auf den ersten Blick einfach nicht zusammengebracht werden können.

Aus der längerfristigen Perspektive können wir die genannten Phänomene womöglich von einer Basis aus betrachten, vor deren Hintergrund sie noch gar nicht existieren. Vielleicht entdecken wir dann, daß beide Phänomenkategorien nicht feste »Gegebenheiten« sind, sondern historische Schöpfungen: wobei die subjektive Erfahrung einerseits und die der materiellen Welt andererseits einer gemeinsamen Wurzel entspringen. In diesem Fall bestände unsere Aufgabe darin, ihre getrennten Entwicklungswege zu verfolgen.

Ich gehe davon aus, daß der menschliche Geist Ergebnis einer Entwicklungsgeschichte ist, die nichtmenschliche Prototypen passierte – Affen, Reptilien, Würmer –, bis zurück zu den ersten lebenden Organismen auf der Erde überhaupt. Wäre der Mensch dagegen das Produkt eines unvermittelten göttlichen Schöpfungsakts, wären alle Überlegungen der Naturwissenschaft, also auch meine, hinfällig. Vor der Entstehung des Lebens, sagen wir, vor vier Milliarden Jahren, als der Planet Erde entstand, gab es vermutlich noch keinerlei Form von Geist.

Es ist hier folgerichtig davon auszugehen, daß vor vier Milliarden Jahren absolut keine Erfahrung und kein Wissen von der Welt existierte. Nichts in der Welt war je gesehen, gehört, berührt, gerochen, bedacht, dargestellt oder beschrieben worden. Und mithin existierte damals noch nichts in ihr *als* Phänomen *für* jemanden. Vielleicht sollte ich anmerken, daß ich hier den Begriff »Phänomen« auf altertümliche Weise gebrauche: Ein »Phänomen« (vom griechischen *phainesthai*, sichtbar werden, erscheinen) ist ein Ereignis, so, wie es einem Beobachter erscheint, im Unterschied zu dem, was es objektiv und abstrakt sein mag.

In dem Stadium, von dem wir sprechen, gab es das Phänomen der subjektiven Empfindungen noch nicht: keine Rotwahrnehmungen und keine Empfindungen stechenden Schmerzes. Nicht weniger wahr ist auch, daß es die Phänomene der materiellen Welt noch nicht gab: kein rotes Licht und keine spitzen Gegenstände, ja, nicht einmal irgendwelche winzigen Objekte. Diese Feststellung ist keineswegs revolutionär: Sie besagt nur, daß etwas erst dann als subjektive Empfindung oder als physikalisches Ereignis zu existieren vermochte, wenn auch jemand da war, für den es dieses Sein oder diese Bedeutung haben konnte.

Manch einer mag da einwenden, daß er sich eine Zeit, in der phänomenale Formen nicht existierten, nicht vorzustellen vermag. Gab es etwa keine Vulkane, keine Sandstürme, kein Sternenlicht, bevor auf der Erde Leben existierte? Ging die Sonne etwa nicht im Osten auf und im Westen unter? Floß das Wasser etwa nicht bergab, und pflanzte sich das Licht etwa nicht schneller fort als der Schall? Die Antwort darauf lautet, daß ein Individuum diese Phänomene in der Tat auf diese Weise wahrgenommen hätte, wenn denn ein solches Individuum zugegen gewesen wäre. Dies aber war nicht der Fall. Und weil niemand da war, gab es in diesem geistfreien Stadium der Entwicklungsgeschichte nichts, was als ein Vulkan, ein Sandsturm und so weiter *in Betracht gekommen* wäre. Ich behaupte nicht, daß die Welt bar jeder Stofflichkeit war. Vielleicht ließe sich sagen, daß sie aus »Weltstoff« bestand. Aber den Eigenschaften dieses Weltstoffs fehlte die Vergegenständlichung durch einen Geist, der sie wahrnehmen konnte.

Heute betrachten wir eine davon kraß verschiedene Situation. Der Planet wird von Milliarden Tieren bevölkert, die über eine entsprechende Wahrnehmung verfügen, und die Welt ist Gegenstand breitgefächerter Erfahrungen und Kenntnisse. Insbesondere die Phänomene des subjektiven Empfindens und der materiellen Welt sind für uns Wirklichkeit geworden. Heute können wir unseren unmittelbar gegebenen Lebenszusammenhang transzendieren und uns die Existenz vergleichbarer Phänomene vorstellen, die sich in entlegenen Teilen des Weltraums beziehungsweise weit zurück in der Vergangenheit oder in ferner Zukunft befinden. Wir können uns das Geräusch vorstellen, das ein fallender Baum in einem menschenleeren Wald macht. Wir können uns vielleicht sogar den Urknall vorstellen. Es bleibt die Tatsache, daß der Urknall zu dem Zeitpunkt, als er sich ereignete und wie immer er das tat, jedenfalls kein Phänomen war.

Nachdem nun der Zustand feststeht, muß für uns die entscheidende Frage sein, was in dem Zeitraum dazwischen passierte.

An dieser Stelle möchte ich skizzieren, in Form mehrerer Akte, wie die Geschichte sich abgespielt haben könnte. (Und obwohl nach dem, was ich gerade ausgeführt habe, der Verwendung heutiger Vorstellungen zur Erörterung der fernsten Vergangenheit zwangsläufig etwas Paradoxes anhaftet, wird mein Abriß selbstverständlich aus der Perspektive heutiger Wahrnehmung geschrieben sein. Vielleicht entsteht dabei der Eindruck, daß ich bestimmte Episoden oder sogar ganze Szenarien nicht gründlich genug beschreibe. In diesem Fall bitte ich darum, diese »Löcher« erst einmal so hinzunehmen – ich verspreche, sie zu gegebener Zeit zu »füllen«.)

In der Ursuppe führte der Zufall die ersten Lebensmoleküle zusammen, die über ein Programm verfügten, mit dessen Hilfe sie Kopien von sich selbst anfertigen konnten. Dies war der Beginn der Evolution im Darwinschen Sinn. Die von ihr hervorgebrachten Organismen prägten immer besser die Fähigkeit aus, sich selbst intakt zu erhalten und fortzupflanzen. Erst gab es nur komplexe lebende Moleküle (wie die DNS), dann einzelne Zellen (wie Bakterien oder Amöben), dann vielzellige Organismen (wie Würmer oder Fische oder uns).

Die lebenden Arten hatten ihre eigene Form und ihre eigene Substanz. Nicht nur war jedes einzelne Individuum ein räumlich abgegrenztes Gebilde, sondern die Bestandteile des Gebildes gehörten auch in einem wesentlichen Sinn zusammen. Die Bedeutung von Wörtern wie »eigen« und »zusammengehören« ist, wie ich meine, unmittelbar einsichtig (woraus wir zugleich ersehen können, wie wichtig für unser eigenes Leben die Vorstellung ist, daß einem der eigene Körper »gehört«); aber dennoch handelt es sich um schwer faßliche Vorstellungen, die ich später noch genauer erörtern möchte. Zunächst stelle ich nur fest, daß auf der Stufe einer Amöbe geradeso wie auf der eines Elefanten das Tier ein selbstintegrierendes und sich selbstindividualisierendes Ganzes war. Und im Unterschied zu anderen umgrenzten Objekten – wie etwa einem Regentropfen oder einem Kieselstein oder dem Mond – setzte es sich seine Grenzen selbst und erhielt sie selbsttätig aufrecht. Auf der einen Seite des Grenzwalls befand sich »Ich«, auf der anderen Seite »Nicht-Ich«: Und es war das »eigene Leben«, die »eigene Gestalt«, die »eigene Substanz«.

Grenzen – und die physikalischen Strukturen, die sie ausmachten, wie Zellwände oder Haut – waren wesentlich. Erstens umschlossen sie die Substanz des Tieres drinnen und grenzten sie gegen die Außenwelt ab. Zweitens bildeten sie die Oberfläche des Tieres und damit eine Übergangsstelle, an der die äußere Welt auf das Tier einwirkte und durch die hindurch sich der Austausch von Materie, Energie und Informationen vollziehen konnte.

Licht fiel auf das Tier, Gegenstände prallten mit ihm zusammen, Druckwellen setzten ihm zu, chemische Stoffe setzten sich an ihm fest ... Sehr allgemein gefaßt, waren manche dieser Ereignisse vorteilhaft für das Tier, andere neutral, wieder andere nachteilig. Jedes Tier, das über Mittel verfügte, die negativen von den positiven Einflüssen zu trennen, sich die einen zunutze zu machen und die anderen zu meiden, verfügte unstrittig über einen biologischen Vorteil. Die natürliche Auslese wirkte deshalb mit höchster Wahrscheinlichkeit so, daß sie die Ausbildung von »Empfindlichkeit« förderte. Zunächst bedeutete dies nichts anderes, als lokale Reizbarkeit auszuprägen: Das Tier reagierte auf einen Oberflächenreiz.

Schon bald indes entwickelten sich differenziertere Formen der Empfindlichkeitsreaktion. Die Sinnesorgane waren in der Lage, unterschiedliche Reize zu unterscheiden, und die Palette möglicher Reaktionen wurde erweitert. Statt der lokalen Reaktion auf einen Reiz oder zusätzlich zu ihr wurde die Information des Reizes von einer Stelle der Haut an eine andere weitergegeben und löste dort Reaktionen aus. Und durch die Einführung von Übertragungsverzögerungen und eine Kombination aus Erleichterung und Hemmung wurde der Weg frei für eine bessere Anpassung der Reaktionen des Tieres an seine Bedürfnisse: zum Beispiel in der Weise, daß es sich von der Quelle eines schädlichen Reizes entfernte, statt einfach nur vor ihm zurückzuschrecken.

Die immer variableren Reizreaktionen lösten zunehmend verschiedene Handlungsmuster aus. Ein hypothetisches Beispiel wäre, daß der Bewohner eines Tümpels sich als Reaktion auf rotes Licht nach oben und als Reaktion auf blaues Licht nach unten bewegte (zur Tagesmitte hätte er sich also in tieferem Wasser aufgehalten). Da die Information über einen bestimmten Reiz jetzt in das betreffende Handlungsmuster aufgenommen und eingebaut wurde, repräsentierte nunmehr das Handlungsmuster den Reiz – oder wiederholte ihn zumindest symbolisch.

Man kann nicht behaupten, auf diesem Empfindungs- und Reaktionsniveau hätten die Vorgänge, die auf das Individuum einwirkten, schon eine größere Bedeutung gehabt. Dennoch veränderte sich auch in diesem Stadium schon der Zustand der biologischen Welt. Die Reaktion auf bestimmte Dinge setzte diese *als* gut oder schlecht, *als* eßbar oder ungenießbar, *als* für »mich« von Bedeutung. Und ich betone hier das *als*, um den wesentlichen Unterschied hervorzuheben, der einerseits zwischen der einfachen Tatsache, daß etwas gut oder schlecht ist, und andererseits dem Umstand besteht, daß ein Tier, für das etwas von Vor- oder von Nachteil ist, auf die Tatsache als solche reagiert. Vergleichen wir zum Beispiel die Wirkung geringer Luftfeuchtigkeit auf zwei unterschiedliche, räumlich umgrenzte Objekte: eine Bohrassel und eine Pfütze. Die Hitze ist für beide nachteilig, denn sie läßt sie austrocknen. Aber während die Pfütze in ihrer Position verharren muß und sich dabei allmählich der Nullexistenz nähert, rennt die Bohrassel weg. Beide reagieren auf die Trockenheit: Die Pfütze verfügt nicht über irgendeine Art von Anpassungsverhalten, die Bohrassel aber sehr wohl: »Dies ist eine gefährliche Situation, die gefällt mir nicht.«

»Gefallen« oder »nicht gefallen« ist ebenfalls eine Projektion, auf die ich noch eingehen werde. Die Frage, wie weit es einem Tier zusagt, einen Reiz zu empfinden, hat, so meine ich, grundlegende Bedeutung für die Frage, wie es für das Tier ist, auf den Reiz zu antworten (und so gesehen ist das Wortspiel mit dem »Zusagen« und dem »Antworten« durchaus am Platz). Die Weisen und Abstufungen, in denen einem etwas zusagt oder nicht, sind vielfältig und entsprechen den vielen verschiedenen Arten von Empfindlichkeit und Antwortbereitschaft, die sich entwickelt haben. Innerhalb dieses breiten Spektrums affektiver Reaktionen muß es viel Raum für die Ausbildung von Erlebnisweisen mit unterschiedlicher subjektiver Qualität gegeben haben.

Anfänglich waren Reizempfindlichkeit und die Bereitschaft, darauf zu reagieren, eng miteinander verknüpft. In gewisser Hinsicht ist das bis heute so geblieben. (Auf den Juckreiz eines Insektenstichs reagieren wir mit dem Bedürfnis, uns zu kratzen, auf den Anblick eines schweren Gegenstands mit der Ahnung, daß er sich kaum wird hochheben lassen.) Aber in dem Maß, wie die Verhaltensanpassung der Tiere an die Umgebung immer komplizierter wurde, haben sich wohl Empfindung und Reaktion zumindest teilweise voneinander abgekoppelt. Relativ früh entwickelte sich ein zentraler Ort, an dem Repräsentationen – in Form von Handlungsmustern – bereitgehalten wurden, um gegebenenfalls abgerufen zu werden. So waren aus Handlungsmustern Handlungspläne geworden, und die Repräsentationen entwickelten relativ abstrakte Formen. Den Ort, an dem sie gespeichert wurden, könnte man als den Geist bezeichnen, der sie enthielt.

Den Begriff des »Geistes« überschaubar und schlicht zu definieren bringt uns stärker in Verlegenheit als die Definition irgend eines anderen Begriffs. Aber obwohl ich mir eines gewissen Zirkelschlusses bewußt bin, werde ich mit dem Begriff des »Geistes« zunächst genau jene Repräsentationsfähigkeit assoziieren, von der ich eben gesprochen habe. In diesem Sinne erwarben Tiere in dem Moment »Geist«, als sie fähig waren, handlungsbezogene Repräsentationen eigener körperlicher Umweltreizreaktionen zu speichern – und womöglich auch abzurufen und zu beeinflussen. Das materielle Substrat des Geistes bestand aus Nervengewebe, das sich in den höheren Organismen in einem Ganglion oder Gehirn sammelte. Es bleibt anzumerken, daß sogar noch beim Säugetier Mensch das Neuralrohr, aus dem sich während der Embryonalentwicklung das Gehirn bildet, auf eine Einstülpung der Haut zurückgeht.

Mit der Entwicklung dieses prototypischen Geistes hatten einige Umweltvorgänge unbestreitbar den Charakter bedeutungsvoller Erscheinungen angenommen. Zum ersten Mal in der Entwicklungsgeschichte begannen Vorgänge an der Oberfläche lebender Organismen für ein Individuum zu existieren. Diese Vorgänge waren nun deshalb von Bedeutung, weil sie als »Hinweise« auf das eigene körperliche Wohlergehen wahrgenommen wurden.

Am Anfang stand also die Phänomenologie der Sinneserfahrungen. Ehe irgendwelche anderen Phänomene existierten, gab es »reine Sinnesempfindungen« – Geschmacksempfindungen, Gerüche, Kitzeln, Schmerzen, Wärme- und Lichtempfindungen, Geräusche und so weiter.

Es wäre durchaus denkbar gewesen, daß auf dieser Stufe die Entwicklung abgebrochen wäre. Tatsächlich ist es keineswegs ausgeschlossen, daß irgendwo in einer anderen Milchstraße, wo sich auf einem anderen Planeten ebenfalls Leben entwickelt hat, der geschilderte Entwicklungsstand geblieben ist. Auch auf der Erde mögen solche primitiven tierischen Organismen noch existieren. Vielleicht sogar befindet sich jeder menschliche Embryo für kurze Zeit in diesem Stadium. Daß unsere eigene geistige Repräsentationsfähigkeit diese Stufe längst hinter sich gelassen hat, liegt auf der Hand. Wäre es anders, lebten wir noch immer in einer Welt, in der objektive physikalische Phänomene etwas völlig Unbekanntes wären.

Von Beginn an gab es indes noch einen anderen Weg zur Evolution des Geistes. Wir haben gesehen, daß die lebenden Individuen einen Vorteil gewannen, wenn sie ihren eigenen Zustand des Seins einschätzen konnten, wenn sie sich also fragen konnten: »Wie geht es mir, wenn rotes Licht auf meine Haut fällt?« Zweifellos war es darüber hinaus von Vorteil, wenn sie in gewissem Maße den Zustand der Außenwelt einschätzen konnten, wenn sie sich also fragen konnten: »Was geht draußen vor?«, zum Beispiel: »Wo kommt das rote Licht her?« Beide Fragen – »Was geht mit mir vor?« und »Was geht draußen vor?« – erforderten aber stets ganz unterschiedliche Antworten.

Nehmen wir an, Sonnenstrahlen fallen auf die Haut eines amöbenartigen Tieres. Für das körperliche Befinden des Tieres hat die Lichteinstrahlung unmittelbare Folgen. Und genau das ist der Grund, warum sie als subjektive Empfindung repräsentiert wird. Darüber hinaus verweist das Licht aber auch – wie wir heute wissen – auf die objektive physikalische Existenz der Sonne. Für eine Amöbe mag die Existenz der Sonne unwichtig sein. Für andere Spezies aber – andere Bereiche der physikalischen Welt – ist die Fähigkeit, wahrzunehmen, was »da draußen jenseits meines Körpers« existiert, für das Überleben eine Frage ersten Ranges. Nehmen wir an, auf die Oberfläche der Amöbe fällt ein Schatten. In diesem Fall wäre die der Amöbe eigene Fähigkeit, sich die objektive Tatsache eines nahenden Freßfeindes zu vergegenwärtigen, für ihr Überleben von größerer Bedeutung als ihre Fähigkeit, den körperlichen Oberflächenreiz zu repräsentieren.

Aber was geschieht da genau? Wie interpretiert man einen Reiz als »Zeichen« für etwas anderes? Wie gelangt man von einer Repräsentation des »Zeichens« zu einer Repräsentation des »Bezeichneten«? Am Ende des ersten Entwicklungsstadiums waren Sinnesorgane entstanden, die mit einer Zentralsteuerung verbunden waren, und die meisten der erforderlichen Informationen über mögliche Zeichen kamen als »Input« zustande. Aber die anschließende Verarbeitung dieser Information, die zu subjektiven Empfindungszuständen führte, hatte eher mit Qualität als mit Quantität, eher mit dem flüchtig Präsenten als mit dem objektiv Bestehenden, eher mit dem Ichsein als dem Anderssein zu tun. Damit dieselbe Information nun zur Repräsentation der Außenwelt verwendet werden konnte, mußte eine neue Form der Verarbeitung entstehen, bei der die Betonung weniger auf dem subjektiv Präsenten und mehr auf dem objektiv Bestehenden, weniger auf der unmittelbaren Reaktionsbereitschaft und mehr auf künftigen Optionen lag. Es kam also weniger darauf an, wie es für mich ist, und mehr darauf, wie das, was »es« anzeigt, in das umfassende Bild einer als stabil wahrgenommenen äußeren Welt hineinpaßt.

Im folgenden entwickelten sich also zwei unterschiedliche Arten von geistiger Repräsentation mit sehr unterschiedlichen Formen der Datenverarbeitung. Die eine Linie führte zur qualitativen Beschaffenheit subjektiver Empfindungen und dem Wissen des Ich von sich selbst. Die andere führte zu den intentionalen Objekten der Wahrnehmung und zur objektiven Kenntnis der äußeren, physikalischen Welt.

Als unser Planet entstand, gab es kein Leben, das das eine oder das andere dieser Phänomene hätte wahrnehmen können. Heute dagegen sind beide in ihrer gesamten Komplexität voll ausgeprägt. Die Tatsache, daß diese doppelte Form der Repräsentation sich entwickeln konnte, kann uns heute dabei erklären helfen, warum es eine Trennung zwischen zwei Phänomenformen gibt: auf der einen Seite die subjektive Empfindung und auf der anderen die Phänomene der materiellen Welt, auf der einen Qualität, auf der anderen Quantität, auf der einen Wasser, auf der anderen Wein. Wie sagte doch Picasso (in einem allerdings gänzlich anderen Zusammenhang): »Da Natur und

Kunst zwei verschiedene Sachen sind, können sie nicht dieselbe Sache sein.«* Und nach der gleichen Logik können subjektive Empfindungen und physikalische Phänomene, da sie zwei verschiedene Repräsentationsweisen sind, nicht dieselbe Repräsentationsweise sein.

---

* Pablo Picasso, zit. in *Aesthetics in the Modern World*, hrsg. v. Harold Osborne, London 1968, S. 24.

Kapitel 4

Die zwei Zuständigkeitsbereiche der Sinne

Ich habe mit einigen Aspekten der Entwicklungsgeschichte begonnen, und man könnte nun erwarten, daß ich sie im folgenden vertiefen will. Doch habe ich mich bislang am Fazit, am heute faktisch Gegebenen, ausgerichtet, und deshalb sollte ich vielleicht zunächst darauf gründlicher eingehen. Ich bitte also den Leser, mir bei einem großen Sprung nach vorn zu folgen: Bis zu jenem Zustand, von dem ich glaube, daß er die Situation der heute lebenden Menschen wiedergibt.

Nehmen wir mich: Ich sitze an einem Sommernachmittag an meinem Schreibtisch vor einem Fenster, von dem man auf einen Bauerngarten blickt, halte eine Tasse Tee in der Hand, höre Donnergrollen in der Ferne und spüre, wie eine Ameise (oder etwas dergleichen) mein Bein hinaufkrabbelt. Meine Körperoberfläche wird mit Reizen aus der Umgebung geradezu bombardiert. Auf einer Ebene interpretiere ich (wie die Amöbe) diese Reize als Vorgänge, die unmittelbar meinen Körper betreffen: Manche gefallen mir, manche nicht, und die qualitative Beschaffenheit meines Gefallens oder Mißfallens ist höchst unterschiedlich. Auf dieser Ebene bin ich im Zentrum meiner eigenen Welt unmittelbarer und direkter Empfindungen. Auf einer anderen Ebene interpretiere ich dieselben Reize als Zeichen, die den Zustand der Außenwelt anzeigen: Ich sehe die Blumen blühen, ich höre den Donner, ich rieche den Duft des Lavendels, ich ordne das Gekrabbel auf meinem Bein als das einer Ameise ein, ich kann aus dem Sonnenstand die Tageszeit ablesen. Auf dieser zweiten Ebene bin ich Zuschauer in einer allen möglichen Individuen zugänglichen Welt (diesmal nicht *meiner* Welt) objektiver physikalischer Phänomene.

Ich gebe zu, daß diese Art, die Dinge darzustellen, als eben dies erscheinen könnte, als pure Abbildung der Realität – ohne Anspruch darauf, die metaphysische oder psychologische Wirklichkeit zu erfassen. Denselben Weg sind aber schon viele renommierte Autoren vor mir gegangen.

Thomas Reid etwa, führender Kopf der Schottischen Schule des Empirismus, schrieb schon 1785 in seinem *Essay on the Intellectual Powers of Man*: »Die äußeren Sinne haben einen doppelten Zuständigkeitsbereich – sie lassen uns empfinden, und sie lassen uns wahrnehmen. Sie liefern uns eine Vielzahl von Empfindungen, von denen manche angenehm und andere schmerzhaft sind, während wieder andere uns gleichgültig lassen; gleichzeitig vermitteln sie uns die Vorstellung und unerschütterliche Gewißheit von der Existenz äußerer Gegenstände. Diese Vorstellung äußerer Gegenstände ist das Werk der Natur, und das gilt auch für die begleitende Empfindung. Diese Vorstellung und Gewißheit, die von der Natur mittels der Sinne in uns erzeugt wird, nennen wir *Wahrnehmung*. Das Gefühl, das mit der Wahrnehmung einhergeht, nennen wir *Empfindung*... Wenn ich den Duft einer Rose rieche, ist in diesem Vorgang sowohl Empfindung als auch Wahrnehmung enthalten. Der angenehme Geruch, den ich erlebe, ist, für sich und ohne Beziehung auf irgendeinen äußeren Gegenstand genommen, bloß eine Empfindung... Wahrnehmung [im Gegensatz dazu] hat immer einen äußeren Gegenstand; und der Gegenstand meiner Wahrnehmung ist in diesem Fall die Eigenschaft der Rose, die ich mit Hilfe des Geruchssinns unterscheide.«*

Sigmund Freud spricht von den zwei Prinzipien des Seelenlebens, dem »Lustprinzip« und dem »Realitätsprinzip«. In neuerer Zeit hat der Psychiater Ernest Schachtel zwischen zwei Arten, die Welt zu erfahren, unterschieden, nämlich zwischen einer »au-

* Thomas Reid (1785), *Essays on the Intellectual Powers of Man*, Essay II, XVII, Cambridge/Mass. 1969.

tozentrischen« und einer »allozentrischen«. »Die Hauptunterschiede zwischen der autozentrischen und der allozentrischen Art, die Welt zu erfahren, sind folgende: Im autozentrischen Erlebnismodus gibt es wenig oder keine Objektivierungen; das Schwergewicht liegt darauf, wie und was die Person empfindet; es besteht eine enge Beziehung, die auf eine Verschmelzung hinausläuft, zwischen der Qualität Sinnesempfindung und Gefühlen der Lust und Unlust, und der Wahrnehmende reagiert hauptsächlich auf etwas, das auf ihn einwirkt … Im allozentrischen Modus gibt es Objektivierung; das Schwergewicht liegt auf der Beschaffenheit des Objekts.«*

Aber meinen gerade vorgetragenen Gedanken kommen die eher bizarren Spekulationen eines Psychologen namens E. D. Starbuck wohl am nächsten. In einem Beitrag mit dem Titel »The intimate senses as sources of wisdom«, der 1921 im *Journal of Religion* erschien, macht Starbuck sich über den Unterschied zwischen »intimen« und »bestimmenden« Sinnesvorgängen Gedanken. Ich lasse ihn aus gegebenem Anlaß etwas ausführlicher zu Wort kommen:

»Insofern ein Reizempfänger Eigenschaften an Dingen unterscheidet und ihre Verwandtschaft untereinander wahrnimmt, können wir ihn als *bestimmenden* Sinn bezeichnen. Da alle Sinne in einem gewissen Umfang über diese Fähigkeit verfügen, sprechen wir besser von einem bestimmenden Sinnesvorgang … Einige der anderen Sinne sind damit befaßt, Dinge und ihre Eigenschaften *unmittelbar* zu interpretieren, ohne sie zu bestimmen oder in räumliche beziehungsweise zeitliche Zusammenhänge einzuordnen. Ihre Qualitäten werden *direkt* als angenehm oder gleichgültig, als erwünscht oder unerwünscht beziehungsweise in irgendeiner anderen Beziehung zum Wohlergehen des Organismus wahrgenommen. Insofern ein Sinnesrezeptor Dingqualitäten zusammen mit Hinweisen auf die ihnen gegenüber angebrachten Reaktionen direkt und unmittelbar an das Bewußtsein übermittelt, können wir dies als *intimen*

* Ernest G. Schachtel (1963), *Metamorphosis*, London 1963, S. 83.

Sinn bezeichnen. Oder vielmehr ist es, da alle Sinne in größerem oder geringerem Umfang diese Neigung haben, auch in diesem Fall besser, von intimen Sinnesvorgängen zu reden ... Es hat zwei Entwicklungslinien und Evolutionsstränge gegeben, die von gleicher Wichtigkeit sind: die eine ebenso rasante wie weitreichende Entwicklungslinie verläuft in Richtung Darstellung, wissenschaftliche Analyse, praktische Einflußnahme, logische Konstruktion und Systembildung. Die andere war ebenso erfolgreich in Richtung auf eine feinfühlige und kundige Interpretation der Dinge und ihrer Bedeutungen und im Blick auf die Aufgabe, den einzelnen im rechten Verhältnis zu seiner Erfahrungswelt zu halten ... Die Tatsache, daß es mehr als eine Interpretationsweise für die Welt der äußeren Erfahrung gibt, könnte letztlich darin begründet sein, daß es mehr als nur eine Art von objektiver Realität gibt.«*

Ich zitiere diese Passagen nicht nur, um meine eigenen Überlegungen zu untermauern, sondern auch, um zu zeigen, daß schon andere Autoren vor mir auf die gleiche Zweiteilung aufmerksam geworden sind.

Unsere These heißt, daß beide Erfahrungsformen – Empfinden und Wahrnehmen, autozentrische und allozentrische Repräsentationen, subjektive Empfindungen und objektive Phänomene – einander im wesentlichen ausschließende, alternative Methoden sind, die von außen auf den Körper einwirkende Reize zu interpretieren. Wenn ich also den Duft einer Rose rieche, dann antwortet die Empfindung auf die Frage: »Was geht mit mir vor?«; dagegen liefert die Wahrnehmung Antwort auf die Frage: »Was geht da draußen vor?«

Dieser Unterschied ist indes im alltäglichen Sprachgebrauch nicht immer klar erkennbar. Schon Reid hob ihn allerdings hervor: »Empfindung, für sich genommen, bedarf weder der Vorstellung noch der Gewißheit eines äußeren Gegenstandes. Sie

---

* E. D. Starbuck (1921), »The intimate senses as sources of wisdom«, *Journal of Religion*, 1, 1921, S. 129–145.

setzt ein fühlendes Wesen und eine bestimmte Art und Weise voraus, wie dieses Wesen betroffen wird; aber mehr setzt sie nicht voraus. Zur Wahrnehmung gehört die unmittelbare Überzeugung und Gewißheit von etwas Äußerem – etwas, das sowohl vom wahrnehmenden Geist als auch vom Akt der Wahrnehmung unterschieden ist. Dinge, die von Natur so verschieden sind, sollte man auseinanderhalten ... [Aber] die Wahrnehmung und die entsprechende Empfindung werden zur gleichen Zeit hervorgebracht. In unserer Erfahrung treffen wir sie nie getrennt an. Das bringt uns dazu, sie als ein und dieselbe Sache anzusehen, sie mit ein und demselben Namen zu bezeichnen und ihre unterschiedlichen Eigenschaften zu verwechseln. Es fällt sehr schwer, sie in Gedanken auseinanderzuhalten, jedes für sich zu betrachten und ihm nichts beizulegen, was zum jeweils anderen gehört.«*

Der Begriff »süß« zum Beispiel läßt sich sowohl für die subjektive Empfindung verwenden, die ich habe, wenn der Rosenduft meine Nase erreicht, als auch für den wahrgenommenen Geruch der Rose als solchen; ebenso steht »rot« für meine Empfindung, wenn Licht von den Rosenblättern auf meine Augen trifft, wie auch für die wahrgenommene Farbe dieser Blütenblätter; »spitz« steht für meine Empfindung, wenn die Dornen auf meine Haut drücken, sowie für die wahrgenommene Form dieser Dornen.

Würden wir uns der Vorstellung von Sprache anschließen, wie Dr. Pangloss sie vertrat, könnte die Tatsache, daß unsere Umgangssprache Empfindungen und Wahrnehmungen in einen Topf wirft, uns zu dem Schluß verleiten, daß es sich bei beidem im Grunde um ein und dasselbe handle. Aber wir brauchen nur an andere Fälle zu denken, in denen Sprache Begriffe zusammenschmiedet, um zu erkennen, daß sich eine solche Schlußfolgerung nicht empfiehlt. Nehmen wir etwa Wörter unter die Lupe, die im Englischen Nutztiere und/oder das von ihnen

* Thomas Reid (1785), *Essays on the Intellectual Powers of Man*, Essay II, XVI, Cambridge/Mass. 1969.

stammende Fleisch bezeichnen. Im Französischen wird beides mit einem einzigen Wort bezeichnet: mit *mouton* das Schaf und sein Fleisch, mit *boeuf* sowohl Rind als auch Rindfleisch, mit *porc* das Schwein und das Schweinefleisch. Im Englischen existieren normalerweise zwei Wörter (weil dort für das Tier das angelsächsische Wort beibehalten wurde, während für sein Fleisch der Ausdruck der französischsprechenden Normannen übernommen wurde) – *sheep/mutton, bullock/beef, pig/pork* und so weiter –, aber auch hier gibt es Wörter mit beiden Bedeutungen wie zum Beispiel *lamb* (Lamm) oder *chicken* (Huhn).

Vielleicht ist es denkbar, daß es eines Tages in unseren Sprachen unterschiedliche Ausdrücke für Empfindungen einerseits und Wahrnehmungen andererseits geben wird. Vorläufig jedoch befinden wir uns in dieser Hinsicht gewissermaßen noch in der Zeit vor der normannischen Eroberung.

Um die sprachliche Seite unserer Angelegenheit wurde so heftig gestritten, daß ich kaum erwarte, meine Leser schon von meiner Art der Unterscheidung überzeugt zu haben. Realität und Bedeutung dieser Unterscheidung werden aber im Laufe der nächsten Kapitel entsprechend erklärt. Zunächst möchte ich deshalb die Sprache außer acht lassen und mich einem ebenso wichtigen wie lästigen Problem zuwenden, das gleichfalls für viel Diskussion und Verwirrung sorgt: der Frage, wie Empfindung und Wahrnehmung, vorausgesetzt, sie sind wirklich etwas Unterschiedliches, kausal zusammenhängen.

Es gibt zwei auf der Hand liegende Möglichkeiten. Die eine wäre, daß Empfindung und Wahrnehmung unabhängig voneinander in *parallelen* Kanälen des Geistes entwickelt werden:

Rose → chemischer Duftstoff in der Nase ⟨

Empfindung eines Süßegefühls, das in mir erregt wird

Wahrnehmung, daß die Rose einen süßen Duft hat

Oder allgemeiner:

Objekt →	Reiz auf der Körperoberfläche <	Empfindung von etwas, das mit mir vorgeht
		Wahrnehmung von etwas, das da draußen vorgeht

Die andere (die in mancher Hinsicht viel plausibler anmutet) wäre, daß Wahrnehmung *seriell* aus Empfindung folgt:

Rose →	chemischer Duftstoff in der Nase →	Empfindung eines Süße-gefühls, das in mir erregt wird →	Wahrneh-mung, daß die Rose einen süßen Duft hat

Oder noch allgemeiner:

Objekt →	Reiz auf der Körperoberfläche →	Empfindung von etwas, das mit mir vorgeht →	Wahrneh-mung von etwas, das da draußen vorgeht

Reids Ansicht in dieser Sache war auf interessante Weise zwiespältig. In einem seiner *Essays* behauptet er, die Wahrnehmung sei »unmittelbar« und »unabhängig vom Denken«, da sie »Teil der ursprünglichen Konstitution des menschlichen Geistes« sei. Dann aber schreibt er: »Da ich beobachte, daß die angenehme Empfindung entsteht, wenn die Rose nahe ist, und aufhört, wenn sie entfernt wird, führt mich meine Natur zu dem Schluß, daß die Rose eine Eigenschaft enthält, die Ursache dieser Empfindung ist. Diese Eigenschaft in der Rose ist das wahrgenommene Objekt ... Alle Namen, die wir für Geschmacks- und Tastempfindungen, für Geräusche und für verschiedene Grade der Hitze- und Kälteempfindung haben ... bezeichnen sowohl eine Empfindung als auch eine Eigenschaft, die wir *mittels* dieser Empfindung wahrnehmen [Hervorhebung von mir, N. H.].«* Womit er vermutlich sagen wollte, daß die Wahrnehmung etwas Sekundäres und von der Empfindung Abgeleitetes ist: genauer gesagt, daß die Wahrnehmung ein »Schluß« ist, der auf der Empfindung aufbaut.

Würde diese Theorie zutreffen, wäre meine Argumentation entkräftet. Sie besagt, daß es statt zweier unabhängig voneinander ausgebildeter Kanäle geistiger Repräsentation nur einen einzigen gibt – dessen Produkte einfach nur das Bewußtsein in einer, wenn man so sagen darf, relativ unverarbeiteten Form, als Empfindung, und in einer verarbeiteten Form, als Wahrnehmung, erreichen. Wenn das so ist, dann ist die Unterscheidung zwischen diesen zwei Erfahrungsweisen – und mithin auch die Unterscheidung zwischen subjektiven Empfindungen und objektiven Phänomenen – in ihrem Erkenntniswert hinfällig.

Die Frage ist also: Gibt es ein schlüssiges Verfahren, um zu entscheiden, welches der beiden Modelle, das parallele oder das serielle, zutrifft? Und die Antwort besteht darin, die Möglichkeit einer »Entkopplung« von Empfindung und Wahrnehmung zu sondieren. Denn es dürfte klar sein, daß das parallele Modell eine separate Entwicklung von Empfindung und Wahrnehmung zuläßt, das serielle Modell hingegen nicht. Wenn die Wahrnehmung kausal von der Empfindung abhängt, dann muß jede Veränderung der Empfindung auch Folgen für die Wahrnehmung haben; und wenn die Empfindung vollständig gestört ist oder kollabiert, wird auch die Wahrnehmung eliminiert.

Ich werde in den Kapiteln 10 bis 12 belegen, daß Empfindung und Wahrnehmung tatsächlich getrennt voneinander bestehen *können* und daß, mehr noch, Wahrnehmung ohne jede Empfindung möglich ist. Mit anderen Worten: Ich präsentiere Beweise dafür, daß im Geist wirklich zwei parallele Kanäle existieren.

* Thomas Reid (1785), *Essays on the Intellectual Powers of Man*, Essay II, XVI, Cambridge/Mass. 1969.

Allerdings wird dieses Material erheblich überzeugender sein, wenn ich zuvor noch einigen anderen Fragen nachgehe.

Das gesamte 19. Jahrhundert hindurch wurde unter Psychologen die Kontroverse ausgetragen, ob nun ein oder zwei Kanäle im Bewußtsein existieren. Dies hatte bedauerliche Folgen. In dem Maß nämlich, wie Zweifel aufkamen, ob die Wahrnehmung wirklich seriell abhängig war von der Empfindung, wandten sich viele mit den Sinnesvorgängen befaßte Psychologen ganz und gar der Wahrnehmung zu und verloren alles Interesse an der Empfindung als solcher. Und damit hörten sie auf, sich für »Autozentrierung«, »Intimität«, »Affekt« und zu guter Letzt überhaupt für den gesamten Bereich der »subjektiven Empfindung« zu interessieren.

William Drummond konnte 1623 noch schreiben: »Welch süße Befriedigungen zieht die Seele aus den Sinnen? Sie sind die Türen und Fenster ihres Wissens, die Werkzeuge ihrer Lust.«[*] 1785 erklärte Reid: »Die Sinne haben einen doppelten Zuständigkeitsbereich: Sie liefern uns Empfindungen, von denen manche angenehm und andere schmerzhaft sind, während wieder andere uns gleichgültig lassen...« 1905 hingegen sah sich Freud zu der Bemerkung veranlaßt: »Alles, was mit dem Lust- und Unlustprinzip zusammenhängt, rührt an eine der wundesten Stellen der heutigen Psychologie.«[**] Diese Feststellung kommt auch heute noch der Wahrheit sehr nahe.

Die im 15. Jahrhundert gewebte Gobelinfolge *Die Dame mit dem Einhorn*, die im Musée Cluny in Paris zu sehen ist, charakterisiert jeden Sinn mit Hilfe des Genusses, den er vermittelt: den Geschmackssinn durch den Geschmack der Früchte, den Geruchssinn durch den Duft der Blumen, den Tastsinn durch das Streicheln einer Hand, das Gehör durch Musik, den Gesichtssinn durch den Anblick der sich spiegelnden Schönheit.

[*] William Drummond of Hawthornden (1623), *The Cypresse Grove*, zit. in John Hadfield, *A Book of Beauty*, London 1952, S. 183.
[**] Sigmund Freud, *Drei Abhandlungen zur Sexualtheorie*, Ges. W., Bd. V, S. 110.

Ein heutiges Lehrbuch über Sinnespsychologie würde der Tatsache, daß den Menschen, was sie empfinden, *zusagt* oder *nicht zusagt*, daß, wie Lord Byron schrieb, »das große Ziel des Lebens darin besteht, zu empfinden, zu fühlen, daß wir existieren, und sei's auch schmerzgepeinigt«,* kaum mehr als eine Randbemerkung widmen. Der ansonsten hervorragende Überblick von C. L. Hardin, *Color for Philosophers*,** beschränkt die Erwähnung der ästhetischen Seite der Farbe auf eine einzige Fußnote.

Diese informationsbezogene Schieflage gilt es zu korrigieren. Solange wir die Sinnesempfindung nicht wieder in den Mittelpunkt des Interesses rücken, werden wir auf unserer Suche nach dem Wesen des Bewußtseins nur im Trüben fischen.

---

* George Byron (1810), zit. in M. Csaky, *How Does it Feel?*, London 1979.
** C. L. Hardin (1988), *Color for Philosophers*, Indianapolis 1988.

Kapitel 5

»Was sehen wir?«

Der Gesichtssinn ist der beherrschende der fünf Sinne des Menschen. Über ihn haben Psychologen am intensivsten geforscht und Philosophen am meisten gegrübelt; und bei ihm ist die Trennlinie zwischen der intimen Rolle der Empfindung und der bestimmenden Rolle der Wahrnehmung am schwierigsten zu ziehen.

Daß Reid zur Illustration seiner These den Geruchssinn heranzog, könnte man ihm fast schon als Betrugsmanöver vorhalten. Niemand nämlich muß erst davon überzeugt werden, daß Geruchsempfindungen angenehm oder unangenehm sein können. Wenn wir riechen, fällt es darüber hinaus relativ leicht zu erkennen, daß die Empfindung in der Tat etwas kategorial anderes ist als die Wahrnehmung. Mit Rücksicht darauf, daß der Duft einer Rose in meine Nase *eintritt*, ist meine Empfindung für die Süße des Dufts leicht erkennbar mit dem verknüpft, »was mit mir vorgeht«; während mit Rücksicht darauf, daß der Duft von der Rose *ausgeht*, meine Wahrnehmung des Rosendufts als süß ebenso offenkundig in Beziehung zu dem steht, »was da draußen vorgeht«. Hinzu kommt, daß wir unsere Nase auf offenkundig unterschiedliche Weise einsetzen, je nachdem, ob es uns um eine subjektive Empfindung oder um eine objektive Bestimmung geht. Wenn wir einen Geruch genießen wollen, atmen wir langgezogen und tief ein; wenn wir hingegen herausfinden wollen, wonach etwas riecht, ziehen wir normalerweise die Luft mehrmals hintereinander kurz und schnuppernd ein.

Unser Gesichtssinn dagegen ist nie derart eindeutig einzuordnen. Auch wenn die visuelle Empfindung wohl eine affektive Rolle spielen dürfte, ist diese doch nicht entfernt so markant wie die bei Gerüchen. Und es ist auch nicht so unmittelbar klar, daß visuelle Empfindung und visuelle Wahrnehmung zwei verschiedene Formen der Erfahrung sind. Ich könnte zwar sicher die obige Formel wiederholen und sagen, da das Licht von den Blütenblättern der Rose auf meine Retina fällt, steht meine Rotempfindung offenkundig mit den Vorgängen in meiner Person in Zusammenhang, während vor dem Hintergrund der Tatsache, daß das Licht von der Rose ausgeht, meine Wahrnehmung der Blütenblätter als rot ebenso offenkundig in Beziehung zum äußeren Objekt steht. Aber das ist eine stark intellektualisierte Differenzierung. Sie ist eben nicht »offenkundig«. Darüber hinaus wäre es ziemlich kühn zu behaupten, daß wir unsere Augen tatsächlich auf zwei unterschiedliche Arten gebrauchen: eine passiv rezeptive und eine aktiv sondierende, denn im Bereich des Visuellen gibt es zweifellos nichts, was dem Unterschied zwischen Genuß und definierendem Schnuppern beim Geruchssinn wirklich entspräche.

Vielleicht hat der Gesichtssinn den Philosophen deshalb so viel Kopfzerbrechen bereitet. Bei Wittgenstein lesen wir: »Gewisses am Sehen kommt uns rätselhaft vor, weil uns das ganze Sehen nicht rätselhaft genug vorkommt.«[*] In seinen *Memories* erzählt Maurice Bowra von einem Dozenten in Oxford folgende Anekdote: »In einem Semester hielt er eine Vorlesung über das Thema: ›Was sehen wir?‹ Er begann schwungvoll mit dem Gedanken, wir sähen [subjektive] Farben, gab diese Ansicht aber in der dritten Woche auf und vertrat die These, wir sähen [objektiv farbige] Dinge. Aber auch das erwies sich als nicht haltbar, und am Semesterende gestand er reuevoll ein: ›Weiß der Teufel, was wir eigentlich sehen.‹«[**] Dieser Dozent hatte offenbar nicht verstanden, daß die Antwort auf seine

[*] Ludwig Wittgenstein, *Logische Untersuchungen, Werkausgabe*, Bd. 1, Frankfurt a. M. 1989, S. 550.
[**] Maurice Bowra (1967), *Memories*, Oxford 1967.

Frage in einer doppelten Funktion des Gesichtssinns zu suchen war, durch die uns dieser gleichzeitig Informationen darüber liefert, was innerhalb unserer eigenen Körpergrenzen vorgeht, und mit Informationen darüber versorgt, was sich in der Außenwelt abspielt.

Der Gesichtssinn stellt deshalb für die Art von Erklärung, wie ich sie vortrage, eine besondere Herausforderung dar. Er speziell verschafft uns auch Gelegenheit, mit unseren Überlegungen in neues Terrain vorzudringen.

Um diese Gelegenheit wahrzunehmen, müssen wir uns die entwicklungsgeschichtlichen Anfänge des Gesichtssinns als eines *Oberflächensinns* klarmachen, dessen erste Aufgabe es war, Informationen über den, wie man fast sagen könnte, »Geruch« – beziehungsweise »Geschmack« oder »Berührungsreiz« – des auf die Haut auftreffenden Lichts zu liefern.

Die frühesten Organismen hatten selbstverständlich keine Augen. Wie die heutigen Amöben waren sie wahrscheinlich auf der gesamten Körperoberfläche lichtempfindlich. Sie verfügten auch nicht über spezialisierte »Photorezeptoren«, deren Wahrnehmungsmöglichkeit allein auf Licht beschränkt war. Dieselben Reizempfänger reagierten womöglich nicht nur auf Licht, sondern auch auf hohe Salzkonzentration oder auf mechanische Erschütterung.

Als sich dann später tatsächlich Photorezeptoren entwickelten, waren sie aber keineswegs eine völlig neue Form des Reizempfängers. Sie waren einfach unspezifische Sinnesrezeptoren, die eine größere Empfänglichkeit für Licht als für andere Reize ausgebildet hatten. Es spricht tatsächlich einiges dafür, daß sie sich in vielen Fällen aus »sensorischen Zilien« entwickelten – haarähnlichen Gebilden, die aus der Zelloberfläche herausragen und sowohl motorisch zur Fortbewegung des Tieres als auch sensorisch zur Entdeckung lokaler Störungen in seiner Umgebung dienen können. Das lichtempfindliche Pigment auf den sensorischen Flimmerhärchen sorgte für eine spezifische Lichterregbarkeit. Sogar die Stäbchen und Zapfen in der Retina unserer Augen geben Hinweise darauf, daß ihre Evolution auf diese Weise begann – mit Zilien, die primär für Berührung empfindlich waren.

Aufgabe der Photorezeptoren in den frühesten Organismen war wohl die Wahrnehmung der Lichtverhältnisse. Waren sie »gut«, konnte das Tier bleiben, wo es sich befand; waren sie »schlecht«, konnte es sich so lange bewegen, bis es bessere Bedingungen gefunden hatte. Aber ohne die Möglichkeit, die Einfallsrichtung des Lichts zu erkennen, brauchte es unter Umständen lange, ehe es die ersehnte Position herausfand. Und erst als das Tier die Fähigkeit entwickelt hatte, den Lichteinfall an verschiedenen Körperteilen zu vergleichen, war es imstande, sich gezielt in die richtige Richtung zu bewegen.

Wie die Amöbe verfügt der Regenwurm auf seiner gesamten Körperoberfläche über Photorezeptoren. Regenwürmer meiden das Licht (da ihnen bei Tage draußen im Freien Gefahren drohen). Leuchtet man einen Regenwurm nachts mit der Taschenlampe an, so dreht er ab. Der Wurm gleicht, was auf der beleuchteten Seite seines Körpers passiert, mit dem Geschehen auf der dunklen Seite ab, und auf der Basis dieses »Vergleichs« kann er seine Fluchtrichtung bestimmen. Auch ein Frosch besitzt Photorezeptoren auf seiner gesamten Körperoberfläche (obwohl er außerdem auch noch über gut ausgebildete Augen verfügt). Anders als Würmer bevorzugen Frösche das Tageslicht, an das sie besser angepaßt sind als an Dunkelheit. Diese Präferenz besteht auch noch, wenn die Funktion ihrer Augen ausfällt. Verdeckt man einem Frosch die Augen und setzt ihn in eine dunkle Schachtel mit einem Fenster an einer Seite, wird er seinen Kopf dem Licht zuwenden. Auch er gleicht den unterschiedlichen Lichteinfall auf seine Körperregionen ab.

In diesem entwicklungsgeschichtlichen Stadium und auch bei diesem Stand der Diskussion ist es indes verfrüht zu fragen: »Was *sieht* ein Frosch mit geschlossenen Augen?« Bedenkt man die Schwierigkeiten, die Bowras Philosoph bereits mit der Frage hatte, was *wir* sehen, kommt es einem vielleicht ein bißchen albern vor, die Frage der visuellen Wahrnehmung auf Regenwürmer und Frösche auszudehnen, vorausgesetzt, man bezeichnet die Reaktion der Photorezeptoren des Wurms als eine Art des »Sehens«.

Ich denke, man wird mir zustimmen, wenn ich die Art, wie der Wurm das Licht repräsentiert, *nicht* als visuelle Wahrnehmung gelten lassen will. Ob man dabei aber von visueller Empfindung sprechen kann, ist zumindest diskussionswürdig. Zwar sind Bedenken, ob ein Wurm über Bewußtsein verfügt, mehr als angebracht, dagegen ist es zweifellos sinnvoll zu sagen, das Nervensystem des Wurms repräsentiere das Licht im Sinne von »etwas, das mit mir vorgeht«, und als etwas »Unangenehmes«.

Wir Menschen können uns kaum vorstellen, wie es wäre, wenn unsere gesamte Hautoberfläche auf Lichtreize reagieren würde. Und doch erschließen uns die eigenen Sinnesempfindungen möglicherweise einen Zugang zu dieser Erfahrung. Man kann sich *vorstellen*, wie der Lichteinfall auf die Haut kitzelt oder sticht, ja sogar, daß Licht vielleicht einen schlechten Geschmack oder üblen Geruch hat.

Wenn wir die Parallele der Empfindungen aber eher im Bereich des Geschmacks- oder Tastsinns und nicht in dem des Gesichtssinns suchen müssen, warum stellen wir dann die *Vermutung* an, der Wurm befinde sich entwicklungsgeschichtlich auf dem Weg zu einer *visuellen* Empfindung? Weil es eine Tatsache ist, daß die Reaktion primitiver Tiere auf Lichtreize auf einer direkten Linie zu unserer visuellen Erfahrung liegt.

Die Photorezeptoren auf der Körperoberfläche haben sich in einem bestimmten Stadium der Evolution zu »Augenflecken« zusammengeballt. Sogar manche Einzeller haben eine lichtempfindliche Stelle, an der die Reizschwelle für die Lichtempfindung viel niedriger ist. Die meisten mehrzelligen Tiere (sofern sie keine Augen ausgebildet haben) verfügen über einen oder mehrere solcher Flecken an strategisch wichtigen Stellen ihrer Körperhülle. Diese Augenflecken waren effizienter als der Vergleich des Lichteinfalls auf verschiedene Körperregionen.

Aber selbstverständlich gab es noch eine wirksamere Me-

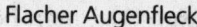

Flacher Augenfleck

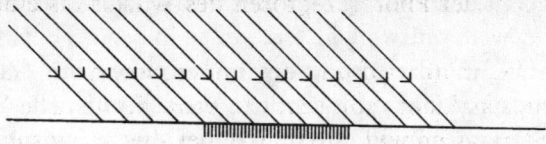

Augenkuhle

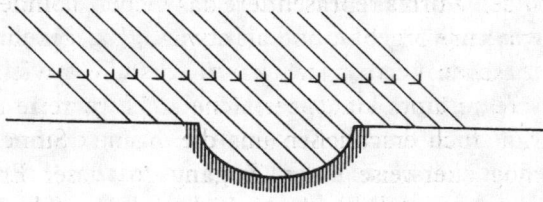

Lochkamera-Auge

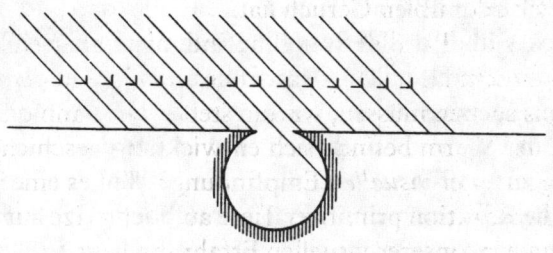

Abbildung 1

thode, die Richtung einer Lichtquelle festzustellen: die Entwicklung des einzelnen Augenflecks in ein richtiges »Auge«, das über einen Abbildungsmechanismus verfügt (Abb. 1). Wenn aus einer bestimmten Richtung Licht auf einen ebenen Fleck aus Photorezeptoren fällt, ist dieser Fleck gleichmäßig beleuchtet, und es gibt keine Möglichkeit, die Einfallsrichtung des Lichts wahrzunehmen. Wenn dagegen statt des Flecks eine Grube entsteht, wird diese durch schräg einfallendes Licht unterschiedlich ausgeleuchtet. Wenn diese Grube sich zu einer kugelförmigen Aushöhlung mit einer schmalen Öffnung an der Oberseite weiterentwickelt, entsteht eine Art »Lochkamera«, bei der die Einfallsrichtung des Lichts genau mit der Position des Abbilds korreliert. Bis zu einer Vorrichtung, deren Öffnung mit einem lichtdurchlässigen Tropfen ausgefüllt ist, die also einer primitiven Kamera mit Linse entspricht, ist es nur noch ein kleiner Schritt.

Diese Augen vom Typ einer Kamera entstanden schon relativ früh in der Entwicklungsgeschichte. Sie haben sich in verschiedenen Zweigen der Evolution, unabhängig voneinander, gewissermaßen immer wieder »neu« entwickelt. Obwohl sie über einen Abbildungsmechanismus verfügen, bestand ihre wichtigste Funktion wohl darin, Stärke und Richtung des auf der Körperoberfläche einfallenden Lichts einzuschätzen. Sogar als der Evolution schon Kameraaugen unterschiedlicher Versionen zur Verfügung standen, war deren einzige Funktion offenbar für lange Zeit die genannte. Wenn zum Beispiel das Bild eines hellen Objekts über die Retina glitt, war die einzige »Wahrnehmung« der betreffenden Organismen ein »Über-sie-Hinwegstreichen« eines visuellen Reizes.

Auch im Falle des Auges aber entwickelte die Evolution vorhandenes organisches Gerät weiter und stellte es in den Dienst höher spezialisierter Funktionen. Nachdem das ablichtende Auge »erfunden« war, tat sich potentiell der *wahrnehmenden* Analyse eine ganz neue Welt auf. Verschiedengestaltige Objekte zum Beispiel bilden sich auf der Retina verschiedengestaltig ab; aus unterschiedlicher Entfernung sind die Abbildungen der Objekte unterschiedlich groß; verschiedenfarbige Dinge hinterlassen verschiedenfarbige Bilder. Der Lichtreiz war so im Prinzip zu einer Quelle von Informationen über die Außenwelt geworden.

Weil sie neben dem bereits existenten Kanal für die visuelle Empfindung noch einen weiteren für die visuelle Wahrnehmung entwickelten, konnten Tiere sich diese bestimmenden Eigenschaften des Lichts zunutze machen und gleichzeitig ihre ursprüngliche Auswertung des Lichts als etwas, das ihren eigenen Körper betraf, beibehalten. Die vorläufig letzte Stufe dieser Entwicklung waren Tiere mit Augen und Gehirnen, wie wir sie haben: Tiere, die beim Anblick einer Rose die komplizierte und facettenreiche Erfahrung machen, die wir als »Sehen« bezeichnen.

Man kann die Überzeugung vertreten, daß die affektive Rolle des visuellen Empfindens an Bedeutung verloren hat zugunsten der Wahrnehmung. Andererseits ist es eine Art Gesetz der Evolution, daß die Stadien ihrer Entwicklungsgeschichte im genetischen Speicher nur selten ganz und gar verloren gehen. Unser Blut weist heute noch annähernd die gleiche Salzkonzentration auf wie die Ozeane, in denen die frühesten Formen des Lebens entstanden. Ähnlich, denke ich, sind uns frühe Erfahrungen des Gehirns nicht gänzlich verloren gegangen.

Wie weiter oben schon erwähnt, folgt die Evolution oft, wenn auch lange nicht immer, einem weiteren Gesetz: In dem Maße, wie biologische Strukturen oder Anlagen ihre ursprünglichen Funktionen verlieren, können diese neuen Funktionen nutzbar gemacht werden.

Dennoch wäre es falsch, sich übergangslos die Frage zu stellen, was, außer dem Affekt, die visuelle Empfindung für den Menschen bedeutet. Denn selbst wenn uns in gewisser Weise visuelle Empfindungen weniger berühren als Geruchs-, Geschmacks- oder Tastempfindungen, haben wir uns doch keineswegs bis zu einem Stadium entwickelt, in dem das in unsere Augen fallende Licht nur Wahrnehmung auslöst. Es trifft zwar zu, daß unsere Haut nicht von Photorezeptoren bedeckt ist und unsere Netzhäute, verglichen mit der Gesamtoberfläche des Körpers, sehr klein sind. Aber schließlich ist auch – und dieser Hinweis dürfte genügen – die Klitoris winzig im Verhältnis zur gesamten Hautfläche. Dennoch vermittelt ihre Berührung intensivste Empfindungen.

Kapitel 6

Die Farben sind die Tasten

Der Mensch zieht das Licht der Dunkelheit vor. Davon gibt es kaum Ausnahmen. Nicht von ungefähr läuft der Sonnengott, die Verkörperung des Lichts der Welt, in so gut wie allen Kulturen anderen Gottheiten den Rang ab. Nicht von ungefähr sind Licht und Finsternis Synonyme für Glück und Depression.

Als der Dichter Andrew Marvell allerdings nach einem wahren Trost suchte, verfiel er auf »einen grünen Gedanken in einem grünen Schatten« in seinem Garten.*

Es ist nicht nur das Licht, sondern insbesondere wohl die Farbe, die unsere Stimmungen so offensichtlich beeinflußt. Wassily Kandinsky hat geäußert: »Farbe ist eine Macht, die direkten Einfluß auf die Seele ausübt. Die Farben sind die Tasten, die Augen sind die Hämmerchen, die Seele ist das Klavier mit vielen Saiten. Der Künstler ist der Pianist, der spielt und diese oder jene Note anschlägt, um die Seele in Schwingungen zu versetzen.«** Dies ist selbstverständlich ein ästhetischer und kein biologischer Aspekt. Doch auch wenn man den ausschließt, übt farbiges Licht machtvollen Einfluß aus auf die Sinnesempfindungen des Menschen.***

So hat man festgestellt, daß rotes Licht Symptome physischer

---

*   Andrew Marvell (1681), »The Garden«, in: *The Metaphysical Poets*, hrsg. v. Helen Gardner, Harmondsworth 1957.
** Wassily Kandinsky, zit. in *How Does it Feel?*, hrsg. v. Mick Csaky, London 1979.
*** Siehe die Besprechungen in *The World through Blunted Sight*, Patrick Trevor-Roper, London 1970, und in *Colour for Architecture*, hrsg. v. Tom Porter und Byron Mikellides, London 1976.

Erregung hervorruft: Der Blutdruck steigt, Atmung und Herzschlag beschleunigen sich, und der elektrische Hautwiderstand nimmt ab. Blaues Licht hingegen hat den gegenteiligen Effekt: Der Blutdruck fällt leicht, und Herzschlag und Atmung verlangsamen sich. Diese Reaktionen sind fast mit Sicherheit angeboren. Schon im Alter von nur fünfzehn Tagen lassen sich schreiende Säuglinge leichter mit blauem als mit rotem Licht beruhigen.

Subjektiv entwickeln Menschen in roten Räumen ein größeres Wärmegefühl als in blauen. W.E. Miles berichtet, daß die weiblichen Angestellten in einem Café plötzlich ihre Jacken entbehrlich fanden, als die ursprünglich blauen Wände orange überstrichen worden waren. Eine Studie aus Norwegen zeigt, daß in einem blaugestrichenen Zimmer der Thermostat im Durchschnitt vier Grad höher gestellt wurde als in einem rotgestrichenen, gewissermaßen eine thermische Kompensation des visuell induzierten Kältegefühls.

Zeit vergeht subjektiv schneller bei rotem als bei blauem Licht, so daß nach Aussagen der Versuchspersonen eine Minute in einem roten Raum anderthalb Minuten in einem blauen entspricht. Die Reaktionszeit einer Gruppe von Studenten war Messungen zufolge schneller in einem rot erleuchteten als in einem grün erleuchteten Raum. Eine Untersuchung in einer Fabrik ergab, daß die Arbeiter in rot gestrichenen Toiletten weniger Zeit verbrachten.

In ihrem Buch *Colour for Architecture** berichten Tom Porter und Byron Mikellides: »Michelangelo Antonioni, der italienische Filmregisseur, machte während der Dreharbeiten zu seinem ersten Farbfilm, *Die Rote Wüste*, eine interessante Beobachtung. Während er bei Außenaufnahmen in einer Fabrik Szenen aus der Industrie filmte, ließ er die Kantine rot streichen, um die für einen Dialog geeignete Hintergrundstimmung zu erzeugen. Zwei Wochen später fiel ihm auf, daß die Arbeiter aggressiv ge-

---

* Tom Porter und Byron Mikellides (1976), Hrsg., *Colour for Architecture*, London 1976.

worden waren und anfingen, untereinander Streitigkeiten auszutragen. Nach Beendigung der Dreharbeiten wurden die Kantinenwände blaßgrün überstrichen, um den Frieden wieder herzustellen. ›Die Augen der Arbeiter sollten‹, wie Antonioni bemerkte, ›sich ausruhen können.‹«

Und weiter: »Krankenhausärzte und Kunsttherapeuten haben beobachtet, daß selbstmordgefährdete Patienten, wenn sie malen, überdurchschnittlich viel gelbe Farbe verwenden – wie übrigens auch Vincent van Gogh. Sein letztes Gemälde, bevor er Selbstmord beging, war das überwiegend gelb gehaltene Bild *Weizenfeld mit Krähen*... Das Institut für Zeitgenössische Kunst in London mußte feststellen, daß Gelb Kinder zu Vandalismus stimuliert. Während einer Ausstellung von Spielzeug in verschiedenfarbigen Räumen wurden alle Spielsachen im gelben Raum beschädigt oder kaputt gemacht!«

Bestimmte pathologische Zustände können die Wirkung von Farben sogar noch verstärken. Kurt Goldstein schildert eine Patientin mit einer Erkrankung des Kleinhirns: »Wenn sie ein rotes Kleid anhatte, verstärkten sich alle ihre Symptome bis zur Unerträglichkeit. Ihr wurde schwindlig, und sie stürzte. Grün oder Blau hatte die entgegensetzte Wirkung. Diese Farben beruhigten sie; sie war wieder so ausgeglichen, daß sie fast schon normal wirkte.«* Darüber hinaus beobachtete er bei dieser Patientin und bei anderen Personen mit Schädigungen des Kleinhirns, daß der Anblick einer roten oder gelben Leinwand die Arme vom Körper wegschwingen ließ, während der Anblick einer grünen oder blauen dazu führte, daß die Arme an den Körper herangezogen wurden. L. Halphern schildert mehrere ähnliche Fälle. Etwa diesen: »Wenn ein einfarbiges rotes Glas vor das linke Auge der Patientin gebracht wurde, fing der ganze Körper sofort an, hin- und herzuschaukeln ... während gleichzeitig ihr rechter Arm niedersank und weit nach rechts aus-

---

* Kurt Goldstein (1942), »Some experimental observations concerning the influence of colors on the function of the organism«, *Occupational Therapy*, 21, 1942, S. 147–151.

schwang ... Die Patientin berichtete, daß ihr beim Anblick des Rots das Atmen schwerfalle und sie von Herzklopfen und Übelkeit befallen werde. Benutzte man hingegen ein blaues Glas, blieben diese unangenehmen Empfindungen aus ... und die Patientin fühlte sich subjektiv völlig in Ordnung.«* Bei rotem Licht nahm die Schmerzempfindlichkeit zu, und Lärm, der bei blauem Licht noch als erträglich empfunden worden war, erschien nun unerträglich.

Goldstein kommt zu dem Ergebnis: »Das stärkere Ausschwingen der Arme bei der Stimulation durch Rot entspricht dem Eindruck, gestört, herausgerissen, abnorm stark von der Außenwelt angezogen zu werden. Das ist nur ein anderer Ausdruck für das Gefühl des Patienten, daß die rote Farbe sich ihm aufdrängt, ihn angreift, ihn in Aufregung versetzt. Die Abnahme des Ausschwingens bei Grünlicht entspricht dem Rückzug aus der Außenwelt und der Einkehr in die eigene Stille, die eigene Mitte.«

Eine schwächere, aber vergleichbare Form der Muskelreaktion findet sich vielleicht sogar bei gesunden Menschen. Der Musiker Manfred Clynes entwickelte eine Methode, Emotionen zu messen: Er bediente sich eines empfindlichen Druckkissens – genannt »Sentograph« –, mit dem sich kleinste Ausdrucksbewegungen im Finger einer Versuchsperson messen ließen. In seinem Buch *Sentics: The Touch of Emotion*** stellt Clynes als eine typische Reaktion auf Rot eine »starke, nach außen zielende Reaktion« dar, wohingegen »die Ruhe des Blaus sich im Fehlen eines nach außen gerichteten Schubs ... widerspiegelt«. Die Formen der Sentogramme für Rot und Blau wiesen bemerkenswerte Ähnlichkeit mit denen auf, die sich ergaben, wenn er die Probanden bat, an Haßzustände beziehungsweise freundschaftliche Gefühle zu denken.

* L. Halphern (1956), »Additional contributions to the sensorimotor induction syndrome in unilateral disequilibrium with special reference to the effect of colors«, *Journal of Nervous and Mental Diseases*, 123, 1956, S. 334–350.
** Manfred Clynes (1977), *Sentics: The Touch of Emotions*, London 1977.

73

Allerdings muß man zugeben, daß diese Farbtests in vieler Hinsicht von zweifelhafter Qualität sind. In der heutigen Psychologie ist denn auch ein Vorurteil gegen die empirische Erforschung des Affekts weit verbreitet. Aber insgesamt legen die Untersuchungen doch nahe, daß der Mensch sich eine starke biologische Erinnerung an Licht als intimes Ereignis bewahrt hat – wahrscheinlich ein Relikt aus der Zeit unserer fernen Vorfahren, deren gesamte Hautoberfläche noch auf Lichteinfall reagierte und denen die Schwingungen, wenn nicht bis in die Seele, so jedenfalls doch bis in die Muskulatur und die Hormondrüsen drangen.

Kapitel 7

Im Reich der Sinne

Für Samuel Coleridge hatte das Erlebnis des Sehens erkennbar erotische Konnotationen: »Manchmal, wenn ich konzentriert einen schönen Gegenstand oder eine schöne Landschaft betrachte, habe ich den Eindruck, kurz vor einem ersehnten, aber mir noch versagten Genuß zu stehen – als ob der Gesichtssinn eine Begierde wäre; ja, ich fühle mich wie ein Mensch, der seine ganze Muskelkraft in einem Sprung versammelt hat und gleichzeitig auf dem Fleck festgehalten wird – er springt und kommt doch nicht von der Stelle.«*

In Erinnerung an seine Jugendzeit schilderte William Wordsworth sich als stark in Form und Farbe verliebt:

»... der hohe Fels,
Die Berge und der tiefe, düstre Forst,
Ihre Farben und ihre Formen waren damals für mich
Ein Verlangen; eine Empfindung und eine Liebe,
Die keines ferneren Zaubers bedurften,
Den der Gedanke bot, und keines Interesses,
Das nicht dem Auge entsprang.«**

Seine Zeilen entstanden in den neunziger Jahren des 18. Jahr-

---

* Samuel Coleridge (1808), *Anima Poetae*, Nachdruck in *The Poetry of Earth*, hrsg. v. E. D. H. Johnson, London 1966, S. 128.
** William Wordsworth (1798), »Lines composed a few miles above Tintern Abbey«, in: *Selected Poems of William Wordsworth*, hrsg. v. Roger Sharrock, London 1958.

hunderts und zeugen davon, daß Wordsworth den Unterschied zwischen Empfindung und Wahrnehmung sehr genau verstand, woran Reids Vorstellungen vielleicht nicht ganz unbeteiligt waren. Wonach ihn verlangte, war nicht Wahrnehmung, nicht »der fernere Zauber, den der Gedanke bot«, sondern vielmehr die unmittelbare Lichtempfindung, die nichts enthielt, »das nicht dem Auge entsprang«.

Statt zu behaupten, die intime Rolle der visuellen Empfindung sei nicht entfernt so offensichtlich wie etwa die des Geruchssinns, hätte ich vielleicht sagen sollen, die bestimmende Funktion der visuellen Wahrnehmung sei viel offensichtlicher als die des Geruchssinns, und dessen Ähnlichkeit mit den niederen Sinnen werde deshalb oft zuwenig berücksichtigt, weil der Gesichtssinn eine so eindrucksvolle Quelle für objektive Erfahrungen aus der Außenwelt sei. Platon unterschied strikt zwischen dem »höheren« Gesichtssinn und den »niederen« Sinnen des Geruchs, Geschmacks und des Tastens. Ausschließlich die visuelle Wahrnehmung galt ihm als Weg zur Vernunfterkenntnis: »Gott hat das Sehvermögen uns ersonnen und verliehen, damit wir beim Erschauen der Kreisläufe der Vernunft am Himmel sie für die Umschwünge unserer eigenen Denkkraft benutzten ... Von der Stimme und dem Gehör gilt wieder dasselbe.«* Er war sich bewußt, daß der Gesichtssinn und das Gehör auf der Ebene bloßer Empfindung auch »zwecklose Lust«, wie er es nannte, erregen konnte. Aber sich von der Empfindung beherrschen zu lassen war für Menschen mit Bildung und Tugend moralisch indiskutabel.

Als mit Beginn der Renaissance die Idee der klassischen Antike wieder an Bedeutung gewann, kam auch Platons Vorstellung vom vorrangigen Wert des Gesichtssinns wieder zur Geltung: Boccaccio zum Beispiel konnte von Giotto sagen, er habe »die Kunst, die viele Jahrhunderte lang unter dem Aberwitz etlicher Menschen begraben war, die mehr um die Augen der Un-

* Platon, *Timaios*, 47b.

wissenden zu ergötzen, als um den Geist der Weisen zu befriedigen, gemalt haben, wieder ans Licht gezogen«.*

Zweihundert Jahre später vermitteln die Gobelins *Die Dame mit dem Einhorn*, auf denen die Sinne dargestellt sind, einen ähnlich moralisierenden Grundtenor. Auf den ersten fünf Bildteppichen wird, wie schon gesagt, die Lust der Sinne gefeiert. Der sechste dagegen zeigt die Dame mit dem Einhorn, wie sie eine Schmuckkette in ein Kästchen zurücklegt, während auf der Markise über dem Zelt zu lesen steht: »A mon seul désir.« – »Auf mein eigen Geheiß.« Damit will sie als gute Platonikerin sagen, daß sie den Verführungen der Sinne entsagt, um ihren vernünftigen Geist von Trübung rein zu erhalten.**

Mag man aber auch, wie der römische Dichter Horaz sagt, die Natur mit der Forke austreiben, sie kehrt immer wieder zurück. In der Kunst und der Dichtung ging die Lust der Menschen an der Empfindung einfach nur auf Tauchstation und kam im 18. und 19. Jahrhundert mit neuen Protagonisten wieder. Wordsworth als Sprachrohr der englischen Romantik war voll Verachtung für alle, die den intimen Genuß der Sinne geringschätzten:

»Auf! auf! mein Freund, die Bücher laß zurück;
Sonst wird aus Eins noch Zwei.
Auf! auf! mein Freund und kläre deinen Blick,
Wozu die Plackerei.

Ein Blick auf grünes Holz
Lehrt uns vom Menschen mehr,
Lehrt mehr von Sünd und Stolz,
Als der Weisen großes Heer.
...

---

* Boccaccio, *Das Dekameron*, übers. v. A. Wesselski, 6. Tag, 5. Erzählung, Frankfurt a. M. 1972, S. 545.
** *La Dame à la Licorne*, Alain Erlande-Brandenburg, Editions de la Réunion des Musées Nationaux, Paris 1978.

Das Aug' – es kann nur zu schauen streben;
Wir können dem Ohr nicht sagen, sei still;
Unsre Körper fühlen, solange sie leben,
Ob ich mich weigere oder will.«*

Der britische Maler William Turner und später die französischen Impressionisten griffen die Anregung auf, nichts zu malen, was »nicht dem Auge entsprang«, und bemühten sich darum, dem Bedürfnis nach visueller Empfindung in ihren Bildern nachzukommen. Konzessionen an die Wahrnehmung in unserem Sinne wurden nicht nur nicht gemacht, oft wurden sie sogar bewußt ausgeschaltet. Auf seinen späten Landschaftsbildern etwa erhob Turner das Licht zum Thema seiner Malerei und gab die Farbtönungen, die auf seiner Retina auftrafen, als stark betonte Pinselstriche auf der Leinwand wieder. Land, Meer, Schiffe, Vieh – alles hatte seine Objektbestimmtheit eingebüßt, so daß wir beim Betrachten dieser Bilder nicht das Abbild der Dinge sehen, sondern das Spiel des Lichts mit diesen Dingen.

Claude Monet malte die Kathedrale von Rouen in mehr als 20 Bildern – stets etwa aus dem gleichen Blickwinkel, aber unter verschiedenen Licht- und Wettereinflüssen. Der wahrgenommene Gegenstand war auf allen Bildern derselbe, aber in jedem einzelnen Fall war die Empfindung von wunderbarer Eigenart (die Fähigkeit, von den Zufälligkeiten der jeweiligen Reizsituation »abzusehen«, ist eine der Haupterrungenschaften der Wahrnehmung).

John Constable warf Turner vor, »getönten Dunst« zu malen; ein anderer Kritiker sagte über die Landschaften des Malers, es seien »Bilder von nichts und gut getroffen«**. Aber man hätte auch fast meinen können, Turner und Monet hätten sich Immanuel Kants Definition aus der *Kritik der Urteilskraft* zu Herzen

---

* William Wordsworth (1798), »The Tables Turned« und »Expostulation and Reply«, in: *Selected Poems of William Wordsworth*, hrsg. v. Roger Sharrock, London 1958.
** John Constable, zit. v. Michael Middleton in *Handbook of Western Painting*, London 1961.

genommen: »Nun will man aber, wenn die Frage ist, ob etwas schön sei, nicht wissen, ob uns, oder irgend jemand, an der Sache gelegen sei, oder auch nur gelegen sein könne; sondern, wie wir sie in der bloßen Betrachtung (Anschauung oder Reflexion) beurteilen.«* Dadurch, daß die Künstler bewußt die Wahrnehmung des Objekts unterdrückten, ermöglichten sie dem Betrachter einen Zustand visueller Kontemplation.

Paul Cézanne war der Ansicht, daß Menschen, die zu sehr auf das »objektive Sein« fixiert sind, womöglich die Empfindung gänzlich verdrängen würden. Über einen Bauern, der ihn zum Markt mitgenommen hatte, sagte er: »Er hatte nie gesehen, im Sinne unseres Verständnisses von Sehen; er hatte Sainte Victoire nie gesehen. Er weiß, was da angepflanzt worden ist, entlang der Straße, wie das Wetter morgen sein wird, ob Sainte Victoire seine Wolkenmütze trägt oder nicht; ... aber daß die Bäume grün sind, und daß dieses Grün ein Baum ist, daß diese Erde rot ist, und daß diese roten Geröllhalden und Felsblöcke Hügel sind, ich glaube wahrhaftig nicht, daß er das fühlt.«**

Wie ein Weintester vorübergehend von dem Vergnügen, das ihm der Geschmacksreiz bereitet, absehen kann, um sich darauf zu konzentrieren, wie der Wein zusammengesetzt ist, kann auch jemand von der Schönheit des Lichts abstrahieren, wenn er ausschließlich damit befaßt ist, was draußen in der Dingwelt los ist.

Aber viele von uns befinden sich – aus denkbar guten biologischen Gründen – die meiste Zeit über in derselben Verfassung wie der Bauer. Und »die Tore der Wahrnehmung freizuräumen«, wie William Blake sagt, setzt voraus, daß man in einem nur schwer erreichbaren Maß unbeteiligt an der Realität ist. Wordsworth empfiehlt stille Passivität. Andere, insbesondere religiöse Mystiker, haben es mit kontemplativen Übungen ver-

* Immanuel Kant, *Kritik der Urteilskraft*, 1. Abschnitt, 1. Buch, § 2.
** Paul Cézanne, im Gespräch mit J. Gasquet, zit. in Ernest G. Schachtel, *Metamorphosis*, London 1963.

sucht. Aber schneller und wahrscheinlich wirksamer (und Rationalisten mit Sicherheit ein Dorn im Auge) ist die Verwendung psychedelischer Drogen.

Aldous Huxley hat seine Reaktion auf Meskalin wie folgt beschrieben: »Visuelle Eindrücke sind sehr verstärkt, und das Auge gewinnt einiges von der unbefangenen Wahrnehmungsweise der Kindheit wieder, in welcher das durch die Sinne Wahrgenommene nicht sogleich und automatisch dem Begriff untergeordnet wurde... Die Bücher zum Beispiel, die die Wände meines Arbeitszimmers bedeckten. Wie die Blumen erglühten auch sie, wenn ich sie anblickte, in leuchtenderen Farben, von einer tieferen Bedeutsamkeit. Rote Bücher gleich Rubinen; smaragdene Bücher; Bücher in weißen Jade gebunden; Bücher von Achat, von Aquamarin, von gelbem Topas... Für gewöhnlich befaßt sich das Auge mit solchen Fragen wie: *Wo? – Wie weit? – Wo gelegen in Beziehung worauf?* Bei dem Meskalinexperiment gehören die implizierten Fragen, auf die das Auge antwortet, einer anderen Kategorie an. Lage und Entfernung verlieren viel von ihrem Interesse, und der Geist vollzieht sein Wahrnehmen in Begriffen der Daseinsintensität... Denn bis zu diesem Vormittag hatte ich Kontemplation nur in ihren niederen, gewöhnlicheren Formen gekannt... Jetzt aber kannte ich Kontemplation auf ihrer Höhe.«*

Für den Fall, daß diese Darstellung eines Zustands der Verzückung auf Skepsis stößt, sei das Beispiel einer Frau wiedergegeben, die LSD genommen hatte: »Ungefähr eine dreiviertel Stunde nach Beginn des Experiments stellte sich jäh eine neue Bewußtseinsqualität ein. Nichts war eindeutig verändert, aber das Zimmer war verwandelt. Alle Dinge ragten auf wunderbare Weise in den Raum und schienen innerlich zu leuchten. Ich nahm den Raum zwischen den Dingen wahr, der reiner vibrierender Kristall war. Alles war herrlich... Ich sagte: ›Es ist hinreißend schön, aber ich kann nicht erklären, warum. Es

* Aldous Huxley, *Die Pforten der Wahrnehmung*, München 1970, S. 14, 15, 18, 29.

strahlt eine himmlische Normalität aus, und doch ist es absolut anders.‹«*

Beide Probanden schildern die Intensivierung der visuellen Empfindung und die Überwältigung der Wahrnehmung: Paradoxerweise wird ein halbmystischer Zustand in dem Augenblick erreicht, in dem die natürliche Fähigkeit der außenorientierten Sicht in den Hintergrund gerät: mit Hilfe von Chemikalien.

---

* Zitiert in S. Cohen, *Drugs of Hallucination: the Uses and Misuses of LSD*, London 1964, S. 167–9.

Kapitel 8

Wechselsicht

Stellen wir uns vor, jemand schreibt mit einer Feder etwas auf unseren Rücken, und ziehen wir einen Vergleich zwischen der Empfindung des Berührungsreizes und der Wahrnehmung des Geschriebenen. Stellen wir uns weiter vor, wir hörten die Mondscheinsonate, und vergleichen unseren Musikgenuß mit dem Versuch, zu unterscheiden, ob das Stück von Richter oder Serkin gespielt wird. Man frage einen professionellen Weintester, ob er den Bordeaux, den er gerade als einen 1970er Lafitte identifiziert hat, auch wirklich genossen hat. Er wird die Frage höchstwahrscheinlich nicht beantworten können.

Wahrnehmen und Empfinden erfordern unterschiedliche Formen der Aufmerksamkeit oder unterschiedliche Bewußtseinszustände. Vor einigen Jahren habe ich eine Reihe von Experimenten mit Rhesusaffen durchgeführt, die einen überraschenden Hinweis darauf lieferten, wie die Affen zwischen Empfindungs- und Wahrnehmungszuständen wechseln können.*

Bei den Experimenten ging es in erster Linie um die affektiven Reaktionen der Affen auf farbiges Licht. Ich plazierte jeden Affen in einer dunklen Kammer. An deren hinterem Ende stand eine Leinwand, auf die zwei verschiedene Diapositive projiziert werden konnten. Der Affe konnte die Projektion durch Knopfdruck steuern; so oft er auf den Knopf drückte, wechselte das Bild. Wenn ihm also gefiel, was er sah, konnte er den Knopf ent-

* Nicholas Humphrey (1972), »Interest and Pleasure: two determinants of a monkey's visual preferences«, *Perception*, 1, 1972, S. 395–416.

sprechend lange drücken, wollte er das Bild wechseln, konnte er den Knopf loslassen und erneut drücken.

Um die »Farbvorliebe« zu testen, ließ ich die Affen zwischen zwei leeren Flächen farbigen Lichts von gleichem Helligkeitsgrad wählen. Wie sich zeigte, legten alle acht Versuchsaffen ausgeprägte und beständige Vorlieben an den Tag. Durften sie zum Beispiel zwischen Rot und Blau wählen, brachten sie viermal mehr Zeit vor der blauen als vor der roten Fläche zu. Im Farbspektrum verlief die Reihenfolge von Blau über Grün, Gelb und Orange zu Rot. Wenn man ihnen jeweils die Wahl zwischen der Farbe und einem neutralen weißen Feld ließ, stießen Rot und Orange auf starke Ablehnung, während Blau und Grün relativ anziehend wirkten.

In einem weiteren Experiment konnten die Affen nicht per Knopfdruck die von ihnen favorisierte Farbe wechseln, sondern sich zwischen zwei unterschiedlich farbig beleuchteten Kammern hin und her bewegen.* Auch hier lag die Präferenz eindeutig auf Blau. Wenn aber *beide* Kammern rot ausgeleuchtet waren, pendelten die Tiere in raschem Tempo von einer zur anderen, als fühlten sie sich unwohl. Waren dagegen beide Kammern blau ausgeleuchtet, ließ ihre Nervosität sofort nach. Ihre Abneigung gegen rotes Licht wurde noch größer, wenn im Hintergrund schrille Musik lärmte.** Alles in allem legten diese Affen so ziemlich die gleichen Reaktionen an den Tag wie menschliche Patienten mit Kleinhirnerkrankung.

Im Rückblick auf das bislang Gesagte könnte man nun fragen, ob die Vorliebe der Affen von Empfindung oder von Wahrnehmung bestimmt war. Verabscheuten sie das subjektive Erlebnis, in rotes Licht zu tauchen, oder das objektive Phäno-

* Nicholas Humphrey und Graham Keeble (1977, 1978), »Do monkeys' subjective clocks run faster in red light than in blue?«, *Perception*, 6, 1977, S. 7–14; »Effects of red light and loud noise on the rate at which monkeys sample their sensory environment«, *Perception*, 7, 1978, S. 343–348.
** Nicholas Humphrey und Graham Keeble (1975), »Interactive effects of unpleasant light and unpleasant sound«, *Nature*, 253, 1975, S. 346–347.

men, daß alles in rotes Licht getaucht war? Da es in der Kammer nichts Auffälliges gab, was sie hätten betrachten können, da also ihr Wahrnehmungsvermögen sehr wenig gefordert war, sprach von Anfang an vieles dafür, daß es die von Rot ausgelöste Empfindung war, die ihr Verhalten beeinflußte. Diese Überzeugung erhärtete sich durch das Verhalten der Affen, wenn für sie etwas zum Anschauen *da war*.

In dem Experiment, in dem sie das Diapositiv mittels Knopfdruck wechseln konnten, ließ ich sie zunächst zwischen dem weißen Feld und einem »interessanten« Mickey-Maus-Film in Schwarzweiß wählen. Affen sind neugierige Tiere, und so konnte es nicht überraschen, daß sie eine starke Vorliebe für den Film zeigten. Aber dann projizierte ich den Film durch einen Rotfilter, so daß der Rotton auf der Leinwand vorherrschte. Man hätte nun vermuten können, daß die beiden Faktoren – ihr Interesse am Bildinhalt und ihre Abneigung gegen Rot – sich gegenseitig neutralisieren würden. Aber nein, das Ergebnis war, daß jetzt die Rotfarbe völlig wirkungslos blieb: Die Affen waren noch genauso erpicht darauf, den Film zu sehen, wie zuvor, als er in Schwarzweiß lief.

Einige Zahlen mögen das verdeutlichen. Ein Experiment mit zwei Affen erbrachte folgendes Resultat: Wenn sie zwischen einem leeren roten oder weißen Feld wählen konnten, wählten sie das rote Feld in 29 und 28 Prozent der Fälle. Wenn die Wahl zwischen einem schwarzweißen Film und einem weißen Feld zu treffen war, entschieden sie sich in 84 und 86 Prozent der Fälle für den Film. Konnten sie sich zwischen einem schwarzroten Film und einem weißen Feld entscheiden, wählten sie immer noch in 83 und 86 Prozent den Filmstreifen.

Bei weiteren Versuchen arbeitete ich mit der Wiederholung kurzer Filmschleifen, so daß die Affen schließlich nichts Neues mehr anzuschauen fanden. Ich stellte fest, daß sie in dem Maß, wie ihr Interesse an dem Bildinhalt schwand, wieder zu der starken Vorliebe für das weiße Feld zurückkehrten. Eine mathematische Analyse dieses und anderer Resultate ergab, daß sich das Verhalten bestens in Einklang mit einer Theorie bringen ließ, die den beiden Faktoren »Wahrnehmungsinteresse« und »lustvolle oder unlustvolle Sinnesempfindung« den Status völlig unabhängiger Variablen zuwies und annahm, daß der erste Faktor über den letzten dominierte.

Man hatte den Eindruck, daß die Affen, wie wir Menschen, sich entweder auf die Wahrnehmung oder auf die Empfindung konzentrieren können, aber nicht ohne weiteres auf beides. Wenn sie in einen Wahrnehmungsmodus – eine allozentrische oder bestimmende Einstellung – hinüberwechselten, dann war wie bei Cézannes Bauer oder dem Weintester das Interesse an dem äußeren Objekt dominant; wenn sie in einen Sinnesmodus – eine autozentrische oder intime Einstellung – zurückwechselten, dann setzte sich ihre Empfindung bezüglich der Lichtfarbe durch.

Der Maler und Kritiker Roger Fry hat ein ganz ähnliches doppelgleisiges Erleben der Menschen als Reaktion auf Gemälde festgestellt.* Viele Gemälde sprechen uns laut Fry sowohl auf der »dramatischen oder psychologischen Ebene« an – damit meint er den bildlichen oder erzählerischen Inhalt – als auch auf der »plastischen« Ebene, womit der ästhetische Gehalt gemeint ist, der sich einfach nur aus der Anordnung von Farbe und Form ergibt. Aber diese beiden Ebenen liegen häufig miteinander im Wettstreit, so daß »wir gezwungen sind, uns auf die beiden Elemente getrennt zu konzentrieren ... Was nun passiert, ist, daß wir ständig unsere Aufmerksamkeit vom einen zum anderen hin und her wechseln lassen«. In dem Maße jedoch, wie wir mit dem Werk vertraut werden, »treten die psychologischen Elemente gewissermaßen als zweitrangig in den Hintergrund, und die plastische Qualität tritt fast allein in Erscheinung«.

Ich habe oben behauptet, daß unser Gesichts- dem Geruchssinn nicht deutlich erkennbar äquivalent reagiert, da wir, wenn wir riechen, zwischen Genießen und Schnuppern unterscheiden. Aber tatsächlich scheint für die Menschen (wie für Affen)

---

* Roger Fry (1926), *Transformations*, Kap. 1, in: *Introductory Readings in Aesthetics*, hrsg. v. John Hospers, London 1969.

ein solcher Unterschied *vorhanden*. Und was uns betrifft, können wir sogar bis zu einem gewissen Grad frei wählen, wie wir »unsere Augen einsetzen« wollen. Besondere Erscheinungen oder Umstände können uns in die eine oder andere Richtung drängen, aber auch dann können wir uns, wenn wir wollen, dem widersetzen. Wenn wir vor Monets Bild der Kathedrale von Rouen stehen, können wir uns, falls wir das wünschen, der Aufforderung entziehen, in visuellen Reizen zu schwelgen, und uns statt dessen auf das äußere Objekt, soweit erkennbar, konzentrieren. Aber – nicht zuletzt dank Monets Hilfe – können wir auch, wenn wir vor der wirklichen Kathedrale stehen, uns dem Appell des äußeren Objekts entziehen und uns statt dessen auf den Sinnesreiz konzentrieren, der unser Auge erreicht.

Allerdings sind meine Beispiele behutsam zu verwerten, sonst erwecke ich den irreführenden Eindruck, als handle es sich dabei nicht um Alltagserfahrungen. Tatsache ist, daß wir alles auf diese zweierlei Weisen sehen können und auch sehen. Was von der Kathedrale gesagt wurde, gilt ebenso für den gelben Bleistift auf meinem Schreibtisch. Ich kann darin einen Bleistift sehen oder einen Streifen Licht, der auf meine Retina trifft (und wenn ich ihn nahe genug an die Augen heranführe, dann erlebe ich die Reizung der Retina doppelt, ohne den mindesten Zweifel daran, daß objektiv nur ein Bleistift vorhanden ist).

Es braucht eine gewisse Übung, um visuelle Einstellungen nach Gutdünken zu ändern. Es ist nicht immer einfach, »dem einen nichts beizulegen, was zum jeweils anderen gehört«, wie Reid sagt. Aber möglich ist es – und das ist gut so, denn die Überlegungen der folgenden Kapitel stehen und fallen mit dieser Möglichkeit.

Kapitel 9

»Das muß merkwürdig aussehen!«

Die nächsten Kapitel behandeln relativ fachspezifische Fragen, und ehe ich mich ihnen widme, muß ich vielleicht erklären, warum es sinnvoll ist, sich über Probleme den Kopf zu zerbrechen, die besser in einem Lehrbuch über die Psychologie der Sinneswahrnehmung aufgehoben wären.

John Locke schreibt in seinem Essay *Über den menschlichen Verstand*: »Man prüfe einmal seine eigenen Gedanken und durchforsche gründlich seinen Verstand und sage mir dann, ob unter all den ursprünglichen Ideen, die dort vorhanden sind, irgendwelche sind, die nicht die Objekte unserer Sinne oder unsere zu Objekten der Reflexion gemachten Geistesoperationen beträfen.«*

Wie Locke erkannte, sind die Sinne in fast wörtlicher Bedeutung die Türen und Fenster des Geistes, die von allen neuen Informationen passiert werden, so daß es keine Gedanken, Vorstellungen, Ideen in unserem Kopf geben kann, die nicht ihren Ursprung in der Erfahrung der Oberflächenreize haben, die auf unseren Körper einwirken. Aber die Frage, wie eigentlich Menschen oder Tiere Oberflächenreize interpretieren – wie sie mit Informationen in der Grenzzone zwischen »Ich« und »Nicht-Ich« umgehen –, ist seit jeher erstaunlich umstritten.

Sind Empfindung und Wahrnehmung wirklich unterschiedlich, und wenn ja, auf welche Weise? Wenn ich jetzt auf einen Farbfleck schaue oder an einer Rose rieche oder Schmerzen

---

* John Locke, *Über den menschlichen Verstand*, übers. v. C. Winckler, Hamburg 1962, Buch II, Kap. 15.

habe, spielen sich dann tatsächlich, wie Reid und ich meinen, zwei Vorgänge ab oder nur einer? Und wenn wir die Frage für uns Menschen beantworten können, wie verhält es sich damit bei den übrigen Tieren? Wie ist es, wenn man eine Fledermaus ist und den Raum mit Hilfe von Ultraschallortung durchmißt? Oder eine Taube, die sich mittels Magnetorientierung fortbewegt? Oder auch ein Roboter mit künstlichen Sinnesorganen und einem elektronischen Computer als Gehirn? Gibt es Tiere oder Automaten mit Empfindung, aber ohne Wahrnehmung... oder mit Wahrnehmung, aber ohne Empfindung... oder mit Wahrnehmung und einer andersartigen Empfindung? Und wenn es dergleichen wirklich gibt, wie finden wir es heraus? Diese Fragen führen direkt zum offenkundig persönlichen Charakter des Erlebens und zu dem berühmten Problem, wie und ob dies auf das Bewußtsein anderer Individuen übertragbar ist. Sind meine Schmerzen wie deine? Wie kann ich wissen, ob du überhaupt Schmerzen empfindest?

Wenn sich überhaupt ein Fisch namens *Bewußtsein* irgendwo herumtreibt, dann mit Sicherheit in diesem Teil des Flusses. Aber der Grund, warum ihn noch niemand gefangen hat, ist mindestens teilweise darin zu suchen, daß die Theoretiker gar zu eilfertig zu wissen glaubten, worin a priori Sinneserfahrung besteht. Wie stellt doch gleich Bertrand Russell in seiner *Einführung in die mathematische Philosophie* trocken fest: »Die Methode, das zu ›postulieren‹, was man braucht, hat viele Vorteile. Es sind dieselben wie die Vorteile des Diebstahls gegenüber der ehrlichen Arbeit.«*

Ein bekanntes »Gedankenexperiment« soll uns bei der Erkenntnis helfen, worum es dabei eigentlich geht.

* Bertrand Russell, *Einführung in die mathematische Philosophie*, übers. v. E. J. Gumbel und W. Gordon, München 1930.

Das »umgedrehte Spektrum«

Stellen wir uns ein Farbnegativ vor, auf dem die Grünfarben rot sind, die Blaufarben gelb, und so weiter – Gras hat die Farbe von Blut, reife Tomaten sehen wie unreife aus, und Ringelblumen haben die Farbe von Veilchen. Nehmen wir an, es gäbe eine Brille, die im Licht, das auf das Auge trifft, eine »Umkehrung des Farbspektrums« bewirkt, so daß die Farben des Bildes auf der Retina genau in der beschriebenen Weise vertauscht würden. Was wären die kurzfristigen und was die langfristigen Folgen, wenn man eine solche Brille trüge?

Vorausgesetzt, man akzeptiert den Unterschied zwischen Empfinden und Wahrnehmen, lägen die Folgen auf der Hand. Würde man die Brille zum erstenmal aufsetzen, wären sowohl die Empfindung als auch die Wahrnehmung verändert: Beim Anblick einer reifen Tomate hätte man eine Grünempfindung, und man erführe auch die Oberflächenfarbe als grün – so daß man von Grün spräche und geneigt wäre, die Tomate irrtümlich für unreif zu halten. Tatsächlich könnte man sich, um den »grünen Gedanken in einem grünen Schatten« zu genießen, von dem der Dichter spricht, gut und gern in einen roten Raum statt in den Garten setzen.

Langfristig gesehen aber würde sich die Erfahrung wahrscheinlich wieder verlagern. Zwar besteht zu der Annahme, daß die Empfindung zu ihrer ursprünglichen Form zurückfinden würde, kein Anlaß, da ja rotes Licht, das durch die Brille fiele, auf der Retina nicht als Rot, sondern als Grün aufträfe und also die Einschätzung, es mit etwas Grünem zu tun zu haben, gültig bliebe. Dagegen haben wir allen Grund zu der Annahme, daß sich die Wahrnehmung schließlich wieder normalisieren würde. Immer nämlich, wenn wir die Farben der äußeren Objekte falsch einordnen, würde uns ja der Gang der Ereignisse im Zweifelsfall eines Besseren belehren. Während also unsere Empfindung verändert bliebe, würden unsere Sprache und unsere objektiven Urteile nur zu bald schon zu ihrem frühen Zustand zurückkehren. Festzuhalten allerdings bleibt, daß man, gesetzt, die *affektive* Reaktion ist überwiegend von Empfindung bestimmt, nach wie vor einen roten Raum einem grünen Garten vorziehen würde – nur könnte man jetzt äußern, man suche nach »einem roten Gedanken in einem roten Schatten«.

Das Farbenumkehr-Experiment hat es nie gegeben, weil es kaum in die Praxis umzusetzen ist und wohl auch nie sein wird. Aber in Form des Gedankenexperiments ist es in der Philosophie weidlich diskutiert worden. Den Anfang machte Locke. Zwar grübelte er nicht über die potentielle Wirkung einer Farbumkehrbrille, wohl aber über die Möglichkeit, wie Menschen reagieren würden, deren Augen anders gebaut wären und die daher Farbe stets anders empfinden würden, im Laufe ihrer Erfahrung aber lernen müßten, ihre »falsche« Wahrnehmung zu korrigieren: »Auch wenn der verschiedenartige Bau unserer Organe es mit sich brächte, daß dasselbe Objekt im Geist verschiedener Menschen gleichzeitig verschiedene Ideen erzeugen würde, dürfte man unseren einfachen Ideen nicht Falschheit vorwerfen. Nehmen wir zum Beispiel an, die Idee, die ein Veilchen im Geist des einen Menschen vermittels der Augen erzeugt, sei dieselbe, die im Geist eines anderen durch die Ringelblume erzeugt werde und umgekehrt.« Der Betreffende würde, »wie diese Erscheinungen auch immer in seinem Geiste aussähen, in der Lage sein, die Dinge für seine Zwecke regelmäßig vermittels dieser Erscheinungen zu unterscheiden; er würde die durch Blau und Gelb bezeichneten Unterschiede verstehen können, wie wenn die durch jene zwei Blumen vermittelten Erscheinungen oder Ideen in seinem Geist dieselben wären wie die Idee im Geist anderer Menschen.«*

Indem Locke von mehreren Menschen mit unterschiedlicher Wahrnehmung ausging statt von einem Menschen, dessen Wahrnehmung sich verändert, konnte er zugleich als beunruhigende Tatsache vermerken, daß diese Unterschiedlichkeit der

* John Locke, *Über den menschlichen Verstand*, Hamburg 1962, Buch II, Kap. 15.

90

Wahrnehmung »nie zu erkennen« wäre, »denn der Geist des einen Menschen könnte unmöglich in den Körper des anderen übergehen, um wahrzunehmen, welche Erscheinungen durch dessen Organe erzeugt werden«.

Tatsächlich haben sich seit Locke immer wieder Philosophen mit dem Gedanken herumgeschlagen, ob nicht gewissermaßen Gruppen von Menschen existieren, die Farben verschiedenartig erleben, ohne davon jedoch eine Ahnung zu haben. In seinen *Philosophischen Untersuchungen* schreibt Wittgenstein: »Es wäre also die Annahme möglich – obwohl nicht verifizierbar –, ein Teil der Menschheit habe *eine* Rotempfindung, ein anderer Teil eine andere.«*

Trifft es aber zu, daß so etwas »nie zu erkennen« und »nicht verifizierbar« wäre? Davon können wir selbstverständlich nur ausgehen, wenn die Empfindung des farbigen Lichts für das Verhalten der betreffenden Person keinen Unterschied macht. In den vorausgegangenen Kapiteln habe ich aber die genau gegenteilige Position vertreten: daß Empfindungen eine Rolle spielen und daß es vor allem fast mit Sicherheit einen nicht-willkürlichen Zusammenhang zwischen Empfindung und Affekt gibt.

In einem früheren Stadium seines Gedankengangs zog Wittgenstein selbst die Möglichkeit in Betracht, daß affektive Reaktionen die Wahrheit ans Licht bringen könnten. Er konstruiert dort folgenden Fall: Jemand wacht auf und stellt fest, daß sich sein Farberleben verändert hat (geradeso, als hätte er in der Nacht unbemerkt eine Farbumkehrbrille verpaßt bekommen): »Überlegen Sie sich den folgenden Fall: Jemand sagt: ›Ich verstehe das nicht, ich sehe heute alles Rote blau und umgekehrt.‹ Wir antworten: ›Das muß merkwürdig aussehen!‹ Er sagt, das tut es auch, und bemerkt zum Beispiel im folgenden, wie kalt die glühenden Kohlen aussehen und wie warm der klare (blaue) Himmel. Ich meine, unter diesen oder ähnlichen Umständen

* Ludwig Wittgenstein, *Philosophische Untersuchungen*, Frankfurt a. M. 1989, S. 272.

wären wir geneigt zu sagen, daß er rot gesehen hat, was wir blau gesehen haben.«*

Wenn, was ich gesagt habe, stimmt, müßte der Betreffende höchstwahrscheinlich auch dann noch an seinen abnormen Urteilen über die Wärme des blauen Lichts und die Kälte des roten festhalten, wenn er bereits wieder zur Verwendung der korrekten Farbbezeichnungen zurückgekehrt wäre. Das hieße, daß mindestens in diesem Fall die Vermutung, daß er andere Empfindungen hätte, für den Beobachter keineswegs unverifizierbar wäre, auch wenn er selbst vergessen haben sollte, wie sein ursprüngliches Farberleben beschaffen war. Ich kann nicht sehen, warum nicht haargenau dasselbe auch auf den Fall eines Menschen mit angeborener »Farbumkehrung« zutreffen sollte.

Zugegeben, auch damit drücken wir uns noch immer vor der Frage der Bewußtseinsqualität des menschlichen Erlebens. Noch haben wir keinen zwingenden Zusammenhang hergestellt zwischen einer Empfindung mit einer bestimmten affektiven Tönung und einer Empfindung mit einem bestimmten Bewußtsein davon, wie es ist, die Empfindung zu haben. Ich glaube, daß es solch einen Zusammenhang gibt, genauer gesagt, daß die Tatsache, daß uns Empfindungen etwas *bedeuten*, von der Tatsache, daß wir uns ihrer *bewußt sind*, gar nicht zu trennen ist. Aber erst einmal ist es wichtig nachzuweisen, daß Empfindung überhaupt etwas ist, dem es auf den Grund zu gehen lohnt.

Für diesen Nachweis müssen wir die Gedankenexperimente zunächst vergessen und in die Welt der Wirklichkeit zurückkehren. Denis Diderot schreibt: »Leider ist es leichter und weniger umständlich, sich selbst zu befragen als die Natur. ... Wir haben zwei Arten der Philosophie unterschieden: experimentelle und rationale Philosophie. ... Die rationale Philosophie ... erwägt die Möglichkeiten, entscheidet und hält plötzlich inne. Sie behauptet kühn: ›Man kann das Licht nicht zerlegen.‹ Die experimentelle Philosophie hört zu und schweigt ihr gegenüber jahr-

---

* Ludwig Wittgenstein, »Notes for lectures on ›Private Experience‹ and ›Sense Data‹«, hrsg. v. Rush Rhees, *The Philosophical Review*, 77, 1968, S. 284.

hundertelang; dann zeigt sie ihr plötzlich das Prisma und sagt: ›Das Licht ist zerlegbar.‹«*

Es gibt tatsächlich Philosophen, die ihr letztes Hemd darauf verwetten würden, daß Sinneserfahrungen nicht als Empfindung einerseits und Wahrnehmung andererseits unterscheidbar sind. Andere dagegen haben diese Teilung als offensichtlich gegeben erklärt. Was wir brauchen, um die Streitfrage zu lösen, ist eine dem Prisma vergleichbare experimentelle Anordnung.

---

* Denis Diderot, *Gedanken zur Interpretation der Natur*, X und XXIII, in: *Philosophische Schriften*, Bd. I, Berlin 1984.

Kapitel 10

Neue Versuchsanordnungen

»Ihr seid alt, Vater Franz«, sagte Fränzchen, der Tropf,
»Und Ihr habt schon schneeweiße Haare;
Und nichtsdestotrotz steht ihr pausenlos Kopf –
Bedenkt Ihr denn nicht Eure Jahre?«

»Als ich jung war«, der Vater zur Antwort drauf gab,
»Ließ ichs sein wegen meinem Verstand;
Doch nun, da ich weiß, daß ich gar keinen hab,
Tu ichs dafür am laufenden Band.«*

In *Alice im Wunderland* macht sich Lewis Carroll lustig über Robert Southey, der sich seinerseits in seinem Gedicht über Father William (in der deutschen Übersetzung wiedergegeben mit Vater Franz), für das William Wordsworth Pate stand, engagierter Verfechter der Empfindung, mokiert hatte. Carroll konnte nicht wissen, daß er damit eine wichtige Frage in Sachen Umordnung der Sinneswahrnehmung vorwegnahm.

Für die folgende Erörterung sollten wir uns an das Diagramm erinnern, das uns zeigte, wie Empfindung und Wahrnehmung vermutlich zusammenhängen. Auf den Gesichtssinn angewendet, sieht es aus wie folgt:

		Empfindung von etwas, das mit dem Auge vorgeht
äußeres Objekt →	Licht auf der Retina ⟨	
		Wahrnehmung von etwas, das da draußen vorgeht

* Lewis Carroll, *Alice im Wunderland*, Frankfurt a. M. 1963, S. 50.

94

Auf den Kopf gestelltes Sehen

Wer sich nach vorne neigt und die Welt durch seine Beine sieht, erhält ein umgekehrtes Bild von seiner Umgebung. Bezogen auf die visuelle Wahrnehmung hat sich das Bild auf der Retina jetzt umgedreht: Bildteile, die zuvor dem oberen Rand der Augenhöhle näher lagen, befinden sich jetzt näher am unteren Rand, Teile, die vorher mehr nach rechts lagen, liegen jetzt mehr nach links und so weiter. Hält man sich hingegen (was wahrscheinlich das Natürlichere ist) an die Wahrnehmung, so stellt man fest, daß alles in der Außenwelt noch etwa so ist, wie es war: Die Zimmerdecke wird immer noch über dem Fußboden wahrgenommen, den Text eines Buches liest man immer noch von links nach rechts und so weiter. Man kann sich das fortdauernde Orientiertsein der Wahrnehmung leicht daran klarmachen, daß man auf Dinge in der Umgebung zeigt: Man wird feststellen, daß dies keine Schwierigkeiten macht – obwohl man doch, wohlgemerkt, bei einem Objekt, dessen Bild näher am oberen Rand des Auges liegt, jetzt im Vergleich zu vorher in die Gegenrichtung zeigt.

Diese Tatsache ist weder überraschend noch strittig. Sie beweist nur, daß man sich für die Repräsentation dessen, »was mit dem Auge vorgeht«, ausschließlich an das Bild auf der Retina hält, dagegen für die Repräsentation der Wahrnehmung dessen, »was da draußen vorgeht«, zusätzlich auch imstande sein muß, die räumliche Lage des Kopfes einzubeziehen. Darüber hinaus aber zeigt dies einen weiteren wichtigen Umstand: nämlich, daß unterschiedliche visuelle Empfindungen (ein aufrecht stehendes oder ein auf den Kopf gestelltes Bild) sich tatsächlich mit ein und derselben Wahrnehmung (einer aufrecht stehenden Welt) vertragen – vorausgesetzt, der Wahrnehmungsmechanismus im Kopf ist über die Situation informiert, so daß er die erforderlichen Anpassungen vornehmen kann.

Nehmen wir aber nun an, es käme zu einer Veränderung in der Lage des Retinabilds ohne Veränderung in der Lage des Kopfs und mithin *ohne* daß der Wahrnehmungsmechanismus im Gehirn Kenntnis davon erhält. Nehmen wir, genauer gesagt, an, wir würden eine spezielle »Oben-unten-Umkehrbrille« aufsetzen, so daß unser Retinabild ständig auf den Kopf gestellt wäre, obwohl wir selbst aufrecht ständen. In diesem Fall würde der Wahrnehmungsmechanismus die Umkehrung des Bilds nicht berücksichtigen; wir würden also – zumindest anfänglich – sowohl das Bild umgedreht sehen (was ja auch zuträfe), als auch die Außenwelt auf den Kopf gestellt wahrnehmen (was nicht zuträfe). In diesem Fall wäre unsere Wahrnehmung eindeutig irritiert – wir würden nach oben deuten, wo wir nach unten deuten müßten, würden »oben« als »unten« bezeichnen und so weiter.

Welche Folgen hätte es, wenn man die Brille längere Zeit trüge? Der Fall ist, zumindest im Prinzip, dem Gedankenexperiment mit den Umkehrfarben vergleichbar. Wir haben keinen Grund anzunehmen, daß unsere Empfindung sich je in der alten Form wiederherstellen würde, da wir ja zu Recht von einem umgekehrten Bild auf der Retina ausgingen und sich daran auch nichts ändern würde. Dagegen haben wir allen Grund anzunehmen, daß unsere Wahrnehmung irgendeine Art von Anpassungsprozeß durchlaufen würde, da wir ja jedesmal, wenn wir in die falsche Richtung zeigten, rasch »den Kopf zurechtgesetzt bekämen«. So können wir wohl davon ausgehen, daß der Wahrnehmungsmechanismus im Sinne der veränderten Situation neu »geeicht« und wieder ein zuverlässiges Bild von der Lage der Dinge im Raum liefern würde.

Dieses Experiment mit der Umkehrbrille ist in der Tat im Laufe der letzten hundert Jahre mehrmals in die Praxis umgesetzt worden, wobei die Versuchspersonen die Brille bis zu einem Monat lang ohne Unterbrechung tragen mußten. Berücksichtigt man die methodischen Probleme, die es zu bewältigen gilt, wenn man Menschen dazu bringen will, in einer auf den Kopf gestellten Welt ihren Alltagsgeschäften nachzugehen, kann es kaum überraschen, daß die Ergebnisse der verschiedenen Untersuchungen nicht völlig in Einklang zu bringen sind. Probleme bereitet auch die Art, wie die Versuchspersonen ihre Selbstbeobachtungen interpretieren, wenn sie etwa erklären, die Art, wie ihnen »die Dinge erscheinen« (Wahrnehmung oder Empfindung?), habe sich geändert oder sei gleich geblieben.

Immerhin konnte I. Kohler in den sechziger Jahren während eines Reihenexperiments in Innsbruck nachweisen, daß eine Versuchsperson nach nur zweiwöchigem Tragen der Umkehrbrille bereits eine praktisch vollständige Anpassung ihrer Wahrnehmung vollzogen hat: Der Brillenträger kann sogar wieder Rad fahren oder einen Ball fangen und verhält sich ganz allgemein gegenüber der Außenwelt so, als würde er sie richtig herum wahrnehmen. Wird die Brille entfernt, unterlaufen der Versuchsperson Orientierungsfehler, und sie deutet in die falsche Richtung. In einem Experiment verwendete Kohler Halbgläser, so daß der Brillenträger ein umgekehrtes Bild erhielt, wenn er nach oben sah, und ein normales, wenn er nach unten sah; es stellte sich heraus, daß der Betreffende sich schließlich sogar an diese verzwickten Umstände anpassen, das heißt lernen konnte, seine Blickrichtung einzubeziehen und die Wahrnehmung entsprechend zu korrigieren (etwa so, wie wir alle die Drehungen unseres Kopfes automatisch berücksichtigen).*

Wenn aber die Wahrnehmung sich anpaßt, wie steht es dann um die Empfindung? Die Ergebnisse der Untersuchungen Kohlers und anderer hat Robert Welch in seinem Buch *Perceptual Modification*** einer kritischen Betrachtung unterzogen. Welch bemüht sich um eine sorgfältige Unterscheidung zwischen den Veränderungen auf der Empfindungsebene, die er die »egozentrische« nennt, und denen auf der Wahrnehmungsebene, die er als die »milieubezogene« Ebene bezeichnet. Er gelangt zu dem Ergebnis, daß auch dort, wo es zu einer vollständigen Wahrnehmungsanpassung gekommen ist, offensichtlich keine entsprechende Anpassung der Empfindung stattgefunden hat: Eine »kritische Selbstbeobachtung« zeige, daß das Retinabild nach wie vor im Vergleich zu seiner vorherigen Lage auf

* I. Kohler, zit. in Ronald H. Forgus, *Perception*, New York 1966.
** Robert B. Welch (1978), *Perceptual Modification*, New York 1978.

dem Kopf stehe. Dem entspricht, daß die Versuchspersonen, nachdem sie die Brille abgesetzt haben, zwar unter Wahrnehmungsirritationen leiden, aber von ihrer Sinneserfahrung berichten, sie sei ihnen wieder »vertraut«.

Es ist deshalb wohl unzweifelhaft, daß es nicht nur in Gedankenexperimenten, sondern auch in der Wirklichkeit zu der behaupteten Spaltung von Empfindung und Wahrnehmung kommen kann. Das nächste Beispiel wird dies weiter erhärten.

Sehen mit der Haut

Berücksichtigen wir, daß die menschliche Netzhaut, evolutionär gesehen, einst Teil des gesamten Organs Haut war, könnte man sagen, unser Gesichtssinn sei von jeher ein Sehen mit der Haut gewesen (ebenso müßten wir dann allerdings von einem Tasten, Riechen und Hören mit der Haut sprechen). Ich habe schon viel Aufhebens davon gemacht, daß Menschen und andere Tiere mit ihrer Haut auf den »Berührungsreiz des Lichts« reagieren. Allerdings gibt es eindeutig zwei verschiedene Arten von »Haut«: solche, die sich in eine lichtempfindliche Retina verwandelt hat, und solche, die einfach nur zu unserem Oberflächenorgan gehört, der »einfachen« Haut. Der gesunde Menschenverstand sagt uns, daß wir mit dieser Haut, beispielsweise auf unserem Rücken, wohl kaum *sehen* können.

Offenkundig gibt es dafür zweierlei Gründe: Erstens hat die Haut auf unserem Rücken keine Lichtrezeptoren, und selbst wenn sie die hätte, würde uns noch immer jede Art von Abbildungsmechanismus fehlen – so daß wir bestenfalls das allgemeine Helligkeitsniveau registrieren könnten. Angenommen nun aber, beide Mängel ließen sich irgendwie beheben. Angenommen, das Licht würde mit Hilfe einer künstlichen Linse in ein Bild umgewandelt, und dieses Bild würde dann in die Form eines Reizes umgesetzt, für den die Haut empfindlich ist, wie zum Beispiel Vibrationen. Wäre es nicht denkbar, daß die auf die Haut auftreffenden Informationen dann vielleicht ausreichen würden, um – nach längerer Übung – ein Wiedererkennen der durch das Licht bezeichneten äußeren Objekte zu ermöglichen? Würde das am Ende sogar bei Blinden genauso gut funktionieren wie bei Normalsichtigen?

Ende der sechziger Jahre unternahmen Paul Bach-y-Rita und seine Kollegen eine Reihe von Versuchen mit einer »sensorischen Ersatzapparatur«, die auf eben diesen Überlegungen basierten.[*] Sie statteten die Versuchsperson mit einer winzigen Fernsehkamera aus, die an ihrem Kopf befestigt war und deren elektronisches Bild, statt auf einem Fernsehschirm zu erscheinen, an eine Gruppe von Vibratoren geleitet wurde, die an die Hautoberfläche des Rückens angeschlossen waren. Es wurden 400 Vibratoren, angeordnet in einer 20 x 20-Matrix, die 65 qcm Hautfläche bedeckte, verwendet. Jede Stelle, die auf der Haut stimuliert wurde, repräsentierte also einen kleinen Ausschnitt des von der Kamera eingefangenen Bildes, ebenso wie auf einem gedruckten Photo ein Bild in Punkte aufgelöst wird. Die Versuchsperson konnte die Kamera mit Kopfbewegungen steuern, ähnlich, als würde sie die eigenen Augen bewegen.

Das Ergebnis übertraf alle Erwartungen. Nach wenigen Stunden Training hatten Blinde gelernt, eine Palette von alltäglichen Gegenständen, wie ein Telephon, eine Tasse und ein Spielzeugpferd, wiederzuerkennen. Sehr rasch hatten sie die Fähigkeit erworben, exakt auf Objekte im Raum zu deuten und deren Entfernung sowie ihre absolute Größe (unabhängig von der Entfernung) abzuschätzen. Nach etwa dreißig Übungsstunden konnten sie bereits komplizierte Muster unterscheiden. Einige Versuchspersonen lernten sogar, die Gesichter von Mitarbeitern des Experiments auseinanderzuhalten. Bach-y-Rita zitiert eine geübte Versuchsperson, wie sie die visuelle Szene mit der Kamera erforscht: »Das da ist Betty; sie trägt ihr Haar heute lose und hat ihre Brille nicht auf; ihr Mund ist of-

---

[*] Paul Bach-y-Rita (1972), *Brain Mechanisms in Sensory Substitution*, London 1972.

fen, und sie führt ihre rechte Hand von der linken Körperseite zum Hinterkopf.«

Am bemerkenswertesten waren vielleicht die Belege dafür, daß die Testpersonen räumlich wahrnehmen konnten. Dadurch, daß sie perspektivische und parallaktische Informationen nutzten, die das Bild lieferte, konnten die blinden Probanden die äußeren Objekte in einem stabilen dreidimensionalen Raum orten. Sie lokalisierten die Objekte nicht als unmittelbar an der Haut anliegend – genausowenig wie normalsichtige Menschen Objekte als unmittelbar auf der Retina plaziert lokalisieren –, sondern nahmen sie sofort als draußen im Raum befindlich wahr.

Bach-y-Rita vertritt vorbehaltlos die Ansicht, daß seine blinden Versuchspersonen *visuelle* Wahrnehmung praktizierten: »Wenn eine Versuchsperson ohne funktionsfähige Augen imstande ist, detaillierte räumliche Informationen wahrzunehmen, sie in bezug auf ihre Person korrekt zu orten und auf sie in einer Weise zu reagieren, die der Reaktion einer Person mit normalem Sehvermögen vergleichbar ist, fühle ich mich berechtigt, den Begriff ›Sehen‹ zu verwenden.«

Dem stimme ich zu. Aber wie verhält es sich mit der Empfindung? Im Einklang mit der Voreingenommenheit der modernen Psychologie hält Bach-y-Rita sich bei dem Thema Empfindung zurück. Die Frage drängt sich dennoch auf und ist interessant: Wenn eine blinde Person mit der Haut ihres Rückens *sieht*, hat sie dann *visuelle* oder *taktile* Empfindungen? Vermutlich hat der Betreffende in den allerersten Minuten, in denen er die Apparatur ausprobiert, taktile Empfindungen – er spürt Berührungsreize –, denn noch ist nicht einzusehen, warum sein Erleben schon von unserem verschieden sein sollte. Aber in dem Maß, wie er den Berührungsreiz als visuell Wahrgenommenes zu interpretieren lernt, scheint es mir vorstellbar, daß er anfängt, Empfindungen zu haben, als würde Licht auf die Retina treffen, mit anderen Worten, *visuelle* Empfindungen von Hell und Dunkel zu haben.

Ich kenne einen klugen Philosophen, der beim Versuch, sich

in die Lage des blinden Patienten zu versetzen, auf Anhieb meinte: »Ja, natürlich, seine Empfindungen müssen visuell sein.« Das aber widerspricht mit Sicherheit dem instinktiven Verhalten. Wie immer die Versuchsperson den Reiz in ihrer Wahrnehmung verarbeiten mag, Tatsache bleibt, daß der Reiz nicht durch Licht auf der Retina, sondern durch mechanische Vibrationen auf der Haut des Rückens erzeugt wird. Und insofern Empfindung eine Repräsentation von etwas ist, »das mit mir vorgeht«, ist nicht einzusehen, warum die Qualität der Empfindung sich ändern sollte, wenn doch das, »was mit mir vorgeht«, immer noch derselbe Reiz ist, den ich ursprünglich als taktilen erlebt habe.

Es gibt indes noch eine andere Möglichkeit: daß nämlich der Betreffende vielleicht überhaupt keine Empfindungen hat. Denn er könnte ja von der Aufgabe, die Außenwelt wahrzunehmen, derart okkupiert sein, daß er (wie im vorausgegangenen Kapitel besprochen) vollständig in den Wahrnehmungsmodus überwechselt und von der Empfindung ganz und gar abstrahiert.

Doch nun rede ich darüber, als handle es sich um ein Gedankenexperiment. Dabei können hier nur die Aussagen lebendiger Menschen weiterhelfen. Zwar spart Bach-y-Rita diese Frage weitgehend aus, doch geht er zumindest kurz auf das Problem ein. In seinem Buch über *Sensory Substitution* schreibt er: »Selbst während der Durchführung des Experiments ... kann die Versuchsperson rein taktile Empfindungen wahrnehmen, wenn man sie auffordert, sich auf diese zu konzentrieren.« Allerdings »achten erfahrene Versuchspersonen auf die Reizempfindung an der Rückenhaut nur dann, wenn man sie eigens dazu auffordert, unbeschadet dessen, daß sie sich im Rückblick die Empfindung in Erinnerung rufen und vergegenwärtigen können«.

Es hat also den Anschein, als ob die Versuchsperson die meiste Zeit über einfach nicht darauf achtet, was mit ihr vorgeht; aber falls doch, und sobald sie sich an ihr Erleben auf der Empfindungsebene erinnert, hat dieses eindeutig taktilen Charakter.

Zusammenfassend können wir zwei Situationen einander gegenüberstellen: den Fall des normalen Sehens und den Fall des »Sehens mit der Haut«:

Normales Sehen

			visuelle Empfindung von dem, was mit mir vorgeht
äußeres Objekt →	Licht im Auge →	Licht auf der Retina <	
			visuelle Wahrnehmung von dem, was draußen vorgeht

Sehen mit der Haut

			taktile Empfindung von dem, was mit mir vorgeht
äußeres Objekt →	Licht in der Fernsehkamera →	Vibration an der Haut <	
			visuelle Wahrnehmung von dem, was draußen vorgeht

Die Sache spitzt sich offenbar zu. Doch diese Zuspitzung wird noch deutlicher, wenn man die möglichen Konsequenzen eines wahlweisen Ausfalls der Empfindung oder Wahrnehmung erwägt.

Kapitel 11

Seelenblindheit und Blindsichtigkeit

Als Alice im Wunderland in den Kaninchenbau gekrochen war und die Flüssigkeit in dem Fläschchen mit der Aufschrift »TRINK MICH« getrunken und den Kuchen in dem Kästchen mit der Aufschrift »ISS MICH« gegessen hatte, erlebte sie eine Reihe seltsamer Visionen. Erst schien sie zusammenzuschrumpfen, dann sich wie ein Fernrohr auseinanderzuschieben. Sie fand einen goldenen Schlüssel und öffnete damit die Tür zu einem Garten, in dem nichts so war, wie es auf den ersten Blick schien. Sie traf dort eine Edamer Katze, die allmählich verschwand, während nur ihr Grinsen zurückblieb. »›So etwas‹, dachte Alice; ›ich habe zwar schon oft eine Katze ohne Grinsen gesehen, aber ein Grinsen ohne Katze! Das ist doch das Allerseltsamste, was ich je erlebt habe!‹«*

Ich kann nur annehmen, daß auch hier wieder Lewis Carroll meine Überlegungen vorweggenommen und auf die Möglichkeit einer pathologischen Dissoziation von Empfindung und Wahrnehmung hingedeutet hat. Ein Grinsen ohne Katze – Wahrnehmung ohne Empfindung? – wäre wahrhaftig ein sehr merkwürdiges Phänomen. Aber machen wir uns erst einmal Gedanken über die Katze ohne Grinsen.

* Lewis Carroll (1865), *Alice im Wunderland*, Frankfurt a. M. 1963, S. 69.

Schlechte Wahrnehmung / gute Empfindung

Wir haben bereits reichlich Belege für Fälle, in denen die Wahrnehmung falsche Antworten liefert, auch wenn die Empfindung einen Reiz richtig eingeordnet hat. Wenn jemand die Umkehrbrille aufsetzt, irrt seine Wahrnehmung erst einmal gewaltig (er sieht die Außenwelt auf dem Kopf stehen), und wenn jemand die Apparatur für das Sehen mit der Haut probiert, fällt seine Wahrnehmung erst einmal überhaupt aus (er nimmt nichts von der Welt wahr), während in beiden Fällen die Empfindung normal funktioniert. Jedes Mal muß die Wahrnehmung über einen Lernprozeß umgestellt werden. Aber wenn die Wahrnehmung durch Erfahrung erworben oder verändert werden kann, ist es nur allzu wahrscheinlich, daß sie auch durch Erkrankungen des Gehirns beeinträchtigt werden kann. »Seelenblindheit« oder »optische Agnosie« ist eine gut dokumentierte Folge von Schädigungen des Assoziationszentrums in der Hirnrinde (»Agnosie«, ein von Freud geprägter Begriff, bedeutet wörtlich »Nichterkennen«, bezeichnet aber heute speziell den Verlust bestimmter Funktionen der Wahrnehmung bei relativ unbeeinträchtigter Empfindung).

Ein typischer Fall ist bei Macdonald Critchley* beschrieben: »Ein sechzig Jahre alter Mann konnte nach dem Aufwachen seine Kleider nicht finden, obwohl sie griffbereit in der Nähe lagen. Sobald ihm seine Frau die Kleider in die Hand gab, erkannte er sie, zog sich ordentlich an und ging aus dem Haus. Auf der Straße stellte er fest, daß er die Leute nicht erkannte – nicht einmal seine eigene Tochter. Er sah Dinge, ohne zu wissen, worum es sich dabei handelte ... Psychologisch war er völlig bei sich und normal orientiert ... Die Intelligenz lag eher über dem Durchschnitt.« Im Falle dieses Patienten »lag keine Störung der geistigen Tätigkeit vor, und die übliche sinnesphysiologische Untersuchung erbrachte keinen abnormen Befund«; dennoch »erkannte er unter größeren Objekten nur eine Fla-

---

* Macdonald Critchley (1966), *The Parietal Lobes*, London 1966, S. 289.

sche Wein«. Während der Nacht hatte dieser Patient einen geringfügigen Hirnschlag erlitten, der seinen parietalen Cortex beschädigt hatte. Infolgedessen wurden seine höheren Wahrnehmungsfähigkeiten ausgeschaltet, während seine Empfindungsfähigkeit fast unbeeinträchtigt blieb.

In diesem Fall betraf die Agnosie viele Aspekte der Wahrnehmung. In anderen Fällen hingegen erwies sich die Agnosie als äußerst begrenzt. Es wird von Patienten berichtet, die außerstande waren, die Gestalt, Bewegung, räumliche Lage oder Farbe von Gegenständen wahrzunehmen oder bestimmte Arten von Objekten wie Gesichter oder Gemüsesorten oder Musikinstrumente wiederzuerkennen. Aber stets erklärten sie, ihre Empfindungen seien ganz normal – und nichts sehe im mindesten anders aus als zuvor.

»Farbagnosie« bezeichnet eine spezifische Schwierigkeit, die Farben äußerer Objekte zu erkennen. Einen Fall dieser Art habe ich vor einigen Jahren in Oxford untersucht.* Die Patientin meinte die Farben so zu sehen wie immer. Beim Farbblindheitstest mit Tafeln, auf denen eine farbige Figur auf einem andersfarbigen Hintergrund zu sehen ist, erwies sich, daß sie über normale Farbempfindlichkeit verfügte; Scheiben entsprechend ihrer Farbe zu sortieren, war sie durchaus imstande. Auf Fragen wie »Welche Farbe hat eine Banane?« – »... ein Polizeiauto?« und so weiter antwortete sie durchgängig richtig. Zeigte man ihr aber Stücke farbigen Papiers und forderte sie auf, deren Farbe zu nennen, machte sie groteske Fehler: ein blaues Papierstück erklärte sie für »rot«, grünes Papier für »zwischen rot und orange«, gelbes Papier für »blau«. Und dennoch behauptete sie, daß die Qualität ihres Farbensehens gänzlich unverändert sei; tatsächlich konnte sie sich nicht genug darüber verwundern, daß wir uns überhaupt für diesen Aspekt ihres Falles interessierten.

Wie ist es, wenn man agnosisch ist? Wer schon einmal einer

* J.M. Oxbury, Susan M. Oxbury, N.K. Humphrey (1969), »Varieties of colour anomia«, *Brain*, 92, 1969, S. 847–860.

Unterhaltung in einer fremden Sprache zugehört und nicht verstanden hat, was die Laute bedeuten, hat meiner Ansicht nach eine Ahnung davon, wie es ist, an »akustischer Agnosie« zu leiden. Die meisten von uns haben mindestens schon einmal eine vorübergehende »visuelle Objektagnosie« erlebt, wenn sie Vexierbilder sahen, die sie nicht gleich identifizieren konnten, oder eine »visuelle Tiefendimensionsagnosie«, wenn sie in ein Stereoskop blickten und die dreidimensionale Szene nicht gleich als solche erkannten.

Wenn man etwas zu verstehen erwartet, dazu aber nicht fähig ist, liegt es selbstverständlich nahe, irritiert zu reagieren. Darüber hinaus aber haben die Patienten interessanterweise nicht das Gefühl, mit ihrer Erfahrung gänzlich aus dem Rahmen zu fallen. In Wirklichkeit ist ihre Reaktion ja auch gar nicht so absonderlich. Der Patient kann ja nach wie vor »sehen«, nur eben nicht gerade gut. So sind die Patienten denn auch oft der Überzeugung, das einzige, was ihnen fehle, sei eine neue Brille.

Agnosien sind hochinteressante Anomalien und von großer Bedeutung für die Psychologie, die sich mit den Mechanismen der Wahrnehmung beschäftigt. Aber ich möchte betonen, daß es ein Irrtum wäre, zu glauben, die Erfahrungen der Betreffenden unterschieden sich absolut von unseren. Ich sage das, weil ich jetzt auf den diametralen Gegensatz zur Agnosie zu sprechen komme, den Ausfall der Empfindung bei intakt bleibender Wahrnehmung.

Schlechte Empfindung / gute Wahrnehmung

Wenn an der Vorstellung von den zwei parallelen Kanälen irgend etwas dran ist, muß auch der Fall denkbar sein, bei dem die Wahrnehmung einwandfrei funktioniert, die Empfindung aber ausgeschaltet ist. Aber anders als bei den verschiedenen Formen der Agnosie gibt es für diesen Fall im Erleben der meisten von uns keine anschaulichen Vorbilder. Man stelle sich nur einmal vor, man würde Menschen sprechen hören, dabei aber entdecken, daß man zwar die Bedeutung des Gesagten versteht, aber sich keiner ans Ohr dringenden Laute bewußt ist. Oder man betrachtet ein Bild und sieht, was es darstellt, ohne dabei zu registrieren, daß irgendein visuelles Bild das Auge erreicht.

In unserer Alltagserfahrung kommt diesem Phänomen wahrscheinlich die »unterschwellige Wahrnehmung« am nächsten. Ein Sinnesreiz wird »unterschwellig« genannt, wenn er zu kurz oder zu schwach ist, um ihn als Sinnesereignis zu registrieren. Und »unterschwellige Wahrnehmung« findet statt, wenn wir feststellen, daß wir dem Reiz dennoch eine wenigstens teilweise interpretative Beachtung durch das Wahrnehmungsvermögen haben widerfahren lassen.

Es kann zum Beispiel passieren, daß wir auf der Straße den Fetzen einer Unterhaltung aufschnappen oder aus dem Augenwinkel etwas sehen, ohne uns das direkt bewußt zu machen, bis wir dann feststellen, daß uns ein scheinbar aus dem Nichts aufgetauchter Gedanke im Kopf herumgeht. James Alcock erzählt ein hübsches Beispiel aus eigener Erfahrung: »Ich stand in einem Kinofoyer und wollte Popcorn kaufen. Dabei dachte ich an ein Gespräch, das ich irgendwann mit dem Bruder eines Kollegen gehabt hatte. Wenige Augenblicke später drehte ich mich um und sah in zehn Meter Entfernung diesen Bruder stehen. Ich erinnere mich gut daran, daß mir richtig unheimlich zumute war.«* Alcock sagt dazu, daß er ohne eine genaue Überprüfung dieses Erlebnisses leicht hätte versucht sein können, das Zusammentreffen einer außersinnlichen Wahrnehmung zuzuschreiben. Tatsächlich liegt es für viele Menschen nahe, derartiges als paranormal anzusehen.

Unterschwellige Wahrnehmung wurde lange Zeit von der Psychologie nicht ernst genommen, experimentelle Befunde aber haben sich zu dem Eindruck verdichtet, daß es sich um ein ge-

* James E. Alcock (1981), *Parapsychology: Science or Magic?*, Oxford 1981, S. 86.

nuines Phänomen handelt. Im visuellen Bereich stammen die überzeugendsten Erkenntnisse aus Untersuchungen über »rückwirkendes Überdecken«.* Wenn etwa ein Muster eine Zehntelsekunde lang auf eine Leinwand projiziert wird, wird es von der Versuchsperson gesehen, und sie kann einige Einzelheiten reproduzieren. Wenn dem Muster dagegen unmittelbar ein anderes folgt und entsprechend länger gezeigt wird, erinnert der Betreffende das erste Muster nicht mehr – so, als hätte er es nie gesehen. Das erste Muster kann aber auf die Wahrnehmung des zweiten dennoch Einfluß ausüben. M. Eagle** führte beispielsweise ein Experiment durch, in dem das zweite Muster einen unauffälligen jungen Mann zeigte, das erste dagegen denselben Mann entweder mit einem Messer in der Hand oder mit einer Geburtstagstorte auf dem Arm. Die Versuchspersonen sollten nun Eigenschaften des Mannes auf dem zweiten Bild beschreiben. Selbst wenn sie das erste Bild aus ihrem Bewußtsein verdrängt hatten, beurteilten sie den Mann auf dem zweiten Bild entsprechend dem Charakter, den sie sich bei dem ersten vorgestellt hatten.

Diesem – zugegebenermaßen unter ziemlich künstlichen Bedingungen zustandegekommenen – Ergebnis läßt sich entnehmen, daß tatsächlich Wahrnehmungsprozesse auf hohem Niveau ablaufen können, ohne daß der Betreffende sich des auslösenden Reizes bewußt ist und ohne daß er auf der Ebene der Empfindung etwas davon mitbekommt. Was hier geschildert wurde, ist allerdings noch weit von Fällen entfernt, in denen die Empfindung bei relativ ungestörter Wahrnehmung völlig zusammenbricht. Ein solcher chronischer Zustand, bei dem der Sinnesempfindungskanal durch einen Gehirnschaden völlig lahmgelegt wäre, müßte gewissermaßen als Äquivalent zur Agnosie begriffen werden.

* A. J. Marcel (1983), »Conscious and preconscious perception: Experiments on visual masking and word recognition«, *Cognitive Psychology*, 15, 1983, S. 197–237.
** M. Eagle (1959), »The effects of subliminal stimuli of aggressive content upon conscious cognition«, *Journal of Personality*, 27, 1959, S. 578–600.

Vielleicht ist es sinnvoll, sich einen solchen Zustand noch einmal versuchsweise zu vergegenwärtigen. Wie würde sich ein Mensch wohl fühlen, wenn er im alltäglichen Leben zwar auf Fragen nach dem, »was da draußen vorgeht«, antworten könnte, aber nicht auf die Frage danach, »was mit einem selbst vorgeht«? Auf Anhieb würde man wohl vermuten, daß sich dieser Mensch vorkäme, als könne er mit Hilfe von Reizempfindungen an der Körperoberfläche die Außenwelt einschätzen, wäre sich dieser Reizempfindungen aber nicht bewußt. Im Gegensatz zu einem Agnosie-Patienten jedoch hätte der Betroffene das Gefühl eines sehr merkwürdigen Vorgangs. Es ist denkbar, daß er von seiner eigenen Wahrnehmung behaupten würde, sie hätte »nichts mit ihm selbst zu tun« – und daß er ein darauf beruhendes Urteil deshalb auch nur höchst widerwillig abgeben würde.

Anfang der siebziger Jahre entdeckte Lawrence Weiskrantz ein klinisches Syndrom, das offenbar genau solch einem Zustand entspricht.* »Blindsicht«, wie man das Phänomen genannt hat, kommt bei Menschen vor, deren primäre Sehrinde (im Hinterhauptslappen des Großhirns gelegen) schwerwiegende Schäden erlitten hat. Diese Menschen sind in einem Großteil ihres Gesichtsfelds »blind«: blind in dem Sinn, daß dieser Teil ihres Gesichtsfelds von ihnen nicht als existent erfahren wird. Ihrer Aussage zufolge haben sie in dem blinden Feld keine Licht-, Dunkelheits- oder Farbempfindung, als ob der entsprechende Teil ihrer Retina verschwunden wäre und der Lichtreiz sie einfach nicht erreichte. Und doch sind bestimmte Wahrnehmungsfunktionen nach wie vor intakt. Wenn man den Patienten dazu bringen kann, zu ignorieren, daß auf der Empfindungsebene offensichtlich nichts mit ihm vorgeht, und über die Vorgänge in der Außenwelt *Vermutungen* anzustellen, ist er überraschend erfolgreich (wenn auch keineswegs perfekt). Fordert man ihn auf, nach einem Gegenstand zu greifen, streckt er den Arm in die richtige Richtung aus, obwohl er den Gegen-

* Lawrence Weiskrantz (1986), *Blindsight*, Oxford 1986.

stand nicht bewußt »sehen« kann. Führt man den Test mit unterschiedlich geformten Objekten durch, nimmt seine Hand darüber hinaus die fürs Zupacken jeweils geeignete Haltung an (man probiere bei sich selbst aus, wie die Finger sich entsprechend dem Gegenstand krümmen, noch ehe die Hand angekommen ist). Fordert man ihn auf, die Form des Gegenstands zu schildern, ist er dazu meist nicht imstande. Handelt es sich aber nur darum, sich beispielsweise zwischen der Form eines O und eines X zu entscheiden, und läßt man dem Probanden die Freiheit, nur Vermutungen zu äußern, hat er schon nach wenigen Versuchen Treffsicherheit erworben.

Ich habe gesagt, die Blindsicht »scheine« den Zustand einer um die Empfindung gekürzten Wahrnehmung zu veranschaulichen, weil ich das Phänomen nicht überbewerten möchte. Als die Blindsicht zuerst entdeckt wurde, hielt man sie für so erstaunlich, daß einige Kommentatoren (mich eingeschlossen) übertriebene Erwartungen mit ihr verbunden haben. Ich möchte deshalb im nächsten Kapitel ausführlich darauf eingehen, wie ich das Phänomen einordne.

Kapitel 12

Mehr über die Blindsicht

Das Phänomen der Blindsicht hat schon früh meine Aufmerksamkeit gefesselt, und ich möchte berichten, warum.

Noch bevor die Blindsicht beim Menschen entdeckt wurde, war ich auf etwas Vergleichbares bei einem Rhesusäffchen gestoßen.* Es hieß Helen und war Versuchstier für eine Studie, die Weiskrantz in den sechziger Jahren in Cambridge durchführte. Im Zusammenhang mit seiner Forschung über kortikal bedingte Blindheit beim Menschen führte Weiskrantz eine chirurgische Operation durch, mittels derer er fast das gesamte kortikale Sehzentrum des Affenhirns entfernte. Das hatte eine völlige Zerstörung des normalen Sehvermögens zur Folge (abgesehen vielleicht von einem winzigen Fleckchen in der oberen äußeren Ecke des Gesichtsfelds des rechten Auges). Anfangs gab das Äffchen es einfach auf, Gegenstände seiner Umwelt anzuschauen, als hätte es selbst sein Vertrauen darin verloren, noch sehen zu können.

Ich war damals als Student in Weiskrantz' Laboratorium, und Helen weckte meine Neugier. Die Sehrinde war zwar entfernt, aber die tiefer liegenden Sehzonen waren noch intakt, und ich hielt es für möglich, daß Helen über einen Rest von Sehvermögen verfügte, ohne sich dessen bewußt zu sein. Für sieben lange Jahre war sie nun mein Studienobjekt. Ich versuchte, ihr Zutrauen zu gewinnen und ihre Neugierde anzuregen. Ich spielte mit ihr und ging mit ihr in den Feldern in der

* Nicholas Humphrey (1974), »Vision in a monkey without striate cortex: a case study«, *Perception*, 3, 1974, S. 241.

111

Nähe des Laboratoriums spazieren. Ich bemühte mich, sie auf jede erdenkliche Weise davon zu überzeugen, daß sie nicht blind war. Und ganz allmählich begann sie tatsächlich, ihre Augen wieder zu gebrauchen. In den folgenden Jahren machte sie so große Fortschritte, daß sie sich schließlich geschickt durch einen mit Hindernissen verstellten Raum bewegen und vom Boden kleine Korinthen auflesen konnte. Sie konnte sogar den Arm ausstrecken und eine Fliege aus der Luft greifen. Ihr dreidimensionales Sehen und ihre Fähigkeit, zwischen unterschiedlich großen oder hellen Objekten zu unterscheiden, erreichte fast wieder das ursprüngliche Niveau.

Die Fähigkeit, Formen oder Farben zu erkennen, gewann sie jedoch nicht zurück; und auch in anderer Hinsicht blieb ihr Sehen merkwürdig beeinträchtigt. Wenn sie in einem Raum herumrannte, wirkte sie fast so sicher wie jeder normale Affe. Die kleinste Aufregung aber brachte sie völlig aus der Fassung: Ein unerwartetes Geräusch oder auch nur die Anwesenheit einer unbekannten Person im Zimmer reichten aus, sie in einen Zustand großer Verwirrung zu stürzen. Es war, als sei sie sich auch nach so vielen Jahren ihrer Fähigkeit immer noch nicht sicher und könne nur sehen, wenn sie nicht unter Druck gesetzt wurde, zu sehen.

In meinem Protokoll über sie aus dem Jahr 1977 steht: »Sie erlangte nie wieder, was wir – Sie und ich – Sehempfindungen nennen würden. Damit soll nicht gesagt sein, daß Helen nicht schließlich herausfand, daß sie ihre Augen benutzen konnte, um sich Informationen über ihre Umgebung zu verschaffen. Sie war ein kluges Äffchen, und ich habe kaum Zweifel daran, daß ihr mit fortschreitender Übung irgendwie zu dämmern begann, daß sie von irgendwoher ›visuelle‹ Informationen aufnahm und daß dies mit ihren Augen zusammenhing. Aber selbst wenn sie wußte, daß sie mit Hilfe der Augen visuelle Informationen erhalten konnte, wußte sie doch nicht mehr, wie dies geschah: Lag vor ihren Augen eine Korinthe, stellte sie fest, daß sie deren Position kannte, aber da ihr die Empfindung des Gesichtssinns fehlte, *sah* sie die Korinthe nicht mehr vor sich ... Die Information, die sie durch die Augen erhielt, war ›reines Wahrnehmungswissen‹, das in ihrem Bewußtsein durch keine empirische Evidenz in Form visueller Empfindungen erhärtet wurde. Helen ›wußte einfach‹, daß an der und der Stelle auf dem Boden eine Korinthe lag ... Meiner Meinung nach litt Helen an ›Blindsicht‹ ... Daß der menschliche Patient glaubt, bloß ›Vermutungen‹ anzustellen, kann nicht überraschen. Denn was ist schließlich eine Vermutung anderes als ein Urteil oder eine Ansicht ohne hinlängliche empirische Evidenz oder Begründung?«*

Allerdings stimmen die Fakten in Helens Fall nur teilweise mit denen menschlicher Blindsicht überein. Zunächst sind die Menschen offenbar nicht annähernd so erfolgreich, wie das Äffchen es war, wenn es gilt, die Sehtätigkeit zurückzuerlangen. Obwohl sie erheblich besser sehen, als es ihrer Behinderung entsprechend anzunehmen wäre, bleibt ihre Leistung doch bescheiden. Der Vergleich zwischen dem Starpatienten von Weiskrantz namens D. B. und blinden Versuchspersonen mit Hautsicht-Apparatur ist lehrreich: D. B. hat nie auch nur entfernt das Niveau von Wahrnehmungskompetenz erreicht, auf dem sich die Blinden bereits nach wenigen Übungsstunden mit der Hautsicht-Apparatur befanden.

Zweitens steht meine Beschreibung der Blindsicht als »reines Wahrnehmungswissen«, bei dem der Betreffende »einfach weiß«, was sich vor ihm befindet, im Widerspruch zu den Schilderungen der Patienten selbst. Die Patienten erklären nicht nur, keine visuelle Empfindung zu haben; ähnlich wie im Fall der unterschwelligen Wahrnehmung würden sie darüber hinaus auch darauf bestehen, über keine Wahrnehmung zu verfügen. »Mensch, das ist komisch, ich weiß einfach, daß da draußen etwas X-förmiges ist, obwohl ich es nicht sehen kann« – so etwa würden sie sich nie äußern. Vielmehr würden sie sagen: »*Ich*

---

* Nicholas Humphrey (1977), »Nature's Psychologists«, British Association for the Advancement of Science, *Lister Lecture*, 1977, nachgedruckt in Nicholas Humphrey, *Consciousness Regained*, Oxford 1983.

weiß überhaupt nichts – aber wenn Sie mir versichern, daß ich richtig liege, muß ich es wohl glauben.« Es ist, anders gesagt, als könnten sie sich ihrer Wahrnehmungsfähigkeit nur indirekt bewußt werden. Und das entspricht schwerlich dem, was man sich unter »reiner Wahrnehmung« vorstellt. Mag sein, daß jemand reine Wahrnehmungen hat, aber »ich« bin das nicht!

Wie ist es, unter Blindsicht zu leiden? Ich dachte zunächst, man könne sich diese Form der unterschwelligen Wahrnehmung vielleicht anhand des »Modells« vorstellen, nach dem wohl sogenannte außersinnliche Wahrnehmungen ablaufen. Wer je als Versuchsperson bei einem Telepathie-Experiment mit Zener-Karten (25 Karten in fünf Fünfergruppen mit je einem Symbol, einem Kreis, Kreuz, Stern usw.; erfunden von dem amerikanischen Psychologen K. E. Zener) mitgemacht hat, wo es darum geht zu erraten, welche Karte von einer Person in einem anderen Raum telepathisch übermittelt wird, weiß, was das für eine seltsame Situation ist. Man schließt die Augen, schaltet ab und stellt vielleicht fest, daß sich die Vorstellung eines bestimmten Musters – nicht eigentlich eines Bildes – dem Geist aufdrängt und daß man den Zwang verspürt, zum Beispiel »Kreuz« zu sagen. Aber wenn man ein Rationalist ist, wie ich es bin, kommt man sich ein bißchen albern vor und geniert sich, allen Ernstes zu behaupten, man hätte das Bild eines Kreuzes übermittelt bekommen – weil es völlig unklar ist, auf welchem Weg die Information zu uns durchdringt (und Tatsache ist, daß *darüber* nichts zu uns durchdringt).

Bei blindsichtigen Menschen hingegen *dringt* die Information *durch*. Wenn die Versuchsperson den Zwang verspürt, »Kreuz« zu sagen, dann deshalb, weil ihre Augen sie tatsächlich darüber informieren, daß da ein Kreuz ist. (In Wirklichkeit verspüren die Blindsichtigen selten den Zwang, »Kreuz« zu sagen, wenn sie eines sehen; was sie nach meinem Verständnis der experimentellen Befunde vielmehr spüren, ist ein Zwang, in geeigneter Weise danach zu *greifen*.) Aber Tatsache bleibt, daß auch sie nicht an ihre Wahrnehmungsfähigkeit glauben und sich einigermaßen albern vorkommen. Genau aus diesem Grund haben manche Patienten sich geweigert, an solchen Blindsichtexperimenten teilzunehmen.

Ich habe gerade behauptet, das Verhalten der Blindsichtpatienten entspreche nicht dem, was wir uns unter reiner Wahrnehmung vorstellen. Was aber stellen wir uns eigentlich darunter vor? Wie würde ein Mensch seine Wahrnehmung beschreiben? Vielleicht verhält es sich eher so, daß reine Wahrnehmung, wenn es sie denn gäbe, als solche gar nicht erkannt werden könnte: Wer sie hätte, würde den Vorgang vielleicht dennoch in Zweifel ziehen und nie die Behauptung aufstellen, »ich weiß einfach, daß da draußen etwas ist«, weil er – »ich« – mangels Empfindung nie das Gefühl bekäme, an der Sache mit dem Wissen direkt und persönlich beteiligt zu sein.

Wir können uns dem Problem nähern, indem wir uns in einem Zimmer umsehen und dann die Augen schließen. Naturgemäß wird die visuelle Empfindung abbrechen, weil unsere Augen kein Licht mehr erreicht. Aber zumindest eine Zeitlang wird die visuell erworbene Kenntnis des Zimmers noch bestehen bleiben. Tatsächlich wird, wenn wir kurz nach dem Schließen der Augen nach etwas greifen, nicht nur die Richtung stimmen, sondern es werden sich auch unsere Finger (ohne daß wir uns dessen bewußt sind) im richtigen Moment und in der richtigen Stellung krümmen. Daß wir »einfach wissen«, wo sich der Gegenstand befindet und welche Form er hat, davon kann hier keine Rede sein; denn es liegt für uns ja auf der Hand, *woher* unser Wissen stammt. Unsere Fähigkeit wird uns deshalb keineswegs überraschen.

Aber stellen wir uns jetzt vor, wie es wäre, wenn wir unsere Augen ständig geschlossen hielten und feststellten, daß wir nach wie vor Kenntnis von der Lage und Form der Gegenstände hätten (eine Kenntnis, die ständig auf den neuesten Stand gebracht würde), *als hätten wir die Augen gerade erst geschlossen*. Das wäre dann ein echter Fall von »reinem, nicht durch Empfindung gestütztem Wahrnehmungswissen« – ein Fall von »einfach wissen«. Nun befände man sich vielleicht in ungefähr einer Situation wie das Äffchen Helen oder der Blindsichtpatient. Und nun wäre man wahrscheinlich ganz außerordentlich überrascht.

Warum bleibt die Überraschung im einen Fall aus, während sie im anderen über die Maßen groß wäre? Die Antwort liegt auf der Hand und ist höchst bezeichnend. Im ersten Fall hätte man Vertrauen in das Urteil der eigenen Wahrnehmung, weil man Kenntnis von der eigenen unmittelbaren Verwicklung in den Sehvorgang hätte, im letzten Fall dagegen gäbe es für das Gefühl einer solchen persönlichen Beteiligung keine Basis.

So handelt es sich vielleicht bei der Blindsicht am Ende doch um einen Fall von reinem Wahrnehmungswissen, auch wenn der Betreffende versichert, er – »ich« – sähe auf keinerlei Weise und nähme überhaupt nichts wahr. Denn was bei der Blindsicht (ebenso wie bei der unterschwelligen Wahrnehmung und übrigens auch bei der außersinnlichen) auffällig fehlt, ist genau dieses eigene Engagement, für das die Empfindung normalerweise sorgt. Möglicherweise ist das der Grund, warum Affen sich von ihrer Situation besser erholen als Menschen: Affen haben aller Wahrscheinlichkeit nach ein weniger entwickeltes Selbstbild, und die Erfahrung fehlenden eigenen Involviertseins bringt sie deshalb wohl weniger durcheinander. Das Gefühl, »dumm dazustehen«, ist Affen sicher fremd.

Anthony Marcel nähert sich diesem Problem zwar aus einem anderen Blickwinkel, doch auch er betont die Bedeutung, die der Empfindung für die *Rechtfertigung* willentlichen Handelns zukommt. »Die Menschen unternehmen von sich aus nur dann willkürliche Handlungen, in die irgendein Segment der Umgebung einbezogen ist, wenn sie sich des betreffenden Segments phänomenal bewußt sind [das heißt, wenn sie entsprechende Empfindungen haben] ... Insofern sie sich von anderen beobachtet fühlen, erlauben sie sich keine *grundlosen* Handlungen.«*

---

* Anthony J. Marcel (1988), »Phenomenal experience and functionalism«, in: *Consciousness in Contemporary Science*, hrsg. v. A. J. Marcel und E. Bisiach, Oxford 1988, S. 146.

Marcel hebt insbesondere hervor, daß einem Blindsichtigen diese Gründe fehlen und daß er Angst hat, »grundlos« zu handeln. »Nehmen wir die folgende Situation, die wir als Gedankenexperiment formulieren müssen, da wir sie in strenger Form noch nicht experimentell durchgeführt haben. Wenn jemand mit rindenbedingter Blindheit und Blindsicht in einer Hälfte seines Gesichtsfelds sehr durstig ist, und ein Glas Wasser wird so plaziert, daß es innerhalb der sichtbaren Hälfte seines Gesichtsfelds steht, dann dürfte er mit Sicherheit entweder nach dem Glas greifen und daraus trinken oder fragen, ob er trinken darf. Nehmen wir nun an, das Glas Wasser wird so plaziert, daß es im blinden Bereich seines Gesichtsfelds steht. Erinnern wir uns, daß unsere eigene Arbeit uns gelehrt hat, daß der Gegenstand offenbar visuell hinlänglich gut bestimmt ist, um identifiziert und ergriffen werden zu können. Wie wird der Betreffende sich verhalten? Wird er das gleiche tun, als befände sich der Reiz im sichtbaren Teil des Feldes? Oder wird er die Hand ausstrecken und nicht wissen, warum (bis er mit dem Glas in Berührung kommt)? Oder wird er gar nichts tun? Wir behaupten, daß er gar nichts tun wird – und stützen uns dabei teils auf Geschichten der Betreffenden, teils auf eigene Beobachtungen.«

Entscheidend ist nicht, daß jemand in dieser Situation nicht handeln *kann*, sondern daß er nicht *handelt*. Sein gesamtes gesundes Leben lang war der Betreffende daran gewöhnt, im Blick auf wahrgenommene Gegenstände zu handeln, die gewissermaßen durch seine Empfindung »beglaubigt« wurden – und alte Gewohnheiten wird man offenbar nur schwer los.

Selbstverständlich können Menschen lernen, daß etwas scheinbar Grundloses letztlich doch seinen guten Grund hat. Im Falle der Flughafentüren etwa, die wie von Zauberhand aufgehen, wenn wir den Gepäckwagen auf sie zuschieben, und die jeder gewohnten Kraftanwendung den Grund entziehen, haben vermutlich die meisten von uns einen solchen Umerziehungsprozeß durchgemacht. Ebenso könnte der Blindsichtpatient womöglich lernen, dem Wahrnehmungswissen einfach zu vertrauen – und ohne daß er über den »guten Grund« von Sinnesempfindungen verfügt. Die Flughafentür birgt indes durchaus die Gefahr, daß sie sich vielleicht eines Tages nicht öffnet und man mit dem Gepäckwagen dagegenrennt. Und ebenso wäre auch das Handeln ohne Plazet der Empfindung mit echten Gefahren verbunden, von deren Charakter im nächsten Kapitel die Rede sein soll.

Wir bewegen uns in unsicheren Gewässern mit reichlich Gegenströmung, die dem Steuermann einiges abverlangt. Dennoch zielen unsere Überlegungen auf eine Neubestimmung der Rolle der Empfindung in der Ökonomie des menschlichen Bewußtseins. Die Empfindung verleiht der Erfahrung der Welt ein Hier- und Jetztsein und eine Ichhaftigkeit, über die unsere reine, von der Empfindung losgelöste Wahrnehmung nicht verfügt.

Kapitel 13

Feuer in Händen;
ein Dolch der Einbildung

Wurde Aristoteles hintertragen, jemand habe ihn hinter seinem Rücken beschimpft, pflegte er zu antworten: »Er kann mich sogar prügeln, solange ich nicht anwesend bin.« Er hätte hinzufügen können, »oder solange ich davon ›einfach nur weiß‹ und nichts zu spüren bekomme«.

An dieser Stelle muß ich noch einmal auf die affektiven Reaktionen zurückkommen und unsere Diskussion von der visuellen Empfindung auf die anderen Sinnesempfindungen ausdehnen.

Nehmen wir an, im Kamin liegt rotglühende Kohle, und ich strecke die Hand danach aus. Wenn meine Finger sich der Kohle nähern, spüre ich, wie ich versengt werde, während ich die Kohle als heiß wahrnehme. Ziehe ich die Hand zurück, verliert sich die Empfindung (nach kurzer Zeit), und der Schmerz läßt nach – obwohl ich immer noch weiß, daß die Kohle heiß ist. Gehen wir nun davon aus, ich würde die Kohle nur betrachten. Ich empfinde das Licht, das auf meine Augen trifft, als rot, und ich nehme die Kohle als rotglühend wahr. Wenn ich weggehe oder die Augen schließe, verschwindet die visuelle Empfindung, und jedes Gefühl, das der Anblick des feurigen Rot in mir hervorruft, verliert sich – obwohl ich immer noch weiß, daß die Kohle rot ist.

Beide Fälle, die Reaktion des Tast- und des Gesichtssinns, liegen parallel. Die sengende Hitze an meinen Fingern und das rote Licht in meinen Augen sind Tatsachen, die sich auf mich beziehen, dagegen sind Hitze und rote Farbe Tatsachen, die sich auf die Kohle beziehen. Aber im Falle des Tastsinns erkennt man sehr viel deutlicher, wie Lust und Schmerz mit der Existenz von

119

Empfindung verknüpft sind. Auch wenn Wahrnehmungswissen gelegentlich affektive Konnotationen haben kann, die durch sekundäre Verknüpfungen mit der Empfindung hervorgerufen werden, ist für sich genommen solches Wissen *affektiv neutral*.

So formuliert, ist der Sachverhalt einsichtig, und auch die Erklärung dafür erscheint logisch: daß nämlich »einfach nur wissen« für das körperliche Wohlbefinden keine unmittelbaren Folgen haben kann. Zwar nicht weniger einsichtig, aber auf jeden Fall spannender wird der Sachverhalt, wenn man sich klarmacht, daß das, was für das Wissen von Vorgängen gilt, die sich *an einem von der Körperoberfläche verschiedenen Ort* abspielen, auch auf Vorgänge zutrifft, die *in einer vom gegenwärtigen Augenblick verschiedenen Zeit* stattfinden. Tatsächlich hat jemand, der sich daran erinnert, daß er sich vor einer Stunde an einer Kohle verbrannt hat, so wenig Grund, Schmerz zu empfinden, wie jemand, der weiß, daß sich einen Meter von ihm entfernt gerade jetzt eine glühende Kohle befindet.

Schon John Locke hatte das erkannt. »Freude oder Schmerz«, schreibt er, »die tatsächliche Sensationen begleiten, treten nicht wieder auf, wenn dieselben Ideen ohne die äußeren Objekte wiederkehren ... So stört uns das Unbehagen von Hitze oder Kälte nicht, wenn die betreffende Idee in unserem Geist wiedererweckt wird, obgleich es in dem Augenblick, wo wir es fühlten, äußerst lästig war ...«*

Auch Dichter haben auf die affektive Armut wiederbelebter Bilder aufmerksam gemacht. In Shakespeares *Richard II.* wird Bolingbroke aus England verbannt. Seine Freunde versuchen ihn damit aufzurichten, daß er ja immer Trost in der Erinnerung an glücklichere Tage finden könne. Bolingbroke antwortet:

> »Oh, wer kann Feu'r dadurch in Händen halten,
> Daß er den frost'gen Kaukasus sich denkt?

* John Locke, *Über den menschlichen Verstand*, übers. v. C. Winckler, Hamburg 1962, IV. Buch, Kap. 11,6.

Und wer des Hungers gier'gen Stachel dämpfen
Durch bloße Einbildung von einem Mahl?
Wer nackend im Dezemberschnee sich wälzen,
Weil er fantast'sche Sommerglut sich denkt?«*

Ach nein, sagt er, eine Erinnerung oder ein Gedanke tröstet ganz und gar nicht, wenn die Tatsachen der gegenwärtigen Reizsituation dem so völlig widersprechen.

Shakespeares Formulierung von der »bloßen Einbildung« bringt die Sache auf den Begriff und mich zu dem allgemeineren Punkt, um den es mir geht: daß nämlich nicht nur das reine Wahrnehmungswissen, sondern auch alle anderen »nichtempfundenen Vorstellungen« (Erinnerungen, Gedanken, Bilder usw.) *bloß* sind – und zwar genau deshalb, weil ihnen der reiche Ornat der Empfindung fehlt. Allerdings soll dies keineswegs heißen, daß solche nichtempfundenen Ideen gehaltlos sind, oder auch nur, daß sie völlig empfindungsfreien Charakters sind. Wohl müssen wir davon ausgehen, daß sie hinsichtlich der qualitativen Dichte, für die normalerweise die Empfindung sorgt, gravierende Mängel aufweisen.

Schauen wir uns ein Beispiel an, das sich unter Philosophen mittlerweile großer Beliebtheit erfreut: die »purpurfarbene Kuh«. [»Nie sah ich wohl die Purpurkuh, / nie hoff' ich, sie zu schau'n; / aber lieber sie seh'n, als selber eine Muh, / das sag ich dir im Vertrau'n.«**] Man versuche, sich eine Purpurkuh vorzustellen, so detailliert wie möglich. Man wird vermutlich eine ziemlich deutliche Vorstellung davon entwickeln, in welche Richtung ihr Kopf zeigt, ob sie Hörner hat und vielleicht sogar, ob sie eine Glocke um den Hals trägt oder ein Eimer unter ihrem Euter steht. Darüber hinaus wird man sicher sein, daß es sich um ein visuelles Bild handelt und nicht um ein Bild des Tast- oder Geruchssinns. Aber dennoch wird die Farbe der vorgestellten Purpurkuh mit Sicherheit weniger prächtig, durchscheinen-

* William Shakespeare, *Richard II.*, Akt I, Szene 3.
** Frank. G. Burgess, *The Purple Cow,* in: *Everyman's Dictionary of Quotations and Proverbs*, Dent, London 1951.

der, vergänglicher sein als jedes Purpur, das man je in Wirklichkeit gesehen hat. Und das hat seinen Grund darin, daß die Vorstellung einer Purpurkuh mit der Sinnesempfindung von Purpur (jedenfalls mit einer, die diesen Namen verdient) einfach nicht zu vergleichen ist.

Demonstrieren wir dies an einem anderen Sinn und stellen uns vor, wir hörten im Kopf einen gesprochenen Gedanken. Nehmen wir an, wir sagen in Gedanken zu uns selbst: »Es grünt so grün, wenn Spaniens Blüten blüh'n.« Wir könnten vermutlich angeben, mit wessen Stimme die vorgestellten Worte gesprochen werden (höchstwahrscheinlich ist es die eigene, aber es könnte auch die von Audrey Hepburn aus dem Musical *My Fair Lady* sein), wir könnten die Art der Aussprache beschreiben (etwa Hochsprache oder Dialekt), und wir könnten bestätigen, daß der Endreim mitgesprochen wird. Wir würden nicht bezweifeln, daß es sich um ein auditorisches Bild (das Bild von etwas Gehörtem) handelt. Aber wie im Falle der Purpurkuh würde unsere Phantasie das sich ergebende Bild weniger intensiv wiedergeben.

Stellen wir uns ein sausendes Geräusch vor (beispielsweise von Wind) und vergleichen es mit dem Sausen des Windes in der Wirklichkeit. Beide Erfahrungen sind voraussichtlich nicht identisch. Und doch ließen sich, jedenfalls prinzipiell, Umstände ersinnen, unter denen dies der Fall sein könnte.

Nehmen wir ein authentisches Beispiel.* 1928 kam ein Patient in ein Bostoner Krankenhaus, der mit einer großen Ansammlung abnormer Blutgefäße am Hinterhauptslappen des Großhirns im Bereich der Sehrinde geboren war. Zur Verblüffung der Ärzte erzählte er, daß er jedesmal, wenn er die Augen öffne, ein sausendes Geräusch höre, vergleichbar dem Wind in seinen Ohren. Er bildete sich das Geräusch keineswegs ein. Was er hörte, existierte tatsächlich. Als die Ärzte ein Stethoskop

* Zitiert in Marcus Raichle, »Images of the functioning human brain«, in: *Images and Understanding*, hrsg. v. H. Barlow, C. Blakemore, M. Weston-Smith, Cambridge 1990, S. 284–296.

an den Schädel des Patienten hielten, konnten auch sie das Sausen deutlich hören. Es war beispielsweise zu hören, wenn der Mann eine Zeitung aufnahm und las, und es hörte auf, sobald er die Augen schloß.

Der Grund dafür war gleichermaßen einfach und ungewöhnlich. Wann immer die Hirnrinde über die Reizempfindung der Augen aktiviert wird, kommt es – bei jedem von uns – zu einem verstärkten Blutandrang in dieser Region (um gewissermaßen die anfallende Mehrarbeit bewältigen zu können). Bei dem genannten Patienten aber strömte das Blut verstärkt in die abnormen Gefäße. Während das Blut hindurchrauschte, verursachte es ein hörbares Geräusch. Der Mann »hörte sich also sehen«.

Diesen Fall kann man nun theoretisch auch anders konstruieren: Man stelle sich einen Menschen vor, der mit abnormen Blutgefäßen im Bereich seines Hörzentrums statt seines Sehzentrums zur Welt gekommen wäre. Wann immer dieser Mann auf ein Außengeräusch zu lauschen begänne, würde er vermutlich hören, wie das Blut durch die Gefäße seines Hörzentrums rauschte (das heißt, er würde gleichzeitig das Sausen und das ursprüngliche Außengeräusch hören). Von diesem Mann ließe sich in der Tat sagen, daß er »sich hören hört«.

Damit kommen wir zum entscheidenden Gedankenexperiment. Man weiß (und im nächsten Kapitel wird darüber zu reden sein), daß in der Hirnrinde das Seh- oder das Hörzentrum nicht nur aktiviert wird, wenn Augen oder Ohren Reize von außen aufnehmen, sondern auch, wenn jemand sich einen Anblick oder ein Geräusch nur *vorstellt*. Demnach hätte der Patient in Boston vermutlich schon bei der bloßen Vorstellung, daß er eine Zeitung las, ein Sausen gehört (ein entsprechender Test wurde allerdings nie gemacht). Ebenso würde unser fiktiver zweiter Patient das Sausen bereits bei der bloßen Vorstellung eines Geräuschs in der Außenwelt vernehmen. Aber nehmen wir an, er sollte sich vorstellen, daß er ein Sausen hört: *Er würde dann als tatsächlichen Laut genau den Laut hören, den er sich vorstellte zu hören*. Und also hätten wir (vielleicht zum ersten Mal in der menschlichen Geschichte) jemanden, dessen selbsterzeugte Lautvorstellung begleitet wäre von der wahrhaftigen Empfindung eben dieses ihm in den Ohren klingenden Lautes.

Der Fall ist nicht so absurd, daß er nicht wenigstens eines deutlich machen könnte: daß nämlich die Lage dieses Patienten sich grundlegend von der Situation normaler Menschen unterschiede.

Ihre »Gefühlsnote« – oder vielmehr deren Fehlen – verleiht den Phantasievorstellungen einen einigermaßen rätselhaften Status. Aber eigentlich ist das Rätsel gar nicht so groß. Biologisch gesehen wäre es tatsächlich viel rätselhafter, wenn bei den Menschen bloße Vorstellungen, Erinnerungen und Gedanken von richtiggehenden Empfindungen begleitet wären.

Empfindungen haben, wie in den vorausgegangenen Kapiteln gezeigt, eine klar definierte biologische Funktion als Repräsentationen dessen, »was jeweils gerade mit mir körperlichem Wesen vorgeht«. Empfindungen machen mich bereit zu unmittelbaren Handlungen – mit dem Ziel, den auf der Körperoberfläche auftreffenden Reiz so zu verarbeiten, daß ich meine jeweilige Lage beibehalte, mich ihr entziehe oder sie günstig beeinflusse. Die Evolution hätte uns einen Bärendienst erwiesen, wenn wir die Vorstellung von Ereignissen, die uns – zu einer anderen Zeit oder an einem anderen Ort – passieren *könnten*, als *wirklich* empfunden repräsentieren würden. Ein Mensch, der tatsächlich imstande – und deshalb höchstwahrscheinlich auch geneigt – wäre, auf die bloße Imagination von heißer Kohle (weil er sich bei der Vorstellung des frostigen Kaukasus nach Wärme sehnt) anatomisch zu reagieren, würde sich schmerzhafte Brandblasen zuziehen. Und wer seinen Hunger zu stillen versuchte, indem er sich eine Mahlzeit nur vorstellt, hätte gute Aussichten zu verhungern. Dieser und jeder anderen Art von Phantasten würde die Evolution binnen kurzem wohl den Garaus machen.

Dafür, daß die Erzeugnisse unserer Einbildung relativ bloß sind, gibt es also die denkbar besten entwicklungsgeschichtlichen Gründe. Wer nämlich Vorstellungen heraufbeschwört, die nicht durch akute Reize hervorgerufen werden, muß diese Ereignisse zumindest als »nicht wirklich existent« kennzeichnen. Diese Sicherheitsvorkehrung wird unmittelbar durch das Fehlen der Empfindung erreicht: Warnschilder, auf denen steht, »das hier ist nicht, was es scheinen könnte«.

Shakespeares Bolingbroke habe ich schon zitiert; nun soll Macbeth zu Wort kommen. Als er, nachdem seine Gattin ihn aufgefordert hatte, den schottischen König zu ermorden, vor sich einen Dolch schweben sieht, klagt er:

> »Bist du, Unglücksgebild, so fühlbar nicht
> Der Hand, gleich wie dem Aug? oder bist du nur
> Ein Dolch der Einbildung, ein nichtig Blendwerk,
> Das aus dem heiß gequälten Hirn erwächst . . .«*

Die Frage des Macbeth ist eher rhetorischer oder philosophischer Natur. Als er nach dem Dolch zu greifen sucht und nichts fühlt, ordnet er die Erscheinung als Trugbild seiner überreizten Sinne ein. Aber Shakespeares Zeilen illustrieren vielleicht sogar noch besser gängige Methoden, normale Vorstellungen dadurch kurzerhand als Hirngespinste zu entlarven, daß man sich fragt, ob sie im Wortsinn »sinnvoll« sind.

Wenn man im Zweifel darüber ist, ob das, was man sieht, physisch existiert, kann man sich im Normalfall immer dadurch Klarheit verschaffen, daß man sich fragt: »Welches Gefühl vermittelt es mir auf der Ebene der visuellen Empfindung?« Wenn die Antwort darauf lautet, »mit dem Gefühl stimmt etwas nicht« – anders gesagt, es fehlen die zu erwartenden Empfindungen –, kann der Betreffende ziemlich sicher sein, daß er phantasiert.

Ausnahmen bestätigen die Regel. Im letzten Kapitel ging es um die Blindsicht, bei der Patienten *kein Vertrauen* zu den *gültigen* Informationen haben, die ihnen ihre Augen liefern, weil ihr Ge-

* William Shakespeare (1605), *Macbeth*, Akt II, Szene 1.

fühl damit nicht übereinstimmt. Bekannter aber sind die Fälle, in denen gesunde Menschen *ungültigen* Informationen aus dem umgekehrten Grund *vertrauen*. Traumbilder beispielsweise erscheinen vielen Menschen als »sinnvoll«: das heißt, sie sind vom vollen Reichtum der Empfindung begleitet – Farben, Geräusche, Gerüche, Tastempfindungen, sexuelle Empfindungen werden erlebt, als ob die entsprechenden Reize physisch auf den Träumer einwirkten.

»Träume«, schrieb Samuel Coleridge, »sind für mich keine Schatten, sondern die wirklichen substantiellen Realitäten des Lebens.«* Wenn sich das so verhält, kommt es auch zu affektiven Reaktionen. Der Träumer kann mithin vor Angst schreien oder einen Orgasmus haben oder heiße Tränen weinen, obwohl diese Reaktionen biologisch gesehen geradezu widersinnig sind. Mehr noch, der Träumer würde, wenn er könnte, sogar vorsätzlich handeln – wenn er es unterläßt, so nur deshalb, weil seine willkürlich funktionierenden Muskeln im Traumzustand effektiv paralysiert sind.

Für Halluzinationen im Wachzustand, die pathologisch oder durch Rauschmittel hervorgerufen werden, gilt häufig ebenfalls, daß der Halluzinierende unter Umständen gegen einen vermeintlichen Quälgeist ankämpft oder sich von einem eingebildeten Geruch abgestoßen fühlt oder seine Augen vor dem blendenden Licht der Erscheinung Gottes verbirgt. Die Folgen jedoch können im Zweifelsfall gravierend sein, weil der Betroffene seine Impulse prinzipiell in die Tat umsetzen könnte.

Gott sei Dank – was soviel heißen soll wie: dank entwicklungsgeschichtlicher Fügung – haben die meisten unserer Phantasievorstellungen im Wachzustand keine entsprechenden Auslöser. Denn das ermöglicht uns, mit Erinnerungen, Vorstellungen und Gedanken zu spielen, ohne dabei die präsente Realität aus den Augen zu verlieren.

---

* Samuel Coleridge (1803), Brief, zit. in Richard Holmes, *Coleridge, Early Visions*, London 1989, S. 354.

Das Wort »präsent« kommt vom lateinischen *prae-sens. Prae* bedeutet »vor«, und *sens* ist das Partizip Präsens von *sum* (»ich bin«). Aber *sens* ist auch der Stamm des Partizips Perfekt von *sentio* (»ich fühle«). *Sens* kann also alle erdenklichen Bedeutungen zwischen »sein« und »fühlen« besitzen, und *prae-sens* könnte man entsprechend mit »vor einem fühlbaren Seienden« übersetzen. Dementsprechend umfaßt das subjektive Präsens all das, was jemand mit sich vorgehen fühlt; und wer aufhört, Empfindungen zu haben – etwa in traumlosen Schlafphasen oder wenn er stirbt –, dessen Präsens hört ebenfalls auf.

Ursprünglich dachte ich, an alldem sei nichts sonderlich Rätselhaftes. Aber in einer Hinsicht ist die Art, wie wir Phantasievorstellungen erleben, doch recht geheimnisvoll. Auch wenn es stimmt, daß Vorstellungen nicht von richtiggehenden Empfindungen begleitet sind, scheint ihnen doch ein Moment der Sinnesempfindung anzuhaften: Mit dem Phänomen des »einfach nur Gewußten« sind sie nicht ganz deckungsgleich.

Erinnern wir uns noch einmal an das Beispiel von dem Zimmer, in dem man sich umsieht, um dann die Augen zu schließen und nach einem Gegenstand zu greifen. Der Umstand, daß man in dieser Situation angemessen verfährt, beweist, daß man weiß, wo sich der Gegenstand befindet, und daß man seine Form kennt: Über ein angemessenes visuelles Bild vom Gegenstand aber verfügt man wahrscheinlich nicht – und selbstverständlich ist dies auch nicht erforderlich. Ebensowenig hatte ich vor, meine Vermutung, bei der Blindsicht handele es sich vielleicht um einen paradigmatischen Fall von »einfach wissen«, mit der Behauptung zu verknüpfen, an Blindsicht zu leiden sei geradeso, als ob man einem kontinuierlichen Strom visueller Bilder ausgesetzt sei. Wäre *das* die Art, wie Blindsicht erlebt wird, dann würden es uns die Patienten wohl mitteilen – sie berichten aber nichts dergleichen.

Wenn allerdings das bloße Wissen, daß da draußen etwas vorgeht, weniger ist, als eine Phantasievorstellung davon zu haben, während die Empfindung eines Vorgangs an meiner Körperoberfläche mehr ist, wo sind dann eigentlich die Phantasievorstellungen in unserem Gesamtbauplan angesiedelt?

Da es bis heute keine allgemein anerkannte Theorie darüber gibt, was genau Vorstellungen sind, fühle ich mich zu einer Hypothese ermutigt, die ich andernfalls vielleicht Bedenken hätte vorzutragen. Diese Hypothese werde ich im nächsten Kapitel recht ausführlich erörtern. Ich brauche nämlich eine »Vorstellungstheorie«. Sonst werde ich, sobald ich beginne, mich dem eigentlichen Problem des Bewußtseins zu nähern, in die gleiche Verlegenheit geraten wie viele andere Interpreten auch, wenn sie sich fragen lassen müssen, wo sie jene mentalen Repräsentationen auf halbem Weg zwischen Empfindung und Wahrnehmung, die nicht Fisch und nicht Fleisch und schon gar nicht das zur Irreführung der lieben Kollegen bestimmte übliche Geflügel namens Ente sind, denn nun einordnen sollen.

Kapitel 14

Er dacht, er säh 'nen Elefant

Um meine Hypothese über das Wesen der Vorstellungen darzulegen, muß ich auf einige frühere Überlegungen zum erkenntnistheoretischen Status von Empfindung und Wahrnehmung zurückkommen: das heißt, darauf, welchen Status Empfindung und Wahrnehmung als Träger von Tatsachenwissen haben.

Hier ist noch einmal das Grunddiagramm, das Empfindungs- und Wahrnehmungskanal parallelgeschaltet zeigt.

Empfindung von etwas, das mit mir vorgeht

Objekt → Licht auf der Retina ❮

Wahrnehmung von etwas, das da draußen vorgeht

Wir können vermutlich als gesichert annehmen, daß immer dann, wenn auf die Oberfläche unseres Körpers ein Reiz einwirkt, es gewissermaßen zwei Tatsachenwirklichkeiten gibt: die eine betrifft das, »was mit uns vorgeht«, und die andere das, »was da draußen vorgeht«. Wenn ich zum Beispiel eine glühende Kohle anschaue, dann *existiert* ein bestimmtes Reizmuster auf meiner Netzhaut, und es *existiert* auch ein bestimmtes physisches Objekt außerhalb von mir.

Es liegt indes auf der Hand, daß die Art des Zugangs, den ich über Empfindung und Wahrnehmung zu diesen beiden Gegebenheiten habe, nicht einfach vergleichbar ist. Für den Prozeß der Repräsentation durch die Sinnesempfindung braucht es nicht viel mehr als eine innere *Kopie* des physischen Reizes, während er auf die Körperoberfläche einwirkt. Zum Prozeß der Wahrnehmungsrepräsentation hingegen gehört schon eher so etwas wie eine ausgeführte *Geschichte* davon, was der Reiz über die Vorgänge in der Außenwelt aussagt. Während also die Empfindung relativ direkte und sichere Kenntnis davon liefert, »was mit mir vorgeht«, kann die Wahrnehmung nur eine relativ vermittelte und bedingte Kenntnis von dem bieten, »was da draußen vorgeht«.

Eine einfache Illustration kann diesen Unterschied zwischen Kopieren und Geschichtenerzählen deutlich machen. Abbildung 2 zeigt das bekannte Frau-/Schwiegermutterbild, das Edward Boring entworfen hat.

Registriert man ein Bild wahrnehmend und konzentriert sich auf das, was das Bild als äußere Gegebenheit zeigt, so wird man wahrscheinlich feststellen, daß der Wahrnehmungskanal eine von zwei alternativen Geschichten wiedergibt: Entweder nimmt man eine junge Frau im Profil wahr oder eine alte Frau (mit dem Kinn im Pelzkragen vergraben). Betrachtet man das Bild über einen längeren Zeitraum, kann es geschehen, daß man

Abbildung 2

zwischen den beiden Geschichten hin und her wechselt. Hält man sich statt dessen aber an die Empfindung und konzentriert sich auf das, was mit den Augen geschieht, stellt man fest, daß einem der Sinnesempfindungskanal eine einfache Repräsentation eines bestimmten Schwarzweiß-Lichtmusters liefert.

Im allgemeinen strapaziert unsere Wahrnehmung unsere Datenverarbeitung auf erheblich komplexere Art als die bloße Empfindung. Wir können deshalb durchaus erwarten, daß beide Aufgaben vom Gehirn grundsätzlich verschieden angegangen werden. Und auch, wenn wir nicht genug wissen, um sicher sein zu können, gibt es in der Tat gute Gründe für die Annahme, daß der Sinnesempfindungskanal sich einer »analogen« Verarbeitungsform bedient und eine bildliche Repräsentation produziert (so etwas wie ein Bild im Bewußtsein), während der Wahrnehmungskanal mit »digitaler« Verarbeitung operiert und eine Repräsentation in Form einer Aussage erzeugt (etwas, das eher einer wörtlichen Beschreibung nahe kommt).

Aber wie dem auch sei, daß die Wahrnehmung mehr spontane Vermutungen und riskante Berechnungen erfordert als die Empfindung, steht außer Frage – der Becherrand des Reizes und die Lippen der Repräsentation liegen weit auseinander. Und deshalb ist es unvermeidlich, daß Wahrnehmung eher getäuscht wird als Empfindung.

Glücklicherweise sind die Schnitzer der Wahrnehmung (aus Gründen, mit denen wir uns in Kürze beschäftigen müssen) unter normalen Umständen nicht allzu gravierend. Aber um uns die möglichen Risiken klarzumachen, brauchen wir uns nur daran zu erinnern, was geschieht, wenn der Wahrnehmungskanal aus irgendeinem Grund nur eingeschränkt funktioniert. So erleiden etwa Menschen, die an der oben beschriebenen Art von optischer Agnosie leiden, Irritationen ihrer Wahrnehmung, die nicht nur zu Ungenauigkeiten führen, sondern komplette Fehlinformationen bedeuten. Ein Agnosiepatient hält vielleicht eine Schere für einen Kamm; befragt, wie er den Gegenstand anzuwenden gedenkt, zieht er womöglich die Schere durchs Haar.

Oliver Sacks hat einen Patienten beschrieben, der seine Frau notorisch mit einem Hut verwechselte.*

Wenn hingegen der Empfindungskanal funktional gestört ist (vorausgesetzt, er setzt nicht völlig aus wie im Falle der Blindsicht), bestehen die Fehler eher in Entstellungen des sensorischen Feldes als in regelrechten Irrtümern. In Fällen der sogenannten Metamorphopsie hat der Patient unter Umständen den Eindruck, daß Teile des visuellen Bildes anschwellen oder zusammenschrumpfen oder daß Farben verblichen sind – aber die Gesamttopographie des Gesichtsfeldes bleibt mehr oder minder intakt.**

Diese unterschiedlichen Fehlermuster sind genau das, was man erwarten kann, wenn in beiden Kanälen tatsächlich verschiedene Arten der Datenverarbeitung ablaufen: digital kontra analog, Aussageform kontra Bildhaftigkeit. Ich möchte dies an einem Spiel verdeutlichen, das man »Stille Post« nennt. Dabei sitzen die Teilnehmer im Kreis. Einer flüstert seinem Nachbarn eine Mitteilung ins Ohr. Der gibt weiter, was er verstanden hat usw. Ein einziger kleiner Verständnisfehler kann große inhaltliche Veränderungen zur Folge haben – zum Beispiel kann aus »Katzen haben Haare« »Glatzen haben Haare« werden. Würden statt dessen aber Kopien einer Zeichnung weitergegeben, erwiese sich aber voraussichtlich ein einziger kleiner Fehler als relativ unerheblich – eine Landkarte von Großbritannien wäre vermutlich auch dann noch als solche erkennbar. Wenn es um die Risiken des Irrtums geht, ist die Wahrnehmung dem Spiel »Stille Post« vergleichbar, die Empfindung eher der Weitergabe von Zeichnungskopien.

Nun steht außer Frage, daß der Wahrnehmungsirrtum, wenn er in der Wirklichkeit unkorrigiert bliebe, sich als biologisch kata-

---

* Oliver Sacks (1985), *The Man who Mistook his Wife for a Hat*, London 1985 (dtsch.: *Der Mann, der seine Frau mit einem Hut verwechselte*, Reinbek 1990).
** Macdonald Critchley (1966), *The Parietal Lobes*, London 1966.

strophal erweisen würde. Wer regelmäßig seine Frau mit einem Hut verwechselt (oder, schlimmer noch, einen Hut mit seiner Frau), ist für den Kampf ums Dasein denkbar schlecht gerüstet.

Die Wahrnehmungsfähigkeiten mußten deshalb »aufgerüstet« werden, das heißt, im Laufe der Evolution hat ein massiver Selektionsdruck stattgefunden. Es wurde ein Mechanismus wirksam, der gewissermaßen Fehler erkennen und aussteuern konnte: irgendeine Methode, die Resultate eines Wahrnehmungskalküls zu überprüfen, ehe auf ihrer Grundlage gehandelt wurde. Und daß im großen und ganzen der heutige Homo sapiens unter normalen Umständen keine gewaltigen Wahrnehmungsirrtümer erleidet, spricht entschieden dafür, daß die Natur dieses Problem halbwegs befriedigend gelöst hat.

Es ist aber wichtig herauszufinden, wie diese Lösung aussehen mag – nicht nur, weil die Frage für sich genommen interessant ist, sondern auch, weil wir uns von der Antwort darauf weiterreichenden Aufschluß erhoffen können.

Nehmen wir an, jemand fragt uns nach der Quadratwurzel aus 143 641. Wenn wir wissen, wie man die Wurzel zieht, werden wir schließlich 379 als Antwort erhalten. Aber nehmen wir an, wir hätten Angst, uns bei unseren Berechnungen geirrt zu haben. Dann liegt es nahe, das Ergebnis dadurch zu überprüfen, daß wir das Verfahren umkehren und uns nach dem Quadrat von 379 fragen. Kommen wir auf diesem Weg wieder zu der Anfangszahl, dann können wir so gut wie sicher sein, daß unser Ergebnis stimmt. Ginge es uns nur um einen groben und schnellen Überschlag, dann könnten wir uns in der Tat auch einfach klarmachen, daß die letzte Ziffer von 379 eine 9 und 81 das Quadrat von 9 ist und daß folglich 379 nur von einer Zahl die Quadratwurzel sein kann, die mit 1 endet. Mit dem simplen Trick, die letzte Ziffer ins Quadrat zu heben, könnte man also im Schnitt 80 Prozent aller zufälligen Fehler entdecken.

Diese Strategie der »Prüfung durch Rückübertragung« oder »Echokontrolle« ist ein Verfahren der Fehlererkennung, mit dem Informationstechniker bestens vertraut sind, die in einer Vielzahl von Situationen überprüfen müssen, ob eine Operation ordnungsgemäß abgelaufen oder eine Information auf korrekte Weise decodiert worden ist oder auch einfach nur, ob ein Signal durch einen verrauschten Kanal angekommen ist. Der Trick besteht darin, die Operation *rückgängig zu machen*, die Information *neu zu codieren* oder das Signal *an seinen Ausgangspunkt zurückzuschicken* – und dann in allen Fällen die rekonstruierten Daten mit dem Original zu vergleichen. Man könnte die Prozedur als die »Rin-in-die Kartoffeln-Raus-aus-den Kartoffeln-Strategie« des alten Dessauer bezeichnen.

Warum sollte nicht auch im Fall des Wahrnehmungsprozesses eine Spielart der Strategie des alten Dessauer Anwendung finden? Der Wahrnehmende könnte sich zunächst etwa fragen: »Worin findet dieser bestimmte Reiz auf meiner Retina seine Entsprechung in der Außenwelt?« Nach einer Reihe komplizierter Kalkulationen käme er dann vielleicht zu dem Ergebnis: »In einem Hut.« Aber um sicher zu sein, daß er sich nicht vertan hätte, würde er dann versuchen, den ursprünglichen Reiz auf der Retina aus der Wahrnehmungsrepräsentation zu rekonstruieren. Wenn der rekonstruierte Reiz dem ursprünglichen Reiz entspräche, wäre alles in Ordnung; wenn er hingegen nicht übereinstimmen würde – weil etwa der ursprüngliche Reiz durch Licht hervorgerufen wäre, das die Ehefrau abgestrahlt hätte –, dann wäre klar, daß ein Irrtum vorläge.

Diese Strategie würde nicht *alle* Wahrnehmungsfehler aufdecken, weil es vorkommen könnte, daß ein falsches Wahrnehmungsurteil mit den ursprünglichen Daten genau vereinbar wäre. Aber zumindest könnte man damit rechnen, den schlimmsten Irrtümern auf die Spur zu kommen. Und gesetzt den Fall, es brauchte nur annähernde Sicherheit, wäre vielleicht auch ein ähnlicher Überschlag möglich wie bei dem Quadratwurzel-Beispiel. Dem Wahrnehmenden würde es also etwa schon reichen, wenn er einfach nur den Reiz im groben rekonstruierte und mit dem Original verebliche: wenn er also zum Beispiel das Bild vom Hut nicht in allen Einzelheiten, sondern nur skizzenhaft oder im Umriß realisieren würde, um zumindest die Nichtübereinstimmung mit dem Bild von einer Ehefrau deutlich werden zu lassen.

Es stimmt, daß selbst eine bloß skizzenhafte Rekonstruktion des Ursprungsreizes nur möglich ist, wenn eine große Menge von ansonsten überflüssigen Kontextinformationen über das wahrgenommene Objekt zur Verfügung stehen, wie etwa Informationen über die Lage des Objekts relativ zur Blickrichtung, über seine Entfernung usw. – alles Dinge, die mit dem Hut-Sein des Objekts unmittelbar gar nichts zu tun haben. Wir haben indes allen Grund anzunehmen, daß solche Kontextinformationen auf der Ebene des Wahrnehmens auch tatsächlich zur Verfügung stehen.

Nehmen wir einen Hut wahr, so nehmen wir sowohl wahr, *was* er ist, als auch, *wo* er sich befindet: Die Tatsache, daß wir gezielt nach ihm greifen und unserer Hand dabei eine seinen Umrissen genau entsprechende Form geben können, beweist, daß wir alle wichtigen Informationen bezüglich seiner Lage relativ zu unserem Körper verfügbar haben. Wenn wir, um ein wahrgenommenes Objekt mit der Hand zu ergreifen, die entsprechenden Befehlssignale an unsere Finger übermitteln, führen wir in der Tat eine Kalkulation durch, die der Rückübertragungsrechnung ziemlich nahe kommen dürfte, welche für die Rekonstruktion eines Retinareizes nötig ist – in beiden Fällen wird eine analoge Beschreibung aus einer digitalen wiederhergestellt.

Wenn dies im Prinzip die angewandte Strategie ist, wie läßt sie sich im Gehirn praktisch bewerkstelligen? Und vor allem: *Wo* könnte man sich vorstellen, daß der Vergleich zwischen rekonstruiertem Reiz und Originalreiz stattfindet?

Eine Möglichkeit wäre, daß dies im Sinnesorgan selbst geschieht. Im Fall des Gesichtssinns würde demnach die Information, die im Auge einträfe, zum Sehzentrum im Gehirn und dann wieder zum Auge zurück geleitet. Ein solcher Vorgang aber ist aus unterschiedlichen Gründen wenig plausibel. Bei der Rückkehr des rekonstruierten Reizes zum Auge etwa wäre der

Originalreiz höchstwahrscheinlich längst überholt, weil beispielsweise das Auge inzwischen seine Stellung verändert hätte.

Nun gibt es eine naheliegende und besser geeignete Alternative für den Vergleichsort: nämlich jene Stelle im Gehirn, wo ja bereits eine Kopie des Originalreizes bereitliegt – mit anderen Worten, dort, wo die *Repräsentationen der Sinnesempfindung* angesiedelt sind. Das »Wahrnehmungszentrum« könnte demnach sehr wohl seine Rekonstruktion des Reizes hinüber zum »Empfindungszentrum« schicken, wo dann ein Vergleich mit dem dort schon vorhandenen Reiz vollzogen wird.

Das Schema wäre also in etwa das folgende:

Empfindung von etwas,
das mit mir vorgeht

Objekt → Licht auf der Retina ⋖   ↑

Wahrnehmung von etwas,
das da draußen vorgeht

Wäre die Entsprechung groß genug, würde die Wahrnehmungsrepräsentation akzeptiert; wo nicht, würde sie auf der Stelle revidiert werden müssen.

Es wird gleich klarer werden, welche Bedeutung das alles für unsere Frage nach dem Wesen der Vorstellungen hat. Aber zunächst einmal möchte ich von der geballten Theorie abschweifen und an einem reizvollen Beispiel erläutern, daß im menschlichen visuellen System tatsächlich etwas Ähnliches vor sich geht: einen Fall, in dem offensichtlich ein »Einfluß von oben nach unten«, von der Wahrnehmung auf die Empfindung, ausgeübt wird.

In Abbildung 3 sehen wir die »Tischplatten-Illusion« (eine Sinnestäuschung, die erstaunlicherweise bis vor zwanzig Jahren unbemerkt blieb).*

---

* Nicholas Humphrey (1970), »Contrast illusions in perspective«, *Nature*, 232, 1970, S. 91–93.

Abbildung 3

Der Tisch wirkt, als wäre er umgekehrt perspektivisch gezeichnet, als wäre also die dem Betrachter abgewandte Seite länger als die ihm zugewandte. Legen wir aber ein Lineal an, so stellen wir fest, daß die Tischplatte als perfektes Parallelogramm *gezeichnet* ist, mit exakt gleichlangen einander gegenüberliegenden Seiten.

Wichtig ist, daß es sich hier um eine Täuschung der Sinnesempfindung *und* der Wahrnehmung handelt. Es ist nicht einfach nur so, daß die entferntere Seite des wahrgenommenen dreidimensionalen Tisches länger aussieht als die näher gelegene; es ist vielmehr so, daß das Bild der oberen Linie, so wie es als Retinareiz empfunden wird, den Eindruck größerer Länge hervorruft als das der unteren Linie.

Wie läßt sich das erklären? Ich gebe zu, daß aus keiner meiner bisherigen Thesen folgt, daß ein vom Wahrnehmungszentrum zum Empfindungszentrum gesendetes Signal imstande sein könnte, die Repräsentation der Sinnesempfindung tatsächlich zu *modifizieren*. Aber wenn zwei Repräsentationen desselben Reizes sich auch am selben Ort einfinden, liegt es nahe, daß zwischen beiden ein gewisses Maß an Interaktion besteht.

Vielleicht geschieht folgendes: Das Wahrnehmungszentrum nimmt unter Anwendung der Gesetzmäßigkeiten der Linearperspektive eine korrekte dreidimensionale Interpretation der Zeichnung vor, die diese als einen Tisch identifiziert, dessen hintere Kante sowohl weiter entfernt als auch länger als die vordere ist. Um diese Interpretation zu überprüfen, versucht es dann, den visuellen Reiz zu rekonstruieren, unter anderem dadurch, daß die Perspektive aufgelöst wird. Die Auflösung der Perspektive geht aber nicht weit genug, und das Ergebnis ist, daß auch bei der rekonstruierten Version des Retinareizes, die an das Zentrum der Sinnesempfindung geschickt wird, die obere Linie ein bißchen zu lang ist. Das Paßverhältnis ist aber so stark angenähert, daß die Repräsentation der Sinnesempfindung, statt für die Ablehnung der Wahrnehmungsrepräsentation zu sorgen, vielmehr ihrerseits modifiziert wird, um die Übereinstimmung sicherzustellen.

Ähnliche Sinnestäuschungen mit vergleichbaren Interpretationen waren in den dreißiger und vierziger Jahren Forschungsgegenstand von Experimentalpsychologen, die sich für das Phänomen der sogenannten »Wahrnehmungskonstanz« interessierten. Sie fanden heraus, daß es beim Gesichtssinn eine allgemeine Tendenz gibt, die Sinnesempfindungsrepräsentation eines Reizes in die Richtung einer »idealen« Sicht des äußeren Objekts zu rücken – als hätte man sozusagen einen vollen frontalen Blick auf das Objekt.

Abbildung 4 zum Beispiel ist ein Diagramm aus einem klassischen Beitrag von Robert Thouless.[*] Es zeigt, wie eine geneigte, kreisrunde Scheibe dem Beobachter erscheint, wenn er sich an seine Sinnesempfindungen hält.

Der Proband mußte die flach auf einem Tisch liegende Scheibe betrachten und dann ihre »Erscheinung« mit einer Reihe von Ellipsen vergleichen, die vor seinen Augen senkrecht hochgehalten wurden. Thouless führt aus, er habe, damit der Betreffende wußte, was von ihm verlangt wurde, »ihn normalerweise praktisch eingeführt ... wobei ich ihm deutlich machte, daß ich weder

* Robert H. Thouless (1931), »Phenomenal regression to the real object. II«, *British Journal of Psychology*, 22, 1931, S. 1–30.

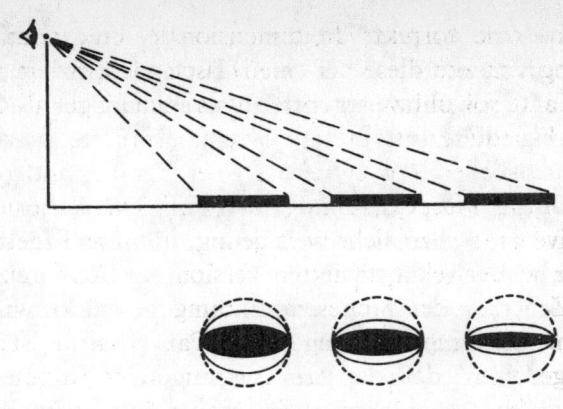

Abbildung 4

Der äußere Kreis zeigt den tatsächlichen Umriß, die gefüllte Ellipse das Bild auf der Retina, die gestrichelte Linie die »phänomenale Form«.

von ihm wissen will, welche Form das Objekt in Wirklichkeit hat, noch, wie er denkt, daß es aussehen müßte, sondern einfach nur, welche Form es seinem Eindruck nach hat. Selbst die unbedarftesten Versuchspersonen verstehen diese Unterweisung bestens.« Die Ergebnisse zeigten, daß die Versuchspersonen die Erscheinung des elliptisch geformten Reizes auf der Retina durchweg stärker kreisförmig sahen, als sie eigentlich hätte sein dürfen.

Thouless schlug für diesen Effekt eine generelle Bezeichnung vor: »phänomenale Regression auf das reale Objekt«. »Phänomenal« bedeutete in diesem speziellen Zusammenhang »zur Empfindung gehörig«, während mit »reales Objekt« die Zugehörigkeit zur Wahrnehmung gemeint war. Die Gesetzmäßigkeit der »phänomenalen Regression« formulierte er folgendermaßen: »Wenn ein Reiz, der für sich genommen ein bestimmtes phänomenales [d.h. sinnesempfindungsspezifisches] Bild entstehen ließe, mit Wahrnehmungsinformationen einhergeht, die Hinweise auf das ›reale‹ Bild des Objekts enthalten, dann ist das resultierende phänomenale Bild weder das bloß durch den Reiz gegebene noch das durch die Wahrnehmungshinweise angezeigte, sondern ein Kompromiß zwischen beiden.«

Ohne ein Schema nach Art des oben vorgeschlagenen (das in dieser Form nicht unbedingt genau zutreffen muß) bleibt die vermutete Rückwirkung von der Wahrnehmung auf die Sinnesempfindung ein Rätsel.

Unsere Diskussion in diesem Kapitel hat sich bislang um das Verhältnis von Wahrnehmung und Empfindung gedreht – und zwar unter der Voraussetzung vorhandener Außenweltreize. Aber es ist jetzt nicht mehr schwer, den Bezug zu den selbsterzeugten Vorstellungen sichtbar zu machen.

Vielleicht hilft es bei unseren Überlegungen, wenn ich beschreibe (so gut ich eben kann), wie meine eigenen Erfahrungen mit dem Versuch waren, mir die eingangs erwähnte purpurfarbene Kuh vorzustellen. Um die Sache noch komplizierter, aber auch realistischer zu gestalten, nehmen wir an, meine Augen sind offen, und ich schaue aus dem Fenster in den bewölkten Himmel – so daß ein konkurrierender Reiz auf meiner Retina auftrifft.

Die Erfahrung ist nicht gerade leicht zu beschreiben (und sie wird sich kaum mit jedermanns Erfahrung decken). Grob gesagt aber verläuft sie in etwa so: Ich »sehe« ein flüchtiges Bild von der Kuh, das auf der Oberfläche des gemusterten Gesichtsfelds, das der bewölkte Himmel bildet, erscheint und wieder verschwindet. Diese »Seherfahrung« setzt sich aus mehreren Elementen zusammen. Auf der Wahrnehmungsebene ist das, was ich *wahrnehme* – solange es mir gelingt, es zu fixieren –, überwiegend die Repräsentation einer Kuh (ich könnte die Farbe ihres Fells beschreiben, die Form ihrer Ohren, die Haltung ihres Schwanzes). Während dieser Phase nehme ich die Wolken kaum als äußere Gegebenheit wahr. Auf der Ebene der Empfindung dagegen verhält sich die Sache weitaus komplizierter. Das äußere Feld ist immer noch vorhanden, und was ich *empfinde* – auch während ich mich bemühe, das Bild festzuhalten –, ist überwiegend der Reiz auf der Retina, den das Licht erzeugt, das vom bewölkten Himmel einfällt (ich bin mir der Farbkleckse usw. bewußt). Darüber hinaus aber habe ich noch einen, wie ich es nennen möchte, schemenhaften Eindruck von einem fleckigen, kuhförmigen, purpurfarbigen, hinausprojizierten Bild – eine Version des Retinareizes, den eine purpurfarbene Kuh mich empfangen lassen würde, *wenn* sie hier und jetzt vor meinen Augen stünde.

Um diese Erfahrung im Sinne des entwickelten Modells interpretieren zu können, bedarf es bloß noch der folgenden zusätzlichen, plausiblen vier Annahmen:

1. Vorstellungen entstehen im Wahrnehmungszentrum des Gehirns (oder nehmen jedenfalls ihren Weg über das Zentrum).
2. Während das Wahrnehmungszentrum mit der Erzeugung von Vorstellungen beschäftigt ist, ist es vorübergehend von der normalen Wahrnehmung abgekoppelt.
3. Während das Wahrnehmungszentrum eine Vorstellung erzeugt, geht der Prozeß, mit dessen Hilfe Wahrnehmungsirrtümer aufgedeckt werden, weiter, obwohl eine Wirklichkeit, an der die Vorstellung zu überprüfen wäre, gar nicht existiert. Auf diese Weise wird versucht, den Ursprungsreiz zu rekonstruieren, der von dem betreffenden Objekt ausgegangen wäre, *wenn* es die Sinnesorgane (unter »normalen« oder »idealen« Bedingungen) gereizt hätte. Und diese Rekonstruktion wird zum Zentrum der Sinnesempfindung gesendet.
4. Der rekonstruierte Reiz entspricht nicht dem tatsächlichen, der auf der Retina eintrifft. Folglich wird die vorgestellte Repräsentation *verworfen*. Und das ist der Grund, warum es so schwierig ist, die Vorstellung zu fixieren.

Mein spezieller Fall müßte entsprechend im folgenden Diagramm dargestellt werden:

bewölkter Himmel → Licht auf der Retina ↗ Empfindung von dem, was mit mir vorgeht

↑ Vorstellung von einer draußen befindlichen Purpurkuh

Das Licht des bewölkten Himmels reizt die Retina und erzeugt in gewohnter Weise Empfindungen; hingegen erzeugt es keine Wahrnehmungen, weil der Wahrnehmungskanal vorübergehend blockiert ist. Statt dessen erzeugt das Wahrnehmungszentrum seine eigene Repräsentation einer Kuh als eine Vorstellung davon, was sich draußen befinden *könnte*. Das Wahrnehmungszentrum unterzieht dann diese selbsterzeugte Repräsentation einer Überprüfung, indem es den Reiz zu rekonstruieren versucht, den eine echte Kuh vor den Augen hervorrufen würde, und diese Rekonstruktion wird ans Sinnesempfindungszentrum geschickt. Aber der rekonstruierte Reiz paßt nicht. Also wird die Vorstellung verworfen, das Bild der Kuh verblaßt ständig und muß daher immer wieder erneuert werden.

Als ich meine Erfahrung mit der Vorstellung schilderte, sagte ich, die Empfindung, die dem wirklichen Retinareiz korrespondiere, »überwiege« die Empfindung, die dem Vorstellungsreiz entspreche. Betrachten wir als Analogie zu dieser Art von »Überwiegen« (und vielleicht handelt es sich um mehr als um eine bloße Analogie) das Phänomen binokularer Rivalität, zu dem es beim normalen Sehen kommt, wenn zwei inkompatible Bilder beide Augen erreichen. Halten wir zum Beispiel, während wir auf diese Buchseite schauen, den Zeigefinger der rechten Hand vor das rechte Auge. Wir werden wahrscheinlich feststellen, daß wir die Seite durch einen transparenten »gespenstischen« Finger sehen. Weil wir unseren Blick auf die Papierebene fokussiert haben, überwiegt der Reiz, der auf das linke Auge ausgeübt wird, und die entsprechende Empfindung springt beim rechten Auge ein, auch wenn der Reiz auf das rechte Auge trotzdem in gewisser Weise registriert wird.

Zur binokularen Rivalität kommt es, wenn zwei unterschiedliche Reize gleichzeitig beide Augen erreichen und die Repräsentationen der korrespondierenden Sinnesempfindungen miteinander konkurrieren. Es wäre aber absolut einleuchtend, wenn es im Falle von Vorstellungen zu einer ähnlichen Rivalität käme, wenn also die Repräsentation der Sinnesempfindung eines echten Reizes und die rekonstruierte Repräsentation eines imaginären Reizes miteinander konkurrierten.

Vorgestellte Kühe haben mit gespenstischen Fingern gewiß kaum Ähnlichkeit, aber ein wenig eben doch. (Und vorgestellte Gespenster haben natürlich – für die, denen sie erscheinen – mit gespenstischen Fingern größte Ähnlichkeit.)

Lassen wir in der gerade geschilderten Situation den Zeigefinger vor dem rechten Auge und schließen das linke. Jetzt wird natürlich der Reiz auf das rechte Auge, da er allein auf weiter Flur ist, als solcher dominant, und der Finger erscheint plötzlich »undurchdringlich«. Falls die Analogie zutrifft, dürfen wir erwarten, daß auch bei Vorstellungen die Lebhaftigkeit der Sinnesempfindung sich beträchtlich verstärkt, wenn und falls die Vorstellung konkurrenzlos das Feld beherrscht – wenn also zum Beispiel kein äußerer Reiz das Auge erreicht.

Die meisten Menschen sind wohl der Ansicht, daß eine starke visuelle Vorstellung sich leichter erzeugen läßt, wenn man dabei eine leere Wand anstarrt oder wenn man, besser noch, die Augen schließt oder ins Dunkle geht. Großartig beschreibt der Dichter John Donne diese Tatsache: »Am besten betet man in Kirchen, / in denen das wenigste Licht: / Um allein Gott zu sehen, / Nehme ich mir die Sicht.«* Indes hat man damit, daß man sich »die Sicht nimmt«, nicht unbedingt schon genug getan, um die Abwesenheit jeglicher visueller Sinnesempfindung in den Augen zu sichern. Statt dessen nämlich erlebt man unter Umständen die positive Anwesenheit von Schwärze: die Empfindung, »daß *kein* Licht die Augen erreicht«. Und diese Empfindung der Schwärze übertrifft im allgemeinen an Intensität jede Empfindung einer selbsterzeugten Vorstellung.

Damit von der Repräsentation der Empfindung des Retinareizes überhaupt keine Konkurrenzwirkung ausgeht, darf

---

* John Donne (1619), »A Hymn to Christ, at the Authors last going into Germany«, *Donne: Poetical Works*, hrsg. v. Herbert Grierson, London 1937.

es vermutlich diese Empfindungsrepräsentation *einfach nicht geben*. Und diese Situation kann wahrscheinlich nur dann eintreten, wenn der Input von den Augen zum Gehirn aktiv blockiert ist – *und genau das passiert, wenn ein Mensch schläft*.

Wie steht es also mit Vorstellungen, die im Gehirn eines Schlafenden erzeugt werden? Wie steht es mit Träumen? Der Unterschied zwischen den Vorstellungen im Traum und im Wachzustand liegt, wie ich vermute, genau in diesem Punkt. Wenn jemand schläft, erreicht kein Signal von der Retina das Wahrnehmungszentrum oder das Sinnesempfindungszentrum, weshalb die Traumvorstellungen buchstäblich allein auf weiter Flur sind.

Im Diagramm kann nun die ganze linke Seite weggelassen werden:

Empfindung von dem, was
mit mir vorgeht

⋯   ↑

Traum von dem, was da
draußen vorgeht

Wenn ein »Traumgedanke« entsteht, erzeugt das Wahrnehmungszentrum eine Repräsentation der entsprechenden äußeren Ereignisse und bemüht sich dann um eine Überprüfung seiner eigenen Repräsentation, indem es den Reiz rekonstruiert, der von den Traumereignissen ausgegangen wäre, wenn sie tatsächlich stattgefunden hätten. Mit dem rekonstruierten Reiz gerät in dieser Phase keine andere Sinnesempfindungsrepräsentation in Konflikt, und deshalb kann er die Empfindung dominieren – mit dem Ergebnis, daß die Traumvorstellung als außerordentlich intensiv erfahren wird. Weil außerdem keinerlei Fehlanpassung signalisiert wird, wird das Wahrnehmungszentrum auch durch nichts veranlaßt, seine Berechnungen zu revidieren – mit dem Ergebnis, daß die Traumvorstellung nicht gleich nach ihrem Auftauchen bereits wieder verschwindet.

Die Vorstellungen im Wachzustand werden praktisch alle als

Irrtümer behandelt, und deshalb sind sie nicht von Bestand. Bei den Träumen hingegen bleibt voraussichtlich sogar, wenn bei der Umsetzung eines Traumgedankens in eine Wahrnehmungsrepräsentation ein eindeutiger Irrtum passiert, dieser Irrtum eine Zeitlang unbeanstandet. Das hat dann die Folgen, die wir ja auch tatsächlich erleben: Nicht nur sind Traumvorstellungen lebendiger und weniger flüchtig als Vorstellungen im Wachzustand, sie sind auch anfälliger für bizarre Irrtümer in der digitalen Verarbeitung. Wenn zum Beispiel, während jemand von seiner Frau träumt, das Wahrnehmungszentrum versehentlich die Repräsentation eines Hutes erzeugt, dann denkt vielleicht der Betreffende an seine Frau und stellt sich dabei einen Hut vor; und daran ändert sich nichts, bis vielleicht aus irgendeinem zufälligen Anlaß die Wahrnehmungsberechnungen einer Neuordnung unterzogen werden.

Lewis Carrolls Geschichte *Sylvie und Bruno* hält genau diese Merkwürdigkeiten von Träumen fest.* Einige Verse aus dem »Lied des Gärtners« sind gut geeignet, diese Diskussion über Vorstellungen und Wahrnehmungsirrtümer zu beschließen:

»Er dacht, er säh 'nen Elefant,
Der auf 'ner Flöte blus:
Er schaut nochmal und merkt, es war
Von seiner Frau ein Gruß.
›Mir deucht, so mit der Zeit‹, sprach er,
›schafft's Leben nur Verdruß!‹«

»Er dacht, er säh 'ne Klapperschlang,
Die griechisch ihn befrug:
Er schaut noch mal und merkt, es war
Der nächste Donnerstug.
›Bedauerlich ist, daß‹, sprach er
›Die Sprach' es ihm verschlug!‹«

---

* Lewis Carroll (1889), *Sylvie und Bruno*, Kapitel 5–7, übers. v. M. Walter, Frankfurt a. M. 1980.

»Er dacht, er säh 'nen Bank-Kassier,
Der stieg von einem Bus:
Er schaut noch mal und merkt, es war
Ein Hippopotamus:
›Falls das zum Dinner bleibt‹, sprach er,
›Wird's Essen kein Genuß!‹«

Verwirrspiele dieser Art sind mit Dichtung ästhetisch hochklassig, aber nicht erschöpfend erklärt. Deshalb möchte ich noch ein bißchen wissenschaftliches Beweismaterial aus der Hinterhand holen.

Wenn Vorstellungen dieser Art wirklich ein Signal umfassen, das zum Sinnesempfindungszentrum zurückgeschickt wird, dann bedeutet dies – nimmt man das obige Schema beim Wort –, daß jeweils dieselbe Stelle im Gehirn aktiv wird, wenn jemand einen äußeren Reiz empfindet und wenn er eine innere Vorstellung erzeugt.

Nun ist uns im Falle des Gesichtssinns bekannt, daß es beim direkten Auftreffen von Licht auf die Retina des Auges zu einer Aktivierung der entsprechenden primären Sehrinde am Hinterhauptslappen des Großhirns kommt. Darüber hinaus bewirkt eine direkte elektrische Reizung dieses kortikalen Gebiets beim wachen Menschen Lichtempfindungen, und wenn dieses Gebiet beschädigt ist (wie bei der Blindsicht), dann ruft Licht auf der Retina überhaupt keine Empfindungen mehr hervor. Wir können daraus den Schluß ziehen, daß das primäre visuelle Rindenfeld ein zweifelsfreier Bestandteil des Empfindungskanals ist. Dabei aber befindet sich dieser kortikale Bereich in direkter Linie nur zwei Nervenzellen weit vom Auge selbst entfernt. Von daher mag es nicht gerade plausibel erscheinen, daß er das sogenannte Empfindungszentrum – gewissermaßen den Sitz der visuellen Empfindungen – darstellt, geschweige denn, daß er direkt an der Erzeugung von visuellen Vorstellungen beteiligt ist.

Um so bemerkenswerter ist deshalb der von neueren physiologischen Untersuchungen erbrachte Nachweis, daß selbsterzeugte visuelle Vorstellungen tatsächlich zu einer Aktivierung der Sehrinde führen. Das Beweismaterial stammt aus Messungen sowohl der elektrischen Aktivität des Gehirns als auch der zerebralen Durchblutung, während die Versuchspersonen so unterschiedliche Aufgaben lösten, wie etwa, sich selbst bei einem Spaziergang vorzustellen, sich eine Katze vorzustellen oder auf die Frage zu antworten, ob das Grün von Pinien oder das Grün von Gras eine dunklere Färbung habe. Martha Farah hat diese Untersuchungen (ihre eigene eingeschlossen) kritisch miteinander verglichen und kommt zu dem Resultat: »Für eine Vielzahl unterschiedlicher Aufgaben gilt, daß visuelles Vorstellen die Sehrinde beteiligt, wohingegen andere Aufgaben, die ganz ähnlich sind, nur eben kein visuelles Vorstellen implizieren, dies nicht tun.«[*] Farah weist darauf hin, daß diese Befunde außerdem durch Belege dafür ergänzt werden, daß bei Verletzungen der Sehrinde nicht nur die Fähigkeit zu äußerlich stimulierten Empfindungen, sondern auch die visuelle Vorstellungskraft verloren geht.

Dieser Befund ist zweifellos bemerkenswert. Mit nur ein bißchen Science-fiction-Phantasie läßt er es möglich erscheinen, daß Vorstellungen, die jemand hat, auf die Retina »zurückprojiziert« werden (wo sie dann von einem anderen »gesehen« werden könnten!). Diese Möglichkeit ist natürlich nicht Wirklichkeit. Aber die Wirklichkeit ist höchst überraschend. Und um sie zu erklären, bedarf es einer Hypothese, die nicht weniger überraschend ist als die obige, mit dem Namen des alten Dessauer verknüpfte Hypothese.

* Martha J. Farah (1988), »Is visual imagery really visual? Overlooked evidence from neuropsychology«, *Psychological Review*, 95, 1988, S. 307–315

Kapitel 15

Hier steckt es

An die große Frage des Bewußtseins habe ich mich mühsam herangerobbt.

Als ich oben meinte, daß Aristoteles' Antwort, »er kann mich sogar prügeln, solange *ich* nicht dabei bin«, ebensogut auch hätte lauten können, »oder solange ich davon einfach nur weiß und nichts zu spüren bekomme«, war ich bereits nahe dran, denn ich hätte auch formulieren können, »oder solange ich zu dem Zeitpunkt ohne Bewußtsein bin«. Und vorher, als ich die Blindsicht erörterte, war ich sogar noch näher dran: Denn mehrere Beobachter haben die Ansicht vertreten, daß der Blindsichtige, der keine visuelle Empfindung hat und behauptet, bei seinen eigenen Wahrnehmungsprozessen nicht dabeizusein, sich seines Sehens »nicht bewußt« sei.

Tatsächlich ist inzwischen deutlicher geworden, wo ungefähr das Bewußtsein steckt. Unser Ziel muß jetzt sein, es aus dem Wasser heraus und aufs trockene Land zu bringen – ehe wir in Ruhe untersuchen, was wir da gefangen haben. Es handelt sich aber um eine bekanntermaßen glitschige Beute, und hätte ich zu früh danach gegriffen – vor allem bevor ich mich mit dem Problem der Vorstellungen auseinandergesetzt hatte –, hätte ich durchaus riskiert, am Ende mit leeren Händen dazustehen.

Die Zeit ist reif für ein paar rasche Schritte nach vorn. Wenn wir alles heranziehen, was wir bisher diskutiert haben, lassen sich folgende vertretbare Thesen formulieren:

1. Bewußtsein gehört wesentlich zum Empfinden: Bewußtsein im Sinne affektgeladener mentaler Repräsentationen von etwas, das hier und jetzt mit mir vorgeht.

2. Das Subjekt des Bewußtseins, »Ich«, ist ein körperliches Selbst. Ohne körperliche Empfindungen hört »Ich« auf. *Sentio, ergo sum* – ich empfinde, also bin ich.

3. Alle Empfindungen haben ihren Ort zwangsläufig an der räumlichen Grenze zwischen Ich und Nicht-Ich und an der zeitlichen Grenze zwischen Vergangenheit und Zukunft, kurz, im »Präsenten«.

4. Bei den Menschen spielen sich die meisten Empfindungen im Bereich eines der fünf Sinne (Sehen, Hören, Tasten, Riechen, Schmecken) ab. Deshalb eignet den meisten menschlichen Bewußtseinszuständen die eine oder andere dieser Qualitäten. Es gibt Bewußtseinszustände, die amodal, also nicht durch Sinnesempfindungen, bestimmt sind.

5. Geistige Aktivitäten, die nicht mit unmittelbarer Empfindung einhergehen, werden nur insoweit bewußt, als sie von »Erinnerungen« an die Empfindung begleitet sind, wie etwa bei inneren Vorstellungen und Träumen der Fall.

6. Das gilt ebenso für bewußte Gedanken, Einfälle, Überzeugungen ... Bewußte Gedanken werden durchweg als stimmliche Vorstellungen im Kopf »gehört« – und ohne diese Empfindungskomponente würden sie sich verflüchtigen.

7. Falls und sobald wir einem anderen lebenden Organismus Bewußtsein zusprechen, implizieren wir damit, daß er Subjekt von Empfindungen ist (wobei diese nicht unbedingt den uns vertrauten entsprechen müssen).

8. Dasselbe würde gelten, sprächen wir einem nicht-lebenden Organismus Bewußtsein zu. Ein Roboter zum Beispiel hätte nur Bewußtsein, wenn seine Konstruktion so beschaffen wäre, daß er neben der Wahrnehmungsfähigkeit auch Empfindungsvermögen besäße (was immer das für die Konstruktion hieße).

Kapitel 16

Hier steckt *was*?
Ein Kapitel über das Definieren

Wie um mich im rechten Augenblick daran zu erinnern, welche Schwierigkeiten dieser Erörterung blühen mögen, erreicht mich soeben mit der Post ein Thesenpapier für einen bevorstehenden Workshop zum Thema Bewußtsein.* Der Autor des Manifestes, Aaron Sloman, beginnt seine Ausführungen mit den Worten: »Das Substantiv ›Bewußtsein‹, wie es die meisten Akademiker (Philosophen, Psychologen, Biologen ...) verwenden, bezeichnet nichts Bestimmtes. Diese Tatsache hat zum Beispiel zur Folge, daß man nicht fragen kann, wie sich Bewußtsein entwickelt hat oder welche Organismen Bewußtsein haben und welche nicht.«

Ich möchte aber in dieser kritischen Phase der Erörterung nicht in eine trockene Diskussion darüber verwickelt werden, wie Bewußtsein definiert werden soll. Andererseits kann ich keiner der im vorherigen Kapitel aufgestellten Thesen zum Durchbruch verhelfen, ehe wir nicht einen Konsens über ihren verbalen Inhalt hergestellt haben. Und da ich schließlich genau die Fragen stellen möchte, von denen Sloman sagt, sie ließen sich nicht stellen, muß ich nun versuchen zu zeigen, daß Bewußtsein nicht nur »etwas Bestimmtes« bezeichnen *kann*, sondern daß es, mehr noch, »etwas Bestimmtes« *bezeichnet* – und zwar anhand einer Definition, die eben nicht von Slomans Wissenschaftlern, wohl aber von denen geliefert wird, die »normale Alltagssprache« gebrauchen.

---

* Workshop zum Thema Bewußtsein, veranstaltet von Daniel Dennett, Bellagio, Mai 1990.

Und genau dies ist alles andere als einfach. Welche Bedeutung auch immer der Begriff Bewußtsein heute haben mag, nicht übersehen werden darf, daß »Bewußtsein« in der Vergangenheit mit einer ganzen Reihe unterschiedlicher Bedeutungen besetzt war, von denen manche immer noch existieren. Um den Rahmen abzustecken, ist es deshalb sicher sinnvoll, einen Abstecher in die Etymologie zu machen und sich die Geschichte des Wortes Bewußtsein vor Augen zu führen. »Wörter«, bemerkte Aldous Huxley, »sind die Werkzeuge des Denkens; sie bilden den Kanal, durch den der Gedanke fließt; sie sind die Form, in die der Gedanke gegossen wird.«* Und das Umgekehrte stimmt ebenfalls: Gedanken sind die Formen, in die Wörter gegossen werden, sie bilden den Kanal, durch den die Wörter fließen: Wörter kommen in Gebrauch oder verändern ihre Bedeutung, wenn und soweit Menschen vorher eine Idee haben, der sie sich bemühen, Ausdruck zu verleihen.

Das englische Wort für bewußt, »conscious«, kommt aus dem Lateinischen und besteht aus der Vorsilbe »con« (»mit«), »zusammen«, und »scire«, »wissen«. Ursprünglich hatte im Lateinischen das Verb *conscire* (davon ist das Adjektiv *conscius* abgeleitet) die wörtliche Bedeutung, »mit anderen ein Wissen teilen«. Dem ursprünglichen Sinn nach war das ein von vielen geteiltes Wissen, aber mit der Zeit wandelte sich der Sinn in Richtung auf ein Wissen, das man mit einigen, nicht hingegen mit anderen teilte, auf ein Wissen, das einem kleinen Kreis vorbehalten war, kurz, auf die Mitwisserschaft bei einem Geheimnis. So waren zum Beispiel Cäsar und seine Feldherren *conscii* ihrer Schlachtpläne.

Die Bedeutung des Begriffs wurde gewissermaßen weiter individualisiert. Der Kreis der Wissenden verengte sich immer mehr – bis er schließlich aufhörte, ein Kreis zu sein, und nur noch aus einer einzigen Person bestand: dem Subjekt, das *con-*

---

* Aldous Huxley (1936), unveröffentlichte Rede, zit. in Nicholas Humphrey und Robert Jay Lifton (Hrsg.), *In a Dark Time*, London 1984.

scius war. *Conscius sibi* zu sein, Mitwisser seiner selbst zu sein, bedeutete nun, daß der Betreffende der einzige war, der etwas wußte – wobei seine fehlende Bereitschaft impliziert war, dieses Wissen mit anderen zu teilen. Zu Anfang des 1. Jahrhunderts n. Chr. konnte Horaz bereits schreiben, der Grabspruch eines Mannes solle lauten, »*nil conscire sibi*«, »von nichts Mitwisser seiner selbst« zu sein, mit anderen Worten, kein Bewußtsein geheimer Schuld zu haben.

Nachdem das Wort *conscius* im Mittelalter in die englische Sprache übernommen worden war, wurde seine Bedeutung einer weiteren Veränderung unterzogen. Man wollte unterscheiden zwischen einerseits »dem privaten Wissen, das man niemandem sonst zugänglich sehen wollte« (zum Beispiel – wie bei Horaz schon intendiert – dem Bewußtsein von eigenen, heimlich begangenen Handlungen), und andererseits »dem Wissen, das seiner Natur nach niemandem sonst zugänglich sein konnte« (zum Beispiel dem Bewußtsein innerster Gedanken und Empfindungen). Die beiden Sachverhalte wurden auf zwei Wörter verteilt. Schuldbewußtsein, das nur zufällig Private, wurde mit »conscience«, zu deutsch »Gewissen«, wiedergegeben, während das Wissen vom Selbst, das eher notwendig Private, weiterhin etwas blieb, dessen sich der Betreffende »conscious«, zu deutsch »bewußt«, war.

So kam es, daß im 17. Jahrhundert Shakespeare formulieren konnte: »Das Schauspiel sei die Schlinge, in die den König sein Gewissen [conscience] bringe« (belastet war das Gewissen des Königs durch den Mord an Hamlets Vater), während im gleichen Jahrhundert Locke schreiben konnte: »Der Mensch sei sich jederzeit dessen bewußt [conscious], daß er denke ... Bewußtsein [consciousness] ist die Wahrnehmung dessen, was im eigenen Geiste vorgeht.«

Es stimmt, daß sogar im heutigen Sprachgebrauch archaische Bedeutungen bei bestimmten Gelegenheiten fortleben (und das gilt für andere Sprachen vielleicht sogar noch mehr als für das Englische). Wenn jemand beim Empfang einer Tapferkeitsmedaille sagt: »Ich bin mir der Ehre, die mir zuteil wird, bewußt«, dann mag er durchaus auf ein Moment der Mitwisserschaft zielen. Wenn jemand im Leitartikel einer Zeitung vom »Bewußtsein der Nation« schreibt, spricht er die Vorstellung einer bestimmten Gruppe von ihrer Zusammengehörigkeit an. Wer bei der Beichte sagt: »Vater, ich bin mir meiner Sünde bewußt«, setzt er dieses Bewußtsein vielleicht gleich mit Gewissen. Aber wenn wir diese besonderen Fälle beiseite lassen, dann ist klar, daß im heutigen Englisch die weitaus geläufigere Bedeutung des Wortes »Bewußtsein« die ist, daß man von seinen eigenen, privaten Gefühlen und Gedanken Kenntnis hat. Die meisten früheren Verwendungsweisen des Wortes sind nicht nur nicht mehr gängig, sondern sogar höchst mißverständlich.

Tatsächlich würde es heute weder als selbstverständlich noch als angemessen gelten, von anderen als von persönlichen Dingen zu sagen, man sei sich ihrer bewußt: Ich könnte zwar sagen: »Ich bin mir meiner Zahnschmerzen bewußt«, nicht hingegen: »Ich bin mir der Hauptstädte Europas bewußt.« Und ebensowenig wäre es selbstverständlich, so etwas von einem persönlichen Umstand zu sagen, der nicht mich selbst beträfe: Ich kann sagen: »Ich bin mir *meiner* Zahnschmerzen bewußt«, nicht aber: »Ich bin mir *deiner* Zahnschmerzen bewußt.« Und sagen kann ich es auch nur von einem Umstand, der mich in der Weise betrifft, daß ich ihn hier und jetzt erlebe: »Ich bin mir der Zahnschmerzen bewußt, die ich jetzt *habe*«, nicht jedoch: »Ich bin mir der Zahnschmerzen bewußt, die ich gestern *gehabt habe*.«

So ist in den europäischen Sprachen (vielleicht im Zusammenhang mit der zunehmenden Selbstreflexion und introspektiven Haltung der Menschen, die diese Sprachen sprechen) die Bedeutung des Wortes »bewußt« nicht nur immer enger geworden, sondern hat sich faktisch ins Gegenteil verkehrt. Ähnlich wie das englische Wort für Fenster, »window«, das ursprünglich ein Loch bezeichnete, »wo der Wind hereinblies«, und heute eines, in das der Wind eben gerade »*nicht* hereinbläst«, hat das englische Wort für »bewußt«, »conscious«, einen Bedeutungswandel durchgemacht. Aus einem Wissen, »das man mit anderen teilt«, wurde ein intimes Wissen, »das man *nicht* teilt, außer mit sich selbst«.

Darüber hinaus hat in den letzten beiden Jahrhunderten noch eine weitere wichtige Akzentverschiebung stattgefunden: vom *transitiven* Gebrauch des Wortes – »sich dieser oder jener Sache bewußt sein ... oder sich bewußt sein, daß dies oder jenes der Fall ist« – zur *intransitiven* Verwendung, zum Bewußt-Sein als solchem – »ich bin bewußt [stop]« oder »er oder sie hat Bewußtsein [stop]«: Bewußtsein bezeichnet nun einen bestimmten Seinszustand. Dadurch wurde der Weg frei für eine Unterscheidung zwischen »Bewußtsein« (dem Zustand des bewußten Seins) und »Unbewußtem« (dem Zustand des nicht-bewußten Seins). Und im Laufe der Jahre verlagerte sich der Schwerpunkt der Diskussion über Bewußtsein mehr und mehr auf diese Unterscheidung.

Diese historische Herleitung findet vielleicht keine Zustimmung (und mag denen, die das Wort heute gebrauchen, auch gleichgültig sein). Immerhin halte ich es für ausgemacht, daß der Begriff des Bewußtseins, insbesondere in dem letztgenannten intransitiven Sinn, heute ein etablierter Bestandteil unseres Wortschatzes *ist*. Und selbst wenn das Wort nicht für jedermann üblich sein sollte, sind sich die meisten Menschen seiner Bedeutung und seiner Reichweite doch ziemlich sicher. Nicht nur wird das Wort in eindeutig verständlichen Zusammenhängen gebraucht, auch über den jeweiligen Wichtigkeitsgehalt herrscht weitgehend Einigkeit. Wer daran Zweifel hat, möge mit folgenden Sätzen die Probe aufs Exempel machen: »der Patient kam wieder zu Bewußtsein, als das Betäubungsmittel seine Wirkung verlor«; »du kannst nicht leugnen, daß Affen Bewußtsein haben«; »die Astronauten verloren das Bewußtsein, bevor ihr Raumfahrzeug auf dem Meer aufschlug«; »Sexualität läßt sich ohne Bewußtsein nicht genießen«; »mein Computer ist kein sittliches Wesen, weil ihm das Bewußtsein fehlt«; »obwohl ich beim Einschlafen das Bewußtsein verliere, verfüge ich über Bewußtsein, während ich träume«; »Ludwig XVI. verfügte nach seiner Enthauptung noch mindestens zehn Sekunden lang über Bewußtsein«. Auch wenn der Leser vielleicht nicht all diesen Feststellungen zustimmt, bin ich doch ziemlich sicher, daß er sie versteht.

Aber *was* versteht er, wenn er in den vorausgegangenen Statements das Wort »bewußt« oder »Bewußtsein« liest? Und versteht er in allen Fällen *dasselbe*? Ich möchte zeigen, daß in (nahezu) allen Fällen zumindest stillschweigend davon ausgegangen wird, daß »Bewußtsein zu haben« im wesentlichen gleichbedeutend ist mit »Empfindungen zu haben« – oder allgemeiner ausgedrückt, »affektgeladene geistige Repräsentationen von etwas zu haben, das hier und jetzt mit mir vorgeht«.

Den Nachweis werde ich folgendermaßen führen. Erstens werde ich geltend machen, daß »Empfindungen zu haben« ein von Natur klar umgrenzter und psychologisch bedeutsamer Zustand ist. Zweitens, daß Menschen im Bewußtsein der Natürlichkeit dieses Zustands aufwachsen und daß sie ihn von Kindesbeinen an als begriffliches Klassifizierungsinstrument für den Zustand lebender (und auch lebloser) Wesen benutzen. Sodann, daß der Name für diese Art Zustand in unserer Sprache »Bewußtsein« lautet – jedenfalls heute. Schließlich, daß die Menschen, wenn sie vom »Mysterium des Bewußtseins« sprechen oder zum Beispiel darüber spekulieren, ob Tiere Bewußtsein haben, fast immer Bewußtsein in dieser spezifischen Bedeutung meinen.

Für die ersten Schritte rekrutiere ich mir einen arglosen Bundesgenossen.

Kürzlich fragte ich die achtjährige Lily, was »Bewußtsein« bedeute. Sie antwortete eifrig, ja, sie habe das Wort schon gehört, aber nein, sie wisse nicht, was es sei und wie man es gebrauche. Lilys Mutter war dabei und erläuterte einen sehr wichtigen Tatbestand, nämlich, daß Lily, ohne danach gefragt zu werden, sehr wohl wisse, was Bewußtsein bedeute, daß sie aber eben nicht wisse, daß sie es wisse. Und da die Mutter (wie Lily selbst) etwas von einer Intellektuellen hat, bemühte sie einen literarischen Vergleich: In Molières Stück *Le Bourgeois gentilhomme* stelle Monsieur Jourdain überrascht fest, daß er vierzig Jahre lang Prosa gesprochen habe, ohne sich bewußt zu sein, »Prosa« zu sprechen. Auch Lily habe acht Jahre lang eindeutig über Bewußtsein verfügt, ohne sich dieses »Bewußtseins« bewußt zu sein. Der Witz im Stück von Molière ist selbstverständlich, daß M. Jourdain sehr wohl wußte, was Prosa ist, aber die Sache nie mit diesem hochgestochenen Etikett belegt hatte. Lilys Mutter hingegen wollte klarmachen, daß die Tochter durchaus eine Vorstellung von Bewußtsein hatte, auch wenn sie noch nicht gelernt hatte, die Sache beim Namen zu nennen.

Erinnern wir uns, wie Sokrates Menons Sklaven befragt (um zu zeigen, daß dieser über eine latente Einsicht in die Euklidische Geometrie verfügt), und nehmen wir weiter an, ich hätte Lily einige Suggestivfragen ähnlichen Musters gestellt. Hätte ich zeigen können, daß sie bereits über die Vorstellung vom »Empfindungen haben« als von einem spezifischen Geisteszustand verfügt? Könnte ich gar nachweisen, daß sie nicht nur mit meinem Begriff von Bewußtsein konform geht, sondern auch mit den meisten meiner anderen Thesen übereinstimmt?

Es gibt, denke ich, gute Gründe anzunehmen, daß mir dies wenigstens partiell gelungen wäre. Von einem bestimmten Alter an muß jedem kleinen Mädchen (und selbstverständlich auch jedem Jungen!) der Unterschied zwischen dem Haben und dem Nichthaben von Empfindungen, wie er sich ständig in seinem Leben geltend macht, auffallen. Jeden Tag geht ihm dieser Zustand beim Einschlafen verloren und kehrt wieder zurück, wenn es aufwacht. Und für die Bestimmung der Grenzen einer Vorstellung gibt es mit Sicherheit keine bessere Methode als die wiederholte Demonstration ihres Geltungsbereichs mittels positiver und negativer Beispiele: »jetzt siehst du es«, »jetzt nicht«.*

»Prosa« wird im Duden als »nicht durch Reim, Verse, Rhythmus gebundene Form der Sprache« bestimmt, also indirekt de-

---

* Dazu siehe meine Erörterung in: Nicholas Humphrey und G. R. Keeble, »How monkeys acquire a new way of seeing«, *Perception*, 5, 1976, S. 51–56.

finiert. Als Samuel Johnson von James Boswell gefragt wurde: »Was ist Dichtung?«, antwortete er: »Wissen Sie, mein Herr, es ist viel leichter zu sagen, was sie nicht ist. Wir wissen alle, was Licht ist, aber es zu sagen, ist nicht einfach [außer man kontrastiert es mit dem Dunkel].«* Wenn Menschen sich ununterbrochen in einem Zustand befänden, in dem sie Empfindungen hätten, wäre dieser Zustand vielleicht weniger signifikant – etwa so, wie wir bei dauerhafter Sonneneinstrahlung das Phänomen »Tageslicht« viel weniger eindrucksvoll fänden. Aber so wie auf der gesamten Erde dem Tag unweigerlich die Nacht folgt, so folgt an der Oberfläche des kindlichen Geistes dem Wachzustand der Schlafzustand.

An diesem Punkt setze ich also ein und warte ab, wohin der Dialog mit Lily mich treibt, wenn ich versuche, ihr mehr zu diesem Thema zu entlocken. Ich hoffe, sie wird mir verzeihen, wenn ich die Unterhaltung ein wenig in dem autoritären Ton führe, der für den sokratischen Stil typisch ist (wobei ich allerdings bezweifle, daß es mir gelingen wird, sie vollständig nach meiner Pfeife tanzen zu lassen).

NICK: Lily, ich möchte, daß du zurückdenkst an deine letzte Schlafenszeit oder voraus an heute abend, wenn du wieder schlafen wirst. Ich bin sicher, daß du auch der Meinung bist, daß zwischen Wachsein und Schlafen ein großer Unterschied besteht.
LILY: Natürlich besteht der.
NICK: Nehmen wir an, ich frage dich, wie es ist, »im Schlaf zu liegen«. Würdest du dann zum Beispiel erwähnen, daß im Schlaf die Augen geschlossen sind, daß man sich nicht bewegt, daß die Gedanken aufhören und daß man nicht mehr spürt, was mit einem vorgeht?
LILY: Wahrscheinlich würde ich das.
NICK: Praktisch ist es so, als gäbe es in deinem Leben eine Pause.

* Samuel Johnson (1776), zit. in James Boswell, *Life of Johnson*, Bd. 3, London 1925.

LILY: Ja.

NICK: Wenn wir nach einem Vergleich suchen würden, könnten wir sagen, es ist wie eine ganz heruntergedrehte Gasflamme: Sie schrumpft zu fast nichts, aber ausgehen tut sie nicht.

LILY: Ja, ich falle sozusagen in mich zusammen.

NICK: Wenn ich dich nun fragen würde, wie »Wachsein« ist, würdest du dann sagen, es ist genau das Gegenteil von Schlafen? Mit anderen Worten, deine Augen sind offen, du bewegst dich im Raum, und du hast alle möglichen Gedanken und Gefühle. Als ob die Flamme wieder zum Leben erwacht wäre.

LILY: Stimmt.

NICK: Reden wir über das »Wachsein«. Worin besteht der *eigentliche* Unterschied zum Schlafen? Meinst du, daß alles, was wir genannt haben, gleich wichtig ist? Muß man sich zum Beispiel, wenn man wach ist, bewegen?

LILY: Nein, so ist es nicht. Normalerweise bewege ich mich, aber ich muß es nicht. Schau, jetzt habe ich die Augen zugemacht und bewege mich überhaupt nicht, aber wach bin ich immer noch! Einmal bin ich nach einem schlechten Traum in der Nacht aufgewacht, und ich konnte mich nicht rühren, obwohl ich es wollte. Ich war wie gelähmt ... aber ich war wach und zu Tode erschrocken.

NICK: Dann ist es vielleicht das Denken, das den ganzen Unterschied ausmacht. Wenn du wach bist, mußt du dann unbedingt Gedanken haben?

LILY: Also, meistens scheint es so zu sein ... meistens denke ich, wenn ich wach bin – selbst wenn ich im Bett liege oder ruhig dasitze.

NICK: Ich erinnere mich an eine Karikatur in einer Zeitschrift namens *Punch*. Ein alter Mann sitzt auf einer Parkbank, und eine Dame sagt zu ihm: »Sagen Sie, guter Mann, wie verbringen Sie Ihre Zeit?« Und er antwortet: »Je nun, gnäje Frau, manchmal sitz' ich und denk' ich, und ein andermal sitz' ich auch bloß.« ... Sitzt du nie da, ohne zu denken?

LILY: Also, nein, ich sitze nicht oft einfach so da ... aber manchmal liege ich in der Badewanne oder höre einfach meine Kassetten oder weine einfach und fühle mich traurig, wenn mir jemand weh getan hat ... oder ich sitze vielleicht einfach da und esse ein Eis ... und von Denken keine Spur. Manchmal fragen mich die Leute: »Was denkst du gerade?«, und ich weiß nicht, was ich antworten soll, weil ich gar keine Gedanken gehabt habe.

NICK: Aber das heißt nicht, daß du eingeschlafen bist, oder?

LILY: Natürlich nicht.

NICK: Das Denken kann also für das Wachsein nicht *so* wichtig sein. Aber was ist mit dem, was du zuletzt erwähnt hast, daß du empfindest, wie dieses oder jenes mit dir geschieht? Wenn du wach bist, hast du dann immer irgendwelche Empfindungen? Oder ist es genauso wie mit den Gedanken: manchmal ja, manchmal nein?

LILY: Das hängt davon ab, was du unter Empfindungen verstehst. Ich *fühle* immer etwas – wenn ich wach bin, heißt das.

NICK: Was zum Beispiel?

LILY: Ja also, ich sehe den blauen Himmel, oder ich höre einen Bus vorbeifahren, oder mir ist kalt ... oder ich fühle mich fröhlich oder traurig ... oder ich habe einfach nur das Gefühl »hier bin ich«.

NICK: Gehören nicht zu alldem *Empfindungen*: der Eindruck, daß etwas mit dir oder in dir vorgeht? Du siehst das Licht mit deinen Augen, du hörst die Geräusche in den Ohren ... fröhlich oder traurig sein wirkt sich aufs Gesicht, auf die Glieder, auf den Bauch aus. Sogar das Gefühl »hier bin ich« läuft letztlich auf so etwas Ähnliches hinaus. William James – du wirst ihn nicht kennen – sagte, »hier bin ich« bedeute nicht viel mehr als »hier bin ich mit diesen Empfindungen in meinem Kopf und meinem Hals«.

LILY: Ja. Aber dennoch bin ich eher gewöhnt, von »Gefühlen« als von »Empfindungen« zu reden. Das Wort kenne ich.

NICK: In Ordnung, ich denke, wir sind uns einig. Der Punkt ist, daß »Gefühle« – wie du es nennst – das einzige sind, ohne das es beim Wachsein nicht geht. Wenn jemand sagen würde, »manchmal sitz' ich und fühl' ich, und ein andermal sitz' ich auch bloß«, dann ergäbe das keinen Sinn, nicht wahr?

LILY: Ich bin mir nicht sicher. Nehmen wir an, ich würde beim Sitzen denken (zugegeben, ich *müßte* nicht, aber angenommen, ich *würde*). Und nehmen wir an, all meine übrigen Gefühle würden aufhören. Dann würde ich dasitzen und bloß denken – und nicht unbedingt *irgend etwas* fühlen.

NICK: Das *behauptest* du. Aber glaubst du wirklich, daß genau das je passiert? Versuch's. Mach die Augen zu. Ich zähle bis drei. Dann sitz da und denke – und versuch, während der folgenden zehn Sekunden alles andere nicht an dich ranzulassen. Eins, zwei, drei ... Du kannst die Augen wieder aufmachen. Wie war es?

LILY: Meine Nase hat gekitzelt, der Versuch war nicht gültig.

NICK: Na gut. Aber ich denke, du wirst feststellen, daß er nie »gültig« ist: Irgendwas drängt sich immer vor. Aber sei's drum, ich akzeptiere deine Überlegung. Nehmen wir an, du kannst das tun, was du gesagt hast, und alle anderen Empfindungen ausschließen. Dann ist die Frage, ob nicht das Denken selbst mit irgendeiner Art von »Gefühl« einhergeht.

LILY: Du meinst, wie es der Mann gesagt hat: Empfindungen in meinem Kopf und meinem Hals?

NICK: Nein, das habe ich eigentlich nicht gemeint (obwohl es interessant ist, daß du darauf kommst – denn im letzten Jahrhundert gab es eine ganze Psychologenschule, die behauptete, zum Denken gehöre ein Feedback von der Haut und der Muskulatur). Ich meinte vielmehr, daß zum Denken immer *Vorstellungen* gehören und daß Vorstellungen zumindest eine schattenhafte Verbindung zum Empfinden haben. In Wörtern zu denken ist zum Beispiel ein bißchen so, als hörte man die Wörter, oder in Bildern zu denken ist ein bißchen so, als sähe man sie.

LILY: Nur ein bißchen.

NICK: Aber vielleicht genug – genug, damit dem Denken so etwas wie ein *Gefühlston* anhaftet.

LILY: Willst du damit sagen, daß zu allem, was wir machen, Empfindungen gehören?

NICK: Nein, ich will nur sagen, daß wir uns ein Wachsein oder Selbstsein ohne sie nicht vorstellen können.

LILY: Wenn du es so sagst, wirst du wohl recht haben. Hätte ich nicht die *Spur* eines Gefühls, wäre es geradeso, als ob *ich* nicht da wäre.

NICK: Aber wo führt uns das hin? Heißt das, daß »Gefühle haben« und »wach sein« auf dasselbe hinausläuft?

LILY: Scheint so, obwohl ich nie gedacht hätte, daß beides dasselbe ist.

NICK: Vielleicht ist »wach sein« mehr ein *Dauerzustand*, in den man eintritt oder den man verläßt, während »Gefühle haben« eher ein kurzlebiger Vorgang ist, der jetzt gerade mit mir passiert. So könnte man etwa versucht sein, zu sagen: »Der Zeitraum, in dem ich wach bin, besteht aus Mengen von Momenten, in denen ich etwas fühle.«

LILY: Stimmt.

NICK: Aber gibt es nicht noch andere Gründe, warum »Gefühle haben« und »wach sein« nicht exakt zusammentreffen? Vielleicht gibt es Zeiten, in denen man Gefühle hat, obwohl man *nicht* wach ist.

LILY: Ja, daran habe ich auch gerade gedacht. Ich habe Gefühle – du nennst es Empfindungen –, wenn ich *träume*. Bei dem Traum, den ich erwähnt habe, passierten alle möglichen fürchterlichen Dinge mit mir: Ich war im Meer, und ich war am Ertrinken, und ein großes schwarzes Ungeheuer kam . . . Normalerweise allerdings habe ich angenehme Träume.

NICK: Wenn jemand sagt: »Schlaf schön und träum schön«, dann heißt das soviel wie: »Laß es dir gut gehen und fühl dich wohl, *während* du schläfst«, nicht wahr?

LILY: Mammi sagt das.

NICK: Das bedeutet dann wohl, daß wir für »Gefühle haben« ein anderes Wort brauchen. »Wach sein« genügt nicht.

LILY: Ja. Und wir brauchen ein anderes Wort für »keine Gefühle haben«, denn »schlafen« paßt nicht.

NICK: Wie wäre es mit den Wörtern »Bewußtsein« und »Bewußtlosigkeit«?

LILY: Aber ich habe dir doch schon gesagt, daß ich nicht weiß, was »Bewußtsein« heißt.

NICK: Und ich sage, *du weißt*, was »Bewußtsein« bedeutet. Wenn du Gefühle hast – oder Empfindungen –, dann bist du »bei Bewußtsein«.

LILY: Und wenn nicht, bin ich »bewußtlos«? Das muß auch bei Katzen so sein, denn ich habe gehört, wie der Tierarzt sagte, daß Muffel – so heißt meine Katze – bei der Operation nichts spüren würde, weil sie »bewußtlos« sei.

NICK: Das stimmt.

LILY: Also, ich habe seit acht Jahren Bewußtsein – das sich ein- und ausschaltet – und habe keine Ahnung davon gehabt! Es gibt ein Stück von Molière, in dem ...

NICK: Lily, klau nicht deiner Mutter den Part ... Lassen wir's damit genug sein.

LILY: Ich wollte nur noch etwas sagen. Ich frage mich, ob das auch bei Martine, meiner Puppe, so ist. Ich frage mich, ob sie Bewußtsein hat.

NICK: Was meinst du dazu?

LILY: Nein, ich glaube nicht. Das heißt, ich glaube nicht, daß Martine schon einmal etwas gefühlt hat – weil es *ihr* anscheinend egal ist, was mit ihr passiert (mir allerdings nicht). Aber meine Freundin hat eine Walkie-talkie-Puppe, Amanda, die weint, wenn man sie piekt. Wenn Muffel Bewußtsein hat, frage ich mich, ob am Ende nicht vielleicht auch Amanda welches bestitzt.

NICK: Wovon hinge das ab?

LILY: Es hinge davon ab, ob Amanda tatsächlich so fühlen könnte wie ich. Ich nehme an, das wäre möglich. Aber ich glaube nicht, daß es so ist. Ich glaube, es ist ein Unterschied, ob man so tut, *als hätte* man Bewußtsein, oder ob man *tatsächlich* Bewußtsein hat.

NICK: Das glaube ich auch. Aber damit bist du etliche Kapitel voraus, Lily.

Ich behaupte nicht, daß Unterhaltungen, die auch nur annähernd dieses Reflexionsniveau erreichen, je irgendwo mit Kindern geführt werden. Wohl aber vertrete ich die Ansicht, daß tatsächlich in jedem Kinderkopf sich etwas abspielt, was diesen kritischen Überlegungen nicht ganz unähnlich ist. Indem es in der eigenen Erfahrung Ähnlichkeiten und Verschiedenheiten registriert, gelangt das Kind dazu, das »Haben von Empfindungen« als einen natürlichen Zustand wahrzunehmen: als einen klar abgegrenzten Zustand, der als ein Faktum des Lebens existiert oder nicht existiert, ein Faktum, das im eigenen Leben auftaucht und wieder verschwindet, und potentiell auch ein Faktum im Leben anderer Wesen.

Die Entdeckung, daß es in der Sprache auch ein Wort für diesen Zustand gibt, kommt mit Sicherheit viel später. Ich bezweifle, daß ohne Begegnungen, wie die eben geschilderte, einem Kind je näher gebracht wird, wie das Wort Bewußtsein zu verwenden ist. Statt dessen ist es unter den gegebenen Umständen darauf angewiesen, sich mit Hilfe intelligenten Zuhörens ein Bild von dem Begriff zu machen. Es muß erfahren, daß andere Menschen das Wort verwenden und wie sie es tun. Auf diese Weise wird schließlich das Wort mit der Vorstellung, die es sich bereits gebildet hat, zusammengebracht.

Auch hier wieder hat John Locke das Problem auf den Punkt gebracht: »Beobachten wir einmal, wie Kinder sprechen lernen; wir werden feststellen, daß man ihnen, um ihnen die Namen der einfachen Ideen oder Substanzen begreiflich zu machen, gewöhnlich das Ding zeigt, dessen Idee man ihnen vermitteln will. Dann wird ihnen der Name wiederholt, der das Ding bezeichnet, zum Beispiel weiß, süß, Milch, Zucker, Katze, Hund. Bei den gemischten Modi [worunter Bewußtsein zählt], vor allem bei den wichtigsten unter ihnen, bei den moralischen Begriffen, werden gewöhnlich zuerst die Laute erlernt; wenn die Kinder dann erfahren wollen, welche komplexen Ideen damit bezeichnet werden, so sind sie entweder auf die Erklärungen anderer angewiesen oder (was meist der Fall ist) ihrer eigenen Beobachtung und Lernbegierde überlassen.«*

* John Locke, *Über den menschlichen Verstand*, Buch III, Kap. 9, Abschn. 9, Bd. II, Hamburg 1962, S. 105/06.

Aber zu entdecken, welche Bedeutungen das Wort Bewußtsein insgesamt hat, ist wahrscheinlich ein endloser Prozeß. Man könnte durchaus behaupten, daß uns – meine Leser und mich – die eigene Beobachtung und Lernbegierde nach wie vor in diesem Prozeß engagiert.

Vielleicht ist es sinnvoll, einmal ohne Schnörkel meine eigenen Beobachtungen darüber zusammenzufassen, wie der Begriff Bewußtsein in dem sprachlichen Milieu, aus dem ich stamme, verwendet wird. Als Fazit dieser Beobachtungen könnte man sagen, daß die Diskussion zum Thema »Bewußtsein haben« sich fast immer auf den Bereich der Empfindungen konzentriert: und zwar Empfindungen verstanden als affektgeladene geistige Repräsentationen von dem, »was mit mir als körperlichem Wesen vorgeht«. Und in vielleicht neun von zehn Fällen steht das affektive Moment im Zentrum.

Wenn also etwa gesagt wird, »die Astronauten verloren das Bewußtsein, bevor ihr Raumfahrzeug auf dem Meer aufschlug«, ist die wichtigste Implikation, daß es nicht weh getan hat. Dagegen intendiert der Satz: »Der Patient war während der ganzen Operation bei Bewußtsein«: Es hat weh getan. »Du kannst nicht leugnen, daß Affen Bewußtsein haben«: Schimpansen fühlen Lust und Schmerz wie wir, und es ist ihnen keineswegs egal, wie mit ihnen umgegangen wird. »LSD ist eine bewußtseinserweiternde Droge«: Sie erhöht die Empfänglichkeit des Menschen für fremdartige und interessante Empfindungen. »Ohne Bewußtsein gibt es keine Kunst«: Niemand könnte mit Musik oder Malerei etwas anfangen, wenn ihn das Produkt nicht in ästhetischer Hinsicht berühren würde. Und so weiter.

Auch in eher theoretischen Diskussionen läuft es fast immer auf diesen Punkt hinaus. »Könnte ein computergesteuerter Roboter Bewußtsein haben?« – nur wenn er Farben, Schmerzen, Juckreiz usw. erleben könnte und ihn das alles so berühren würde wie uns. Nur die Tatsache, daß der Roboter auf hohem Niveau wahrnehmen oder denken könnte, wäre bedeutungslos, solange er kein Gefühlsleben hätte.

Das Beispiel des Roboters ist wahrscheinlich der beliebteste und verbreitetste Einwand gegen quasi jede zur Zeit verfügbare »wissenschaftliche« Darstellung von dem, was Bewußtsein ist. Als ich selbst in einem früheren Buch die These vertrat, zum Phänomen Bewußtsein gehöre eine besondere Art und Weise, »die eigenen geistigen Zustände zu reflektieren«, wandte der Psychologe Stuart Sutherland in einer Rezension dagegen ein: »Leider steckt in Humphreys Überlegung ein offensichtlicher Denkfehler. Das Gehirn könnte die dem Prozeß zugrundeliegenden Motive, Gedanken und so weiter repräsentieren und diese Repräsentation als ein Modell für das Verhalten anderer benutzen, ohne daß deshalb die Repräsentation im Bewußtsein erscheinen müßte.«* Ich nehme an, er wollte damit der Allerweltsansicht Ausdruck verleihen, daß zu Bewußtsein – zu echtem Bewußtsein – ein unmittelbares Gefühl davon gehört, »wie es ist, ich zu sein«, und daß keine abstrakte Datenverarbeitung dieses Gefühl ohne weiteres zu liefern verspricht (jedenfalls nicht in der Form, in der sie gewöhnlich vorgestellt wird).

Dazu kann ich nur sagen, daß ich selbst mich mittlerweile dieser Allerweltsansicht stark angenähert habe. Ich stimme zu, daß die Erfahrung, »wie es ist, ich zu sein«, faktisch immer im Erleben irgendwelcher Empfindungen besteht: daß in der Tat das Haben von Empfindungen Bewußtsein konstituiert und daß kein Mensch oder Tier oder Roboter ohne Empfindung Bewußtsein hat oder haben kann.

Entsprechend stimme ich auch mit der Ansicht überein, daß jede Theorie vom Bewußtsein, die nicht eine Theorie über das Haben von Empfindungen ist, am *wirklichen Problem* vorbeizielt. Aber ich sollte auch erneut betonen, daß ich diese Ansicht inzwischen nur deshalb akzeptiere, weil wir (anders als Sutherland) einen Weg entdeckt haben, wie sich die absolut zentrale Stellung der Empfindung mit einem scheinbaren Widerspruch in Einklang bringen läßt: mit der Tatsache nämlich, daß be-

* Stuart Sutherland (1984), Besprechung von *Consciousness Regained*, *Nature*, 307, 1984, S. 391.

stimmte Zustände des Geistes ins Bewußtsein treten, obwohl sie nicht direkt aus der Reizung der Sinnesorgane entstehen. Es ist sogar möglich, daß unter bestimmten Umständen jemand »einfach dasitzt und denkt« und sich seines Denkens bewußt ist – aber nur, weil solche bewußten Gedanken (anders als unbewußte Gedanken) auditorische oder visuelle Vorstellungen umfassen und diese ihrerseits eine Sinnesempfindungskomponente mit sich führen. Ein Roboter dagegen könnte sehr wohl dasitzen und denken, ohne über irgendwelche Vorstellungen dieser Art zu verfügen.

Kapitel 17

Fünf Eigentümlichkeiten bei der Suche nach einer Theorie

Inwieweit meine Thesen aus Kapitel 16 zutreffen oder nicht, hängt in starkem Maß von der Begriffsdefinition ab. Ich glaube, daß ich mich der Herausforderung gestellt und das Wort in seiner Bedeutung offengelegt und damit (und das ist schwerlich reiner Zufall) auch die Berechtigung der meisten Thesen untermauert habe. Aber nun, da das »eigentliche Problem« umrissen ist, liegt die wirkliche Arbeit des Buches immer noch vor uns. Tatsächlich läßt sich alles, was bislang erörtert wurde, als ein opulentes Präludium zu der einen Frage betrachten: Wenn Bewußtsein zu haben im wesentlichen darin besteht, Empfindungen zu haben, *was bedeutet dann dieses Haben von Empfindungen*?

Wenn ich zum Beispiel sage: »Ich habe Schmerzen«, wer oder was ist dann dieses »Ich«; auf welche Weise kann das Haben von Empfindungen zu einer Eigenschaft dieses »Ich« werden; und wie läßt sich dieses »Ich« mit seinen Empfindungen in der Materie Gehirn ansiedeln? Wenn wir diese Fragen beantworten können, dann, so möchte ich behaupten, haben wir das Bewußtsein *und* das Geist-Körper-Problem im Griff.

Die Frage, »was es heißt, Empfindungen zu haben«, ist verschieden von der Frage nach dem funktionellen Wert von Empfindungen oder danach, warum die Repräsentationen von Sinnesempfindungen im geistigen Leben überhaupt eine Rolle spielen. Ich habe argumentiert, daß die Funktion der Empfindungen darin besteht, dem Subjekt Repräsentationen von dem zu liefern, »was mit ihm vorgeht« – ursprünglich, um eine Mit-

167

telinstanz für Affekte zu haben, und später dann aber mit wichtigen sekundären Funktionen im Zusammenhang mit Wahrnehmen und Vorstellung. Durch diese funktionalen Zwecke ist indes noch nicht die genaue Beschaffenheit des Mittels determiniert.

Nehmen wir etwa (aus irgendeinem Grund kommt mir dieser Vergleich in den Sinn) die Bezahlung einer Telefonrechnung. Es geht darum, 165 Mark an die Telekom zu überweisen. Das ist ihre Funktion, und die wird in dem Augenblick erfüllt sein, in dem die Zahlung geleistet ist. Aber wie auf der Rückseite der Rechnung zu lesen ist, läßt sich die Zahlung auf vielerlei Weise tätigen: bar, durch Scheck, durch Abbuchung, durch Kreditkarte ... auf der Post, in einer Bank, am Telekom-Schalter. Da all diese Zahlungsweisen denselben Zweck erfüllen, könnte man den Unterschied zwischen Barzahlung und Zahlung per Kreditkarte etwa als nebensächlich oder sogar unwesentlich erklären. Und doch weisen diese unterschiedlichen Zahlungsarten selbstverständlich bemerkenswerte Unterschiede auf. Wenn ich bar bezahle, bin ich sofort »ärmer«, während mein »Vermögen« bei der Zahlung per Kreditkarte noch ein Weilchen unangetastet bleibt.

Entsprechend haben nun auch meine Empfindungen zwar alle dieselbe Funktion, nämlich zu repräsentieren, was mit mir vorgeht, aber das könnte prinzipiell auf vielerlei Weise geschehen, und vielleicht müßten nicht einmal alle Formen dieser Repräsentation mit Bewußtsein einhergehen. Es könnte demnach Umstände geben (und es gibt sie wirklich), in denen ich Informationen über die Vorgänge an meiner Körperoberfläche aufnehme und reaktiv beantworte, ohne daß ich irgend etwas *fühle*. Die markantesten Beispiele dafür liefert der Zustand des Schlafes. Kneift mich, während ich fest schlafe, jemand in den Fuß, dann ziehe ich ihn weg. Setzt sich eine Fliege auf mein Ohrläppchen, werde ich sogar mit der Hand nach ihr schlagen. Tatsache ist, daß ich bewußtlos bleibe und nichts fühle. Wenn Menschen auf diese Weise reagieren, dann können das vermutlich auch andere Organismen. Wenn zum Beispiel ein Regenwurm auf einen Zwick- oder Lichtreiz an der Hautoberfläche reagiert, so muß er nicht mehr Bewußtsein von der Empfindung haben als ich, wenn ich schlafe.

Bei uns Menschen muß also die Frage lauten: »Was geht vor, wenn wir Repräsentationen bilden, die bewußte Repräsentationen *sind*?« Wie vollzieht sich in diesem Fall das Repräsentieren, wo findet es statt, wie lange dauert es und so weiter? Und da es unser eigenes Erleben ist, wovon wir hier reden, sollten die Antworten (falls wir welche finden) unserem eigenen inneren Bild vom Repräsentationsprozeß gerecht werden.

Ich werde deshalb damit beginnen, daß ich eine Reihe wichtiger introspektiver Beobachtungen aufzähle, die das Erleben von Empfindungen betreffen. Mit »wichtig« meine ich sowohl individuell wichtig in dem Sinn, daß sie auffallen und mein Interesse erregen, als auch philosophisch wichtig in dem Sinn, daß sie auf einige eigentümliche und recht sonderbare Eigenschaften der Empfindung hindeuten (die der letzteren unter anderem einen von der Wahrnehmung verschiedenen, logischen Status verleihen).

Einiges davon wird einem vorkommen wie der sattsam bekannte alte Hut. In der Philosophie ist es Tradition, den Empfindungen zumindest folgende Besonderheiten zuzuerkennen: Sie sind etwas Privates und Innerliches, lassen sich nicht in Worte fassen und werden unmittelbar erfahren. Meine eigene Liste von Eigenheiten überschneidet sich teilweise damit: *Wesentlich* für Empfindungen ist, daß sie (1) zum Subjekt gehörig, (2) an eine besondere Stelle seines Körpers gebunden, (3) modalitätsspezifisch, (4) gegenwartsgebunden und (5) in all diesen Hinsichten selbstdarstellend sind. Diese Eigentümlichkeiten – die ich gleich in gedrängter Form charakterisieren und über die ich mich später ausführlich verbreiten werde – sind nicht unbedingt unabhängig voneinander. Wenn wir erst über eine annehmbare Theorie von den Empfindungen verfügen, kann es durchaus sein, daß wir in ihnen Teile einer untrennbaren Gesamtheit erkennen.

Ich habe oben das Wort »wesentlich« hervorgehoben, weil ich es in einem sehr emphatischen Sinn verwenden möchte.

Wenn ich sage, daß »X wesentlich eine Eigenschaft p zukommt«, dann soll das nicht nur heißen, daß alle X erfahrungsgemäß die Eigenschaft p haben – wie zum Beispiel alle Menschen erfahrungsgemäß einen Namen tragen. Und ich meine damit auch nicht nur, daß zu jedem X notwendigerweise eine Eigenschaft p gehört, wie zum Beispiel zu jedem Menschen ein Ort, an dem er geboren ist. Vielmehr meine ich, daß es die besondere Eigenschaft p ist, die das X zu diesem spezifischen X werden läßt: Anders gesagt, daß sich das X ohne Bezugnahme auf die Eigenschaft p nicht als das besondere X, das es ist, bestimmen oder charakterisieren läßt.

In diesem emphatischen Sinn könnte ich zum Beispiel von Münzen sagen, daß »ihnen wesentlich ein Wert zukommt«, weil eine bestimmte Münze sich nicht ohne Angabe ihres Wertes beschreiben läßt, oder daß »Ländern wesentlich Grenzen zukommen«, weil ein bestimmtes Land sich nicht ohne Angabe des Grenzverlaufs beschreiben läßt. Und wenn ich sage, daß »einer Empfindung wesentlich bestimmte Eigenschaften zukommen«, dann auch hier, wie sich zeigen wird, deshalb, weil die Empfindung sich als die Empfindung, die sie ist, ohne Angabe dieser Eigenschaften nicht beschreiben läßt.

Was es heißt, wenn man sagt, etwas sei »selbstdarstellend«, ist weniger leicht zu verdeutlichen – nicht zuletzt deshalb, weil es, von den Empfindungen abgesehen, sehr wenig gibt, was sich in dem von mir intendierten Sinn als selbstdarstellend bezeichnen läßt. Aber wenn ich sage, daß »X in bezug auf seine Eigenschaft p selbstdarstellend ist«, meine ich, grob umrissen, daß X sich in der Weise »selbst offenbart«, daß jeder Anwesende unmittelbar und automatisch mitbekommt, daß X p ist. Das läuft natürlich auf mehr hinaus als bloß darauf, daß X wesentlich p ist: Die Tatsache, daß Münzen wesentlich ein Wert zukommt, bedeutet nicht, daß jeder, der eine Münze in die Hand nimmt, unmittelbar deren Wert erkennt, ebensowenig wie die Tatsache, daß Länder wesentlich durch Grenzen definiert sind, bedeutet, daß jeder im Land Lebende unmittelbar weiß, wo die Grenze verläuft. Hingegen bedeutet die Tatsache des Selbstdarstellungscharakters von Empfindungen eben dies, daß jeder, der eine Empfindung hat, unmittelbar Kenntnis von deren Eigenschaft hat.

1. Empfindungen sind wesentlich zum Subjekt gehörig

Unser Ausgangspunkt besteht in der Einsicht, daß das, »was mit mir vorgeht«, mit meinem »verkörperten Selbst« vorgeht: Der Körper des einzelnen Menschen – enthalten in der physischen Hülle, die das »Ich« vom »Nicht-Ich« physikalisch abgrenzt – ist strukturell, physiologisch und in vieler Hinsicht auch informationstechnisch gegen alle übrigen Körper in der Außenwelt isoliert. Was mit diesem besonderen Körper passiert, ist von primärem und vordringlichem Interesse nur für das Lebewesen, das er beherbergt. Das Wort »Leben« leitet sich von »Leib« her, und es ist kein Zufall, daß in unserer Sprache »leibhaftig« ein Synonym für »persönlich« ist: einen anderen Körper zu haben heißt, eine andere Person mit einem anderen Leben zu sein.

Demgemäß läßt sich eine Empfindung, die das repräsentiert, was mit »meinem verkörperten Selbst« vorgeht, ohne Angabe des Körpers, auf den sie sich bezieht, nicht als die Empfindung darstellen, die sie ist. Es verhält sich nämlich nicht einfach so, daß die Empfindungen eines Individuums mehr oder weniger zufällig mit seinem Körper verknüpft sind. Wären diese Empfindungen mit einem anderen Körper verknüpft, wären es auch genuin andere Empfindungen. Wenn mir der Zeh weh tut, spüre ich den Schmerz eben in *meinem* Zeh; jede Schilderung des Schmerzes, in der nicht erwähnt würde, daß er in meinem Zeh stattfindet, bleibt unvollständig. Was ich spüre, ist folglich individuell und nur *meine* Empfindung: Ich unterhalte eine Eigentumsbeziehung zu ihr – sie gehört mir – in einer Weise, wie es anders nicht denkbar wäre. Der Schmerz in meinem Zeh gehört ausschließlich zu mir und kann nicht einmal seinem Wesen nach von jemand anderem geteilt oder auf ihn übertragen werden.

Selbstverständlich trifft es auch zu, daß ich und ein anderes Individuum »ähnliche« Empfindungen haben können. Betrachten wir etwa beide denselben Regenbogen, kosten den gleichen Spargel oder hören Beethovens Fünfte, teilen wir vermutlich sehr ähnliche Empfindungen, weil in diesen Fällen unsere beiden Körper auf sehr ähnliche Weise beeinflußt werden. Und doch bleibt die entscheidende Tatsache bestehen, daß das, »was mit mir vorgeht«, eben mit *mir* vorgeht, während das, »was mit dem anderen vorgeht«, entsprechend mit *ihm* geschieht. Da wir getrennte Wesen sind, kann beides nie dasselbe sein.

Daß ein anderer sich auf andere Weise als durch eigenes Empfinden Kenntnis von dem verschafft, was mit mir vorgeht – dem steht zugegebenermaßen im Prinzip nichts im Weg. Denn »was mit mir passiert«, kann unter Umständen für ihn ein Teil dessen sein, »was da draußen vorgeht«: Mit anderen Worten, er kann dieselben Vorgänge auf meiner Körperoberfläche *wahrnehmen*, die ich *empfinde*. Er kann zum Beispiel sehen, daß in meinem Fuß ein Dorn steckt; er kann fühlen, daß meine Stirn heiß ist, er kann hören, daß ich niese. Aber auch wenn er auf diese Weise dieselben objektiven Fakten in Erfahrung bringt – so kann er sie doch nicht erleben wie ich.

Da auch ich selbst meinen Körper aus der Perspektive des anderen betrachten kann, bin ich wie die anderen imstande, die Vorgänge an meinem Körper als einen Sonderfall der Vorgänge da draußen zu behandeln. Und es ist wichtig festzuhalten, daß die *Wahrnehmungen*, die ich von meinem Körper habe, im Unterschied zu meinen *Empfindungen* nicht in der beschriebenen Weise mein Eigentum sind. Wenn ich zum Beispiel mit dem Finger über einen blauen Fleck auf meinem Arm streiche, kann ich wahrnehmen, daß sich unter der Haut eine Erhebung befindet, und wenn ein anderer mit dem Finger über den Bluterguß striche, könnte er genau dasselbe wahrnehmen. Aber der Unterschied zwischen uns wäre, daß ich bei der Berührung sowohl die Wahrnehmung von der Beule als auch die Empfindung habe, daß die Beule berührt wird. Der andere aber hat bei der Berührung zwar dieselbe Wahrnehmung, die Empfindung hingegen entgeht ihm.

Wahrnehmungen sind im Normalfall kein Eigentum, weil »da draußen« etwas kategorial anderes ist als »ich, mein Körper«. Wahrnehmungen der Vorgänge in der Außenwelt können deshalb gewöhnlich als die Wahrnehmungen, die sie sind, beschrieben werden, ohne daß derjenige, der wahrnimmt, oder sein Körper irgendwie erwähnt werden muß. Wenn ich etwa wahrnehme, daß »auf dem Tisch ein roter Apfel liegt« oder daß »die Uhr vier schlägt«, hat der Inhalt dieser Wahrnehmungen nicht direkt mit mir zu tun. Wenn ich und ein anderer denselben Regenbogen sehen, vom gleichen Spargel kosten oder dieselbe Musik hören, ist dementsprechend nicht einzusehen, warum der Inhalt unserer Wahrnehmungen – als etwas von unseren Empfindungen Verschiedenes – in der Praxis nicht identisch sein sollte.

»Viele Menschen, wenige Vorstellungen«, schreibt Kundera: »Wir alle denken mehr oder minder dasselbe, und wir tauschen unsere Gedanken untereinander aus, borgen, stehlen sie voneinander. Tritt mir aber jemand auf den Fuß, spüre ich allein den Schmerz.«*

2. Empfindungen sind wesentlich an eine bestimmte Stelle der Körpersphäre geknüpft

Die Körperlichkeit der Empfindungen schließt mehr ein als nur die Tatsache, daß sie einer bestimmten Person und keiner anderen zugehören. Denn abgesehen davon, daß es stets mein Kör-

---

* Milan Kundera (1991), *Immortality*, London 1991, S. 225 (dtsch.: *Die Unsterblichkeit*, München 1990).

per ist, der Empfindungen spürt, treten diese Empfindungen auch immer *an einer besonderen Stelle* auf. Dabei kommt es natürlich nicht auf den absoluten Ort der Empfindung im physikalischen Raum an, sondern auf die Stelle im Bezugsrahmen meines Körpers. Wenn ich eine Brennessel mit dem Fuß berühre und danach dieselbe Nessel mit der Hand, habe ich zwei unterschiedliche Empfindungen, unabhängig davon, daß der Reiz, der sie erregt, am selben räumlichen Ort auftritt.

Eine Empfindung kann folglich nicht präzise beschrieben werden, wenn nicht angegeben wird, *wo* in der Sphäre des Körpers sie auftritt. Der Schmerz in meinem Zeh ist durch den Ort definiert, der davon betroffen ist, und ohne die Angabe dieses Ortes wäre seine Beschreibung unvollständig. Meine Empfindungen sind nicht zufällig dort lokalisiert, wo ich sie fühle: Vielmehr wäre die Empfindung eine andere, wenn sie an einer anderen Stelle aufträte – ein Schmerz in meinem Zeh fühlt sich anders an als ein Schmerz in meinem Daumen.

Diese Eigentümlichkeit der Empfindungen ist wohl beim Tastsinn am auffälligsten, aber sie gilt in gleichem Maße auch für die anderen Sinne. Meine Geschmacksempfindungen sind erkennbar im Umkreis meiner Zunge angesiedelt, meine Geruchsempfindungen im Bereich meiner Nasenlöcher. Desgleichen haben meine Licht- und Geräuschempfindungen ihren erkennbaren Ort im Gesichts- und im Hörfeld. Bei Tast- und Geschmacksempfindungen ist die Lokalisierung vielleicht nicht gar so präzise; dennoch ist ein Geschmack von Süße auf der Zungenspitze etwas anderes als einer hinten auf der Zunge, und daß ich den einen oder den anderen im Knie empfinde, das würde ich nie behaupten. Bei Lichtreizen und Geräuschen ist die Stelle im Wahrnehmungsfeld erheblich genauer umschrieben, so daß zum Beispiel zwei Sterne, die im Gesichtskreis nur um wenige Grade auseinanderliegen, klar unterscheidbare Empfindungen hervorrufen; und das gilt in gleichem Maße für zwei Klickgeräusche, die im Hörfeld nur wenige Grade voneinander entfernt sind.

Es bleibt anzumerken, daß beim Gesichts- und beim Hörfeld

die Empfindungen nicht als etwas gespürt werden, das sich an der Körperoberfläche oder einem Teil des Körpers nahe der Oberfläche ereignet – eben auf der Netzhaut des Auges oder an der Basilarmembran des Innenohrs. Gesichts- und Hörfeld erwecken nicht so sehr den Eindruck einer Oberfläche, sondern wirken eher wie ein Radialsystem mit dem Kopf als Mittelpunkt, das eine Art von visueller oder akustischer Kapsel bildet. Dennoch sind sie Teil meines Körpers und verändern mit der Bewegung meiner Augen oder meines Kopfes ihre Lage. Wenn ich im Dunkeln eine helle Lampe betrachte und den Kopf drehe, verbleibt die Empfindung des Nachbildes an derselben Stelle im Gesichtsfeld und dreht sich mit *mir*.

Auch hier bilden Empfindung und Wahrnehmung wieder einen klar erkennbaren Gegensatz. Für meine Wahrnehmungen spielt die Erwähnung meines Körpers keine Rolle, und noch weniger bedarf es dementsprechend dafür die Erwähnung irgendeines bestimmten Teils meiner Körpersphäre. Das gilt unabhängig davon, daß die Wahrnehmung sich natürlich auf eine bestimmte Stelle in der Außenwelt beziehen kann. Wenn ich mit der rechten Hand feststelle, daß »an der und der Stelle in den Dielenbrettern ein Nagel steckt«, dann braucht für meine Beschreibung der Position des Nagels meine rechte Hand nicht erwähnt zu werden, und tatsächlich könnte ich auch dieselbe Wahrnehmung mit Hilfe meines linken Fußes machen (wobei die Empfindung eine andere wäre). Desgleichen kann ich, wenn ich aus dem Augenwinkel sehe, daß sich gerade ein Vogel auf dem Fensterbrett niedergelassen hat, die Wahrnehmung beschreiben, ohne daß ich erwähnen muß, um welchen Winkel des Gesichtsfelds es sich dabei handelt, und ich könnte genau dasselbe auch aus dem anderen Augenwinkel wahrnehmen (wobei auch hier wieder die Empfindung verschieden wäre).

3. Empfindungen sind wesentlich modalitätsspezifisch

Das ist aber noch nicht alles. Abgesehen davon, daß meine Empfindungen an einer bestimmten Stelle lokalisiert sind, gehören sie auch zu einer bestimmten qualitativen Kategorie, je nach *der Art des mich betreffenden Vorgangs* – je nachdem also, ob der Reiz an meiner Körperoberfläche als mechanischer Druck, als Hitze, Licht, Geräusch, Geruch oder wie auch immer auftritt und auf welche besondere Weise er mich affiziert.

So gehört jede Empfindung, die ich verspüre, zu einem eigenen »Sinnesmodus«, nämlich zum Tast-, Gesichts-, Gehörs-, Geruchs-, Geschmackssinn oder zu einer Unterform einer dieser Modalitäten. Eine Empfindung läßt sich genau nicht beschreiben ohne Angabe des Sinnesmodus, dem sie zugehört. Wenn ich einen Schmerz in meinem Zeh spüre, spüre ich einen *Schmerz*, und eine Beschreibung, die das Schmerzhafte zu erwähnen versäumte, wäre unvollständig. Auch hier wieder verhält es sich nicht so, daß die Empfindung zufällig diese Qualität hat: Hätte sie eine andere Qualität, wäre es eben eine andere Empfindung – ein Kitzelreiz auf der Zunge ist etwas eindeutig anderes als der Geschmack von Süße, auch wenn beide an genau derselben Stelle auftreten.

Es könnte so scheinen, als bestände zwischen dieser Eigenschaft der Empfindung und der, über die wir vorher sprachen, das heißt zwischen dem modalen Charakter der Empfindungen und ihrer eindeutigen Lokalisation in der Körpersphäre, ein unschwer einsehbarer Zusammenhang. Zwischen beiden gibt es ohne Frage ein hohes Maß an Wechselbeziehung, denn Tatsache ist, daß Geschmacksempfindungen nur im Mund auftreten, visuelle Empfindungen nur in den Augen und so weiter. Aber diese Beziehung zwischen Ort und Modalität des Auftretens ist vermutlich teilweise zufällig: eine Konsequenz unserer Anatomie. Geschmacksempfindungen in den Ohren oder visuelle Empfindungen in der Nase kenne ich zwar nicht, aber als Lebewesen von einer anderen Beschaffenheit könnte ich mir vorstellen, so etwas zu haben. So wie ich selbst Berührungs- und Geschmacksempfindungen im Mund spüren kann, könnte ich als Tintenfisch diese beiden Arten von Empfindung in den Fangarmen spüren.

Ich werde später noch mehr über das Wesen der Sinnesmodi sagen. Ihre absolute Eigenart – die Kluft zwischen den einzelnen Modalitäten – gehört zum Geheimnisvollsten an der Empfindung. Jeder Modus stellt gewissermaßen ein abgesondertes Gebiet dar, innerhalb dessen man sich (jedenfalls in der Einbildung) ungehindert bewegen kann, von dem indes keine (wie auch immer geartete) Brücke zum anderen führt. Ich kann mir vorstellen, daß ich durch eine bruchlose Reihe von Empfindungsabstufungen von Rot zu Grün, von Sauer zu Süß, von Juckreiz zu Schmerz, von Cis zu As gelange; aber wie immer ich meine Phantasie strapazieren mag, von Rot zu Sauer oder von Juckreiz zu As führt kein Weg.

Diese Kluft zwischen Empfindungen unterschiedlicher Modalität ist zweifellos absoluter als die Kluft zwischen Empfindungen an verschiedenen Körperstellen. Ich kann mir eine kontinuierliche Folge von Schmerzempfindungen vorstellen, die vom Zahn über die Wange zum Auge verläuft, und ich kann mir sogar (wenn ich mir wirklich Mühe gebe) eine Abfolge visueller Empfindungen vorstellen, die von den Augen bis zur Zunge reicht. Aber was ich mir einfach nicht vorstellen kann, ist die kontinuierliche Verwandlung einer Berührungsempfindung an meiner Zunge in eine visuelle Empfindung: Das erscheint als genauso schwer vorstellbar wie der Gedanke, ein Berührungsreiz auf meinem Daumen könne zum Berührungsreiz auf dem Daumen eines anderen werden – quasi als ob die verschiedenen Modi auf verschiedene Eigentümer verwiesen.

Aber wie dem auch sei, wir wollen noch einmal festhalten, daß Empfindungen sich im Punkt ihres modalitätsspezifischen Charakters von Wahrnehmungen unterscheiden. Da Wahrnehmungen nicht mit dem Reiz als solchem, sondern mit dem befaßt sind, worauf er in der Außenwelt verweist, brauchen sie auf

Sinnesmodi keine Rücksicht zu nehmen und sind im Kern amodal. Tatsächlich ist im Prinzip nicht einzusehen, warum nicht ein und dieselbe Wahrnehmung durch völlig verschiedene Sinnessysteme übermittelt werden sollte. Zur Wahrnehmungsrepräsentation der Tatsache, »daß es regnet« oder »daß ein Hund vor der Tür ist«, könnte ich zum Beispiel mittels der Augen, der Ohren, der Haut, der Nase oder einer Kombination aller vier Möglichkeiten gelangen. In dem vorher diskutierten merkwürdigen Fall des »Sehens mit der Haut« konnte sogar jemand mit der Haut seines Rückens statt mit den Augen typische visuelle Wahrnehmungen bilden, wie zum Beispiel, daß der Mond aufgegangen war oder daß sich in der Ecke des Zimmers ein dreieckiger Gegenstand befand.

4. Empfindungen sind wesentlich gegenwartsgebundene, existierende Einheiten

Aus der Tatsache, daß Empfindungen Repräsentationen dessen sind, »was mit mir vorgeht«, ergibt sich als weiteres Charakteristikum ihr bestimmter *zeitlicher* Bezug: daß sie in eben die Zeit fallen, in der die Vorgänge sich *ereignen*, kurz, in die »Gegenwart«. Alle Empfindungen sind im strengen Sinn gegenwartsgebunden. Wenn ich einen Schmerz in meinem Zeh spüre, spüre ich ihn genau in diesem Augenblick, und es wäre absurd, spüren zu wollen, daß das gestern ein Schmerz war oder morgen einer sein wird.

Darüber hinaus aber ist für Empfindungen bezeichnend, daß sie eine »Lebensdauer« haben. Das heißt, jede Empfindung währt etwa so lange, wie der Oberflächenreiz anhält. Auch wenn die Lebensdauer sehr kurz sein kann, wie bei der Empfindung, die ein Blitz hervorruft, muß sie doch einen Moment lang währen, ehe sie aufhört. Demnach läßt sich von Empfindungen sagen, daß sie *existieren* und sogar als *individuelle Einheiten* existieren. Wenn ich den Schmerz in meinem Zeh spüre, beginnt er in einem bestimmten Augenblick, hält eine bestimmte Zeit lang an und vergeht schließlich wieder oder verändert sich. Aber während er anhält, ist er der identische individuelle Schmerz. Und wenn die Empfindung aufhört, um danach erneut einzusetzen, ist dies keinesfalls derselbe Schmerz, sondern ein neuer derselben Art. Und ebenso habe ich, wenn ich auf die grünen Wände meines Arbeitszimmers schaue, eine Grünempfindung, die sich gleich bleibt, bis ich wegsehe. Wenn ich den Blick wieder hinwende, ist meine jetzige Grünempfindung eine Neuauflage der vorherigen.

So kommt es, daß jede Empfindung notwendigerweise existieren muß, während ich sie spüre. Und eine Empfindung läßt sich als die Empfindung, die sie ist, nicht beschreiben ohne Angabe dieser Gegenwart, in der sie auftritt. Sie tritt nicht einfach nur zufällig jetzt auf: vielmehr wäre die Empfindung, träte sie zu irgendeiner anderen Zeit auf, auch eine andere Wesenheit.

Tatsache ist, daß wir zu jedem beliebigen Zeitpunkt Subjekt eines ganzen Schwarms von existierenden Empfindungen sind, die bereits mehr oder minder lange andauern. In diesem Augenblick zum Beispiel ist mir schon seit einigen Minuten kalt, rieche ich seit etwa dreißig Sekunden Kaffeeduft und habe ich visuelle und akustische Empfindungen, deren Dauer ganz verschiedene Zeiträume umfaßt und bis zum Bruchteil einer Sekunde reicht. All diese nebeneinander existierenden Empfindungen bilden gemeinsam meinen derzeitigen »Bewußtseinsinhalt«; zusammen stellen sie dar, was man die »bewußte Gegenwart« nennen könnte.

In all diesen Hinsichten sind Empfindungen von Wahrnehmungen unterschieden. Zunächst müssen Wahrnehmungen sich nicht nur auf die Gegenwart beziehen, sondern können zurückliegende und zukünftige Ereignisse einschließen. Wir können nicht nur wahrnehmen, daß es regnet, sondern auch, daß es geregnet hat oder regnen wird. Darüber hinaus aber haben Wahrnehmungen im Unterschied zu Empfindungen auch keine zeitlich begrenzte Existenz. Es stimmt zwar, daß wir womöglich eine gewisse Zeit benötigen, um die für eine Wahrnehmung erforderlichen Informationen aufzunehmen. Aber die Wahrnehmung selbst ist keine Wesenheit mit zeitlicher Dauer und Eigenleben. Grammatisch gesehen sind Wahrnehmungen eigentlich immer »vollendet« – bereits abgeschlossen –, wohingegen Empfindungen normalerweise »unvollendet« – fortdauernd und unabgeschlossen – sind. »Ich sehe, daß die Verkehrsampel auf Rot steht« bedeutet, daß ich es jetzt, wie auch schon in der Vergangenheit, wahrgenommen habe. »Ich habe eine Rotempfindung« hingegen bedeutet, daß ich das Rot jetzt, in der Gegenwart, empfinde.

5. Empfindungen sind in bezug auf die Eigenschaften unter den Punkten 1 bis 4 selbstdarstellend

Wir kommen jetzt zu der vielleicht grundlegenden – und verblüffendsten – der Eigenschaften, die ich aufgezählt habe, nämlich daß die Empfindungen selbstdarstellend oder selbstenthüllend sind. Empfindungen verraten selbst, was sie sind, oder geben ihre wesentlichen Eigenschaften zu erkennen, so daß der Betroffene dieser Eigenschaften direkt und unmittelbar gewahr wird.

Wenn ich einen Schmerz in meinem Zeh spüre, ist die Empfindung in ihrer Eigenart unmittelbar für mich da, ohne daß ich irgendwelche Verstandesarbeit leisten muß, um sie als diese oder jene Empfindung zu klassifizieren. Tatsächlich ist in diesem Fall mein Eindruck schlicht der, daß *mein Zeh weh tut*: Und wenn mir der Zeh weh tut, sind sowohl dies, daß es sich tatsächlich um meinen *Zeh* handelt (und nicht irgendeinen anderen Teil meines Körpers), als auch dies, daß die Empfindung eine Schmerzempfindung ist (und keine visuelle, geschmackliche oder akustische Empfindung), und schließlich dies, daß der Zeh jetzt weh tut (und nicht zu irgendeiner anderen Zeit), grundsätzliche Tatsachen, an denen kein Zweifel möglich ist. Mit Sicherheit muß ich nicht erst »mühsam schlußfolgern«, daß es sich »wahrscheinlich« um meinen und nicht um deinen Zeh, um meinen Zeh und nicht meinen Daumen, um einen Schmerz und nicht einen Geruch, um etwas Gegenwärtiges und nicht etwas, das vor fünf Minuten passiert ist, handelt. Allem Anschein nach gehören diese Eigenschaften so unbedingt zur Empfindung dazu, daß Wahrscheinlichkeitsüberlegungen und Schlußfolgerungen gar nicht erst ins Spiel kommen. Die Empfindung verfügt, wenn man so will, über »phänomenale Unmittelbarkeit«.

Eine bemerkenswerte und für die Realität des Phänomens aufschlußreiche Konsequenz aus dieser Tatsache ist, daß ich die durch einen Reiz hervorgerufene Empfindung bereits haben kann, noch ehe ich im mindesten in der Lage bin, den Reiz im Blick auf das, was er anzeigt, zu analysieren, geschweige denn in Worte zu fassen: Meine Empfindungen enthalten in jedem beliebigen Moment schon viel mehr, als ich auf der *Wahrnehmungsebene* habe erfassen können. Dies gilt zwar für alle Sinnesmodi, ist aber vielleicht beim Gesichtssinn am auffälligsten. Wenn ich mich in einem dunklen Raum aufhalte, und die Lichter werden plötzlich angeschaltet, erlebe ich plötzlich im ganzen Gesichtsfeld Farbempfindungen (auch wenn sie zu den Rändern hin ein wenig verschwommen und blaß sein mögen). Während auf diese Weise aber mein Gesichtsfeld ausgefüllt ist von Empfindungen, bin ich zunächst noch weit entfernt davon, den Raum mit meiner Wahrnehmung erfaßt zu haben. Tatsache ist, daß ich mich, sobald die Lichter angehen und ich all die farbigen Flecken als Empfindungen aufnehme, zuerst in der merkwürdigen Situation dessen befinde, der »mehr sieht, als er dürfte« – ich habe Empfindungen, ohne vorerst in der Lage zu sein, in Form einer kategorialen Beschreibung Rechenschaft über sie abzulegen.

Dieser Punkt läßt sich genauer mit Hilfe eines Reaktionszeit-Experiments veranschaulichen. Nehmen wir an, auf einer Leinwand vor mir erscheint ein Licht in einem von mehreren möglichen Farbtönen. Ich soll nun die Farbe so schnell wie möglich identifizieren – das heißt, über meine Wahrnehmung bestimmen – und unter einer Reihe von Knöpfen den passenden drücken. Hätte ich nur zwischen zwei Farben – Rot und Grün – und zwischen den entsprechenden beiden Knöpfen zu wählen, dann würde ich für die Reaktion etwa eine Viertelsekunde brauchen. Wäre die Wahl hingegen zwischen acht Farben – Rot, Orange, Gelb, Blau, Grün, Weiß, Rosa und Violett – und acht Knöpfen zu treffen, würde meine Reaktionszeit wahrscheinlich annähernd eine Sekunde betragen. Der Grund dafür ist, daß ich im ersten Fall nur *eine* binäre Entscheidung treffen müßte, während es im zweiten Fall drei wären; und jede Entscheidung auf der Wahrnehmungsebene benötigt eine gewisse Zeit. Während es indes nahezu eine Sekunde braucht, um zu *entscheiden*, daß eine der acht Farben gelb ist, braucht es nicht entfernt so lange, um die Gelbempfindung zu *erleben*. Ich behaupte also, daß ich die Empfindung fast ohne Zeitaufschub erlebe, egal, wie zahlreich die Alternativen sind, zwischen denen ich wählen muß – und daß dieses Empfinden ohne jeden Entscheidungsprozeß vor sich geht.

Wie das möglich ist und was es bedeutet, stellt für eine Theorie der Empfindung zentrale Probleme dar. Hier ein erster Gedanke, wie eine Lösung aussehen könnte. Um (noch einmal!) auf das Beispiel mit dem schmerzenden Zeh zurückzukommen, so habe ich von dem Eindruck gesprochen, daß in dem Augenblick, in dem ich den Schmerz empfinde, der Zeh weh tut. Hinter dieser zunächst nicht so aufregenden Feststellung steckt aber mehr. Denn wenn mein Zeh aktiv schmerzt und dieser Zeh ein Teil von mir ist, ergibt möglicherweise die Annahme einen Sinn, daß ich auf einer bestimmten Ebene aktiv an diesem Schmerz beteiligt bin. Statt einfach nur die Empfindung zu erleiden, bin ich vielleicht aktiv an ihrer Erzeugung beteiligt, ja, *gebe sogar entsprechende Anweisungen* – so daß mein Empfindungserlebnis gleichzeitig etwas von einem *intentionalen Akt* hat. Wenn sich das so verhält, dann sind die Anweisungen, mit denen ich »helfe«, bestimmte Empfindungen hervorzurufen, ein ursprüngliches Ereignis in meinem Geist. Deshalb brauche ich mich dann auch genausowenig »zu fragen, was ich tue«, wenn mein Zeh weh tut (oder meine Augen eine Gelbempfindung haben), wie ich mich das fragen muß, wenn ich meinen Arm anweise zu winken.

Ich könnte neben diesen fünf Eigenschaften von Empfindungen noch andere aufzählen. Aber für unsere Zwecke sollen diese genügen. Wenn wir eine Antwort darauf finden, wie diese fünf Empfindungscharakteristika als logisch-biologische Begleiterscheinung eines einleuchtenden Mechanismus im menschlichen Gehirn entstehen konnten, haben wir mehr geschafft als bislang jede andere Theorie.

Im nächsten Kapitel beginnt die Suche nach dieser Antwort.

Vielleicht ist hier eine kleine Geschichte angebracht, die so etwas wie eine Moral hat. Als Junge ging ich auf einer der Norfolk Broads angeln und fing einen großen Hecht, der gut zwanzig Pfund wog. Ich mußte fast eine Stunde mit ihm kämpfen, ehe ich ihn am Ufer hatte. Ich gab ihm einen Schlag auf den Kopf und packte ihn in einen Beutel, den ich an die Querstange meines Fahrrads band, und fuhr die acht Kilometer bis zum Haus meiner Großmutter. Das Kochbuch riet, den Hecht zwölf Stunden lang in Salzwasser zu legen. Ich füllte die Badewanne, schüttete ein Paket Salz ins Wasser und hievte meinen toten Hecht hinein. Einige Stunden später – ich saß unten am Kamin und las – hörte ich ein lautes Platschen: Der Hecht war wieder zum Leben erwacht, aus der Wanne gesprungen und zappelte wild auf dem Boden herum. Die Moral von der Geschichte ist, daß einen Fisch gefangen zu haben noch nicht heißt, daß man ihn im Kochtopf hat.

Kapitel 18

Das Problem der Eignerschaft
(ein Schlag nach Steuerbord)

Wenn ich eine Schmerz-, Geschmacks- oder Rotlicht-
empfindung erlebe, gehört das Erlebnis ausschließlich *mir*, es
ist *mein eigenes*.

Das habe ich als die erste – und vielleicht auffälligste – Eigenschaft von Empfindungen angeführt. Daß diese Tatsache zutrifft und ihr eine bestimmte Bedeutung zukommt, war unstrittig. Und doch ist die Idee von der Eignerschaft, betrachtet man
sie näher, höchst merkwürdig: Vielleicht birgt sie einen größeren Schatz, als bislang zutage gefördert wurde.

Um ihn zu heben, müssen wir nun unsere Diskussionsgrund-
lage erweitern. Denn Probleme hinsichtlich der genauen Bedeutung des Begriffs »Eignerschaft« gibt es nicht nur in Zusammenhang mit Empfindungen. Ich brauche nur einige andere
Dinge aufzuzählen, die mein Eigentum sind oder sein können,
um das deutlich zu machen: mein Haus, mein Garten, mein
Fahrrad, mein Hund, meine Schuhe, meine Füße, meine
Stimme, meine Erinnerungen, meine Taten, mein Bild im Spie-
gel, meine Autorschaft an diesem Buch. Wenn einige dieser Beispiele schon ein bißchen merkwürdig anmuten sollten, wie
steht es dann erst mit dem Eigentumsanspruch, den der englische Mystiker Thomas Traherne erhebt: »Die Straßen waren
mein ..., der Tempel war mein, die Menschen waren mein ...
die Himmel waren mein, und das waren auch die Sonne, der
Mond und die Sterne; und die ganze Welt war mein, und ich
war der einzige, der das Ganze betrachtete und genoß.«[*]

[*] Thomas Traherne (1670), *Centuries of Meditation*, Century III, 3, London
1908.

Es ist eine Tatsache, daß sogar bei äußeren Dingen (die von den meisten Menschen wahrscheinlich als paradigmatisches Beispiel herangezogen würden) das Wesen der Beziehung zwischen Eigner und Eigentum alles andere als theoretisch durchsichtig ist. So sage ich etwa, der Garten gehört mir: Er gehört mir, ist mein Eigentum. Aber wie würde ich diese Beziehung jemandem erklären, der nicht schon weiß, wovon die Rede ist. In seinem Diskurs *Über die Ungleichheit* schreibt Jean-Jacques Rousseau: »Der erste, der ein Stück Land eingezäunt hatte und dreist sagte: ›Das ist mein‹ und so einfältige Leute fand, die das glaubten, wurde zum wahren Gründer der bürgerlichen Gesellschaft.«[*] Aber vielleicht war das Problem nicht, ob sie ihm glaubten, sondern ob sie überhaupt verstanden, was er meinte.

Der Linguist Ray Jackendoff hat kürzlich in einem Beitrag die Frage gestellt: »Was bedeutet X ist Eigentümer von Y?« Und er beantwortet die Frage folgendermaßen: »Sehr grob gesehen, kann man drei Aspekte erkennen: (a) X hat das Recht, Y nach Gutdünken zu verwenden. (b) X hat das Recht, die Verwendung von Y durch andere zu kontrollieren und für einen Gebrauch von Y, den er nicht genehmigt hat, Sanktionen zu verhängen. (c) X hat das Recht, sich der Rechte a und b zu entäußern.«[**] Auf diese Weise sieht Jackendoff wie Rousseau im Eigentum wesentlich eine *soziale* Vorstellung, die darauf basiert, daß die anderen dem jeweiligen Eigentümer bestimmte Sonderrechte zubilligen. Tatsächlich vertritt er dann die These, daß die Eigentumsvorstellung, wie auch zum Beispiel die Vorstellungen von Verwandtschaft und Herrschaft, möglicherweise im menschlichen Gehirn angelegt sei, als Teil eines »sozialen Kognitionsmoduls«, das sich in den Spätstadien der Primatenentwicklung ausgebildet habe – eine Form von angeborener Sozialgrammatik.

Für den Gedanken einer biologisch fundierten Sozialgrammatik spricht vieles (und in anderem Zusammenhang habe ich

---

[*] Jean-Jacques Rousseau, *Über die Ungleichheit*, übers. v. K. Weigand, Hamburg 1983, S. 191.
[**] Ray Jackendoff, »Is there a faculty of social cognition?«, in Umlauf gebrachtes Manuskript, 1989.

etwas Ähnliches vorgetragen).* Ich glaube indes nicht, daß die Eigentumsvorstellung in diesen Kontext gehört oder jedenfalls dort ihren Ursprung hat. Denn wenn das Eigentumskonzept im wesentlichen sozial bestimmt wäre, dann hieße dies, daß es erst auf der Basis eines Begriffs von sozialen Rechten hätte entstehen können. Und das erscheint als höchst unwahrscheinlich. Mag es auch eine Rechtsübereinkunft sein, die den Menschen zum Eigentümer seiner irdischen Güter macht, und mag er sogar kraft Rechtsvereinbarung Eigentümer seiner Schuhe sein, seine Füße sind ihm schwerlich kraft Rechtsvereinbarung zu eigen. Und wenn der Mensch Eigentümer seiner Füße ist und weiß, daß er es ist, dann wirkt es zumindest sehr wahrscheinlich, daß dieses Wissen auf einem allgemeinen Verständnis von Eigentum basiert, über das er verfügt und die ganze menschliche Geschichte hindurch verfügt hat.

Man kann den Standpunkt vertreten – und das tue ich –, daß die gesamte Idee vom sogenannten »Privateigentum« psychologisch nichts weiter ist als eine metaphorische Erweiterung der Idee vom »eigenen Körper« – eine Frage der entsprechend hinausgeschobenen Grenzen des »eigenen Selbst«. Die Menschen (und nicht nur sie: man beobachte einen Hund mit seinem Knochen) verhalten sich ohne Frage so, als käme für sie ein Eingriff in oder Vergehen gegen ihr Privateigentum einer Bedrohung ihres körperlichen Wohlergehens gleich. Stiehlt man jemandem seine Waren, kann er sich ohne weiteres persönlich verletzt fühlen; betritt man unbefugt das Grundstück seines Nachbarn, kann er sich ebenso berechtigt erlauben, einen zu vertreiben, als hätte man ihm auf die Zehen getreten. »Unser Körper ist ein Garten«, sagt Jago in *Othello*. Und unser Garten, unser Auto, sogar unser Geld auf der Bank behandeln wir häufig wie Außenposten unseres Körpers. So verhält es sich sogar mit der Arbeit eines Menschen: Man beobachte nur, wie ein Autor reagiert, wenn ihm jemand seine Ideen stiehlt.

* Nicholas Humphrey (1976), »The social function of intellect«, neu abgedruckt in *Consciousness Regained*, Oxford 1983.

Gehen wir also davon aus, daß die Idee vom Eigentum ihren Anfang nicht als ein soziales, sondern als ein hoch individuelles Konzept genommen hat (und in jedem von uns immer noch nimmt). Nicht Objekte der Außenwelt geben das erste Vorbild für Eigentum ab, sondern es verhält sich tatsächlich umgekehrt: »Mein« erhält seine Bedeutung von »zu mir selbst gehörend«. Die ersten Dinge, die mir gehören, sind jene, die in der Tat physisch ein Teil von mir sind; und erst später wird das Konzept auf andere Arten von Eigentum ausgedehnt.

Aber damit hat sich für uns das Problem der Eignerschaft nur verschoben, nicht jedoch gelöst. Denn wie ursprünglich und individuell bedingt die Idee des Eigentums auch immer sein mag, daß wir mit der Vorstellung, Eigentümer unseres Körpers zu sein, *zur Welt kommen*, sollten wir nicht annehmen. Vielmehr muß ein Neugeborenes die physischen Ausmaße und Grenzen seines Körpers vermutlich durch Erfahrung herausfinden: Nicht einmal das Eigentum an seinen Füßen dürfte etwas *Naturgegebenes* sein.

So stellt sich denn die Frage, wie dieses ursprüngliche Eignerverhältnis sich etabliert. Mit Hilfe welcher psychologischer oder logischer Kriterien entscheidet der einzelne – um dies als erstes zu klären –, daß seine Körperteile tatsächlich zu ihm gehören? Gibt es da etwas, das dem Eigentum an unserem Körper noch vorausgeht, einen Fall von noch früherer Zugehörigkeit, der als oberster Bestimmungsgrund darüber entscheidet, was sonst noch »mein« ist oder nicht?

Ich denke, ja: Und zwar in der Idee vom »Ich«, dem Eigner, als einer Instanz, die man als »handelndes Subjekt« bezeichnen könnte. Zentral für meine individuelle Existenz in der Eigenschaft eines Eigentümers ist, daß »ich« das selbstbestimmte Subjekt bin, das über seinen Körper verfügt.

Es wirkt wie eine analytische Wahrheit – und *nicht* wie eine durch Erfahrung vermittelte Tatsache –, daß die eine Klasse von Dingen, die mir als selbstbestimmtem Subjekt zweifelsfrei eignen, meine eigenen Willensentschlüsse sind: die Pläne und Absichten, die meinem Geist entspringen und die, in Handlungen übersetzt, das darstellen, was »ich« tue. Wenn »ich« zum Beispiel will, daß mein Arm sich bewegt, dann kann diese Anweisung an meinen Arm eben nur »meine« Anweisung sein. Wenn Anweisungen dieser Art notwendigerweise meine sind, dann heißt dies, daß die Handlungen, die daraus resultieren, ebenfalls notwendigerweise meine eigenen sind. Aber da solche Handlungen faktisch immer mittels eines bestimmten Teils der körperlichen Gliedmaßen in die Tat umgesetzt werden, folgt daraus im Sinne einer empirischen Konsequenz, daß diese Gliedmaßen gleichfalls meine eigenen sind. Da außerdem Tatsache ist, daß einzig und allein ich diese besondere Beziehung zu diesem bestimmten Körper unterhalte, ist mein Körper nicht nur mein Eigentum, sondern in dieser Hinsicht auch mein ebenso privates wie unveräußerliches Eigentum.

Es gibt einen Sonderfall, der hinlänglich ausgefallen sein dürfte, um als Bestätigung der Regel dienen zu können: den Fall der »siamesischen Zwillinge«.

Angenommen, ich habe einen Zwillingsbruder, mit dem ich an der Hüfte zusammengewachsen bin und mit dem ich die Haut und einige innere Organe teile, wobei indes jeder von uns seinen eigenen Kopf (sic) und seine eigenen Gliedmaßen hat. Wie wir von tatsächlichen Fällen siamesischer Zwillinge wissen, wird sich jeder Zwilling im Normalfall als eigenes »Ich« – als getrenntes Subjekt – sehen, das mit einer eigenen Stimme spricht und seine eigenen Gedanken, Gefühle usw. hat. Selbst vor dem Gesetz wird jeder der beiden Zwillinge als eigenständige Person betrachtet, die das Recht auf privates Eigentum hat (die Maids of Biddenden, die weiblichen Zwillinge aus dem 12. Jahrhundert, hatten eigene Ehemänner und eigene Kinder, und vor ihrem Tod machten sie getrennt ihr Testament). Aber sieht man einmal von den äußeren Besitztümern ab, so ist das erste, was jeder der beiden Zwillinge ganz selbstverständlich beanspruchen wird, daß bestimmte Teile des gemeinsamen Körpers *seine* und *nicht* die des Bruders oder der Schwester sind.

Welche Teile unseres gemeinsamen Körpers würde ich unter

solchen Umständen als besonders *mir* zugehörig beanspruchen? Als mein Eigentum würde ich vermutlich beanspruchen, was von echten siamesischen Zwillingen tatsächlich auch beansprucht wird: nämlich jene Gliedmaßen, über die »ich« verfüge und für die ich spreche. Dieser Arm wäre meiner, weil er ausschließlich meinem *Willen* gehorcht, der andere Arm wäre seiner, weil er ausschließlich *seinem* Willen gehorcht.

Die Gültigkeit dieser Analyse wird durch jede Menge alltäglicher Situationen bestätigt. So zeigt mir etwa der Kontrollbildschirm in einem Supermarkt eine Gestalt, die entfernte Ähnlichkeit mit mir hat. Wie finde ich heraus, ob die Gestalt auf dem Bildschirm meine eigene ist? Ich winke mit dem Arm, und wenn der zu meinem Körper gehört, winkt er zurück. Oder (ein bißchen weiter hergeholt) eine meiner Hände ist mit der Hand eines anderen verschränkt, und beim Blick auf das Durcheinander von Fingern bin ich nicht sicher, welche Finger meine und welche seine sind. Wie kann ich es bei *diesem* Finger herausfinden? Ich versuche, mit ihm zu wackeln, und wenn es meiner ist, bewegt er sich.

Bei Erwachsenen sind solche »Selbstprüfungen« natürlich normalerweise nichts als Selbstbestätigungen und keine Selbstsetzungen oder Selbstbestimmungen. In der frühen Kindheit spielen sie indes eine wichtigere Rolle. Bei Säuglingen (wie auch bei Jungtieren vieler anderer Arten) kann man beobachten, wie sie beträchtliche Zeit damit verbringen, einfach nur den Strampelbewegungen ihrer Arme und Beine zuzuschauen – während andere ihrer Aktionen der Antwort auf die Frage dienen, welche Dinge in der Welt ihnen gehören und welche nicht. Das Prinzip ist vielleicht nicht absolut zuverlässig, aber auf lange Sicht erfolgreich: »Wenn etwas sich bewegt, sobald ich will, daß es sich bewegt, bin ich es und ist es meines.«

Dieser Mechanismus wird durch einen Versuch mit einem echten siamesischen Zwillingspaar bestätigt, das der Kinderpsychologe Daniel Stern beschreibt.* Die vier Monate alten

* Daniel Stern (1985), *The Interpersonal World of the Infant*, New York 1985, S. 78.

Mädchen, Alice und Betty, waren vorn, auf Höhe des Bauches, zusammengewachsen, so daß sie sich immer ansahen. Es kam sehr häufig vor, daß eine an den Fingern der anderen saugte. Vorausgesetzt, daß die jeweils saugende Zwillingsschwester dies lustvoll tat und deshalb an einer Fortsetzung dieses Zustands interessiert war, stellte sich Stern folgende Fragen: Wußte die Betreffende, wie sie zu reagieren hatte, wenn der Arm weggezogen wurde? Und wußte sie auch, an wessen Fingern sie saugte?

Sterns Experiment bestand darin, jedesmal, wenn Alice an ihren oder Bettys Fingern saugte, den dazugehörigen Arm sanft wegzuziehen und zu beobachten, was geschah. Er stellte fest, daß der Arm Widerstand leistete, wenn es sich um die jeweils eigenen Finger einer der Schwestern handelte, während, wenn beispielsweise Betty Alices Finger in den Mund gesteckt hatte, kein Widerstand zu spüren war und auch Alices eigene (freie) Arme sich nicht spannten – obwohl im letzteren Fall Alice den Fingern mit dem Kopf zu folgen versuchte. Zweifelsfrei wußte also Alice offenbar, welche Teile ihrer zufällig verbundenen Körper unter ihrer *Verfügung* standen. »Alice«, schreibt Stern, »schien sich nicht im unklaren darüber zu sein, wessen Finger zu wem *gehörten*« [Hervorhebung von mir, N. H.].

Was passiert, wenn jemand *nicht* die Verfügung über seinen Körper hat? Wir alle haben schon erlebt, wie merkwürdig es ist, wenn aufgrund mangelnder Durchblutung ein Arm oder ein Bein vorübergehend »einschläft«: Einen kurzen Moment lang wird das gelähmte Glied zu einem fremden Ding. Aber wenn die Lähmung etwa aufgrund einer Hirnverletzung sehr viel länger andauert, sind die Folgen oft erheblich irritierender. Kommt es je vor, daß solche hirngeschädigten Patienten ihre eigenen Gliedmaßen nicht mehr als ihre eigenen ansehen?

Genau dies geschieht tatsächlich, wenn auch keineswegs immer. Es existieren Schilderungen einseitig gelähmter Patienten, die schlicht bestritten, daß die betroffenen Gliedmaßen zu ihnen gehörten.

Der Neurologe Edoardo Bisiach berichtet beispielsweise folgendes: »Eine Minimalform solcher Störungen läßt sich an dem Gefühl erkennen, daß die Gliedmaßen einem fremd sind, wobei dieses Gefühl entweder direkt vom Patienten geäußert wird oder sich aus den eigentümlichen Spitznamen erschließen läßt, die den Gliedmaßen von den Patienten gegeben werden ... Bei der schweren Form behauptet der Patient, daß die Glieder einem anderen gehören, zum Beispiel dem Untersuchenden. Inhaltlich sind die Wahnvorstellungen unter Umständen völlig absurd: Der Patient behauptet zum Beispiel, der Arm gehöre einem Mitpatienten, der vorher im Krankenwagen transportiert wurde, oder sei vom vorherigen Patienten im Bett vergessen worden. Manchmal haben die Patienten eine ganz entspannte Haltung zu dem verschmähten Glied, während sie in anderen Fällen seine Anwesenheit irritiert und sie auf seiner Entfernung bestehen. In einigen – wenn auch seltenen – Fällen lassen sich Ausbrüche eines heftigen Hasses auf das fremde Glied beobachten, oder es kommt sogar zu physischen Angriffen gegen es.«[*]

Bisiach überliefert das folgende Interview mit einem Patienten, der an einer Lähmung der linken Körperhälfte litt (und auf dieser Seite auch blind war)[**]:
Der Arzt (oder ein anderer Wissenschaftler, Assistent etc.) führt die linke Hand des Patienten in dessen Gesichtsfeld und fragt: »Wessen Hand ist das?«
Patient: Ihre Hand.
Der Arzt legt nun die linke Hand des Patienten zwischen seine eigenen Hände und fragt: »Wessen Hände sind das?«
Patient: Ihre Hände.
Arzt: Wie viele sind es?
Patient: Drei.
Arzt: Haben Sie je einen Menschen mit *drei* Händen gesehen?
Patient: Eine Hand ist das äußerste Ende eines Armes. Da Sie

---

[*] Edoardo Bisiach und Giuliano Geminiani (1990), »Anosognosia related to hemiphlegia and hemianopia«, in *Awareness of Deficit after Brain Injury*, hrsg. v. G. P. Prigatano und D. L. Schacter, New York 1990.
[**] Edoardo Bisiach (1988), »Language without thought«, in: *Thought without Language*, hrsg. v. L. Weiskrantz, Oxford 1988, S. 464–491.

drei Arme haben, müssen sie folglich auch drei Hände haben. Der Arzt führt nun seine Hand ins rechte Gesichtsfeld des Patienten und sagt: »Legen Sie ihre linke Hand gegen meine.«
Patient: Wie Sie wünschen [ohne die Bewegung auszuführen].
Arzt: Aber ich sehe sie nicht, und *Sie* sehen sie auch nicht.
Patient: [nach längerem Zögern] Sehen Sie, Doktor, daß sich die Hand nicht bewegte, bedeutet, daß *ich* sie nicht heben wollte ...«

Der Patient leugnet also nicht nur, daß die Hand ihm gehört, sondern zieht sogar, wenn er sich durch die Tatsachen überführt sieht, seine eigenen Absichten in Zweifel – wobei diese geäußerten Zweifel fast mit Sicherheit nicht ganz ehrlich sind, denn wir können ihn geradezu (ähnlich wie weiland Galilei) flüstern hören: »Aber ich wollte sie doch bewegen.« Einen stärkeren Beweis für den Zusammenhang zwischen dem Selbst als Eigentümer und dem Selbst als Subjekt kann es kaum geben.

»Unser Körper ist ein Garten und unser Wille der Gärtner«, sagt Jago.*

Unsere Eingangsfrage war: Was bedeutet es, wenn man sagt: »Dies ist meins«, speziell bezogen auf Empfindungen, aber genereller auch in bezug auf unseren Körper und auf die Welt außerhalb?

Insofern »ich« ein selbstbestimmtes Subjekt bin, sind meine *Willensentschlüsse* auch meine eigenen. Und wenn die Dinge normal ablaufen, setzen diese Willensentschlüsse auf spezifische und unverwechselbare Weise *meinen* Körper in Bewegung. Deshalb gilt den Menschen die willentliche Verfügung über ihren Körper als Kriterium dafür, ob ihnen dieser Körper tatsächlich gehört oder eben nicht. Außerdem aber gibt es auch noch andere Dinge, über die ich de facto verfüge, auch wenn es in der Außenwelt nichts gibt, über das »ich« genauso verfüge wie über den eigenen Körper. Durch Ausdehnung seines Geltungsbereichs wenden deshalb die Menschen das Verfügungskriterium auch auf die Frage des Eigentums an Dingen der Außenwelt an.

* William Shakespeare (1605), *Othello*, 1. Akt, 3. Szene.

Wir können also sehen, wie Jackendoffs Kriterium, demzufolge für X das Eigentum an Y gleichbedeutend ist mit dem Recht, Y nach Gutdünken zu verwenden – oder so ähnlich –, sich aus körperlichen Anfängen entwickelt haben mag, um schließlich das Privateigentum ganz allgemein zu umfassen. Geradeso wie mein Körper meiner ist, weil ich ein natürliches Vermögen habe, meine Arme, meine Beine und so weiter willentlich zu steuern, sind auch mein Garten, mein Fahrrad, mein Hund und sogar meine Arbeit an diesem Buch mein eigen, weil ich das Vermögen (und ein gesellschaftlich verbürgtes Recht) habe, mit diesen Dingen etwas zu tun.

Eben weil das Eigentumsverhältnis *dieser* Art ist, empfinden wir Thomas Trahernes Anspruch auf das Eigentum an »Sonne, Mond und Sternen« als seltsam und letztlich unzutreffend. Denn es gibt nichts, was er mit der Sonne, dem Mond und den Sternen anstellen könnte. Sein Pferd könnte Traherne gehören, die Kronjuwelen, sogar das Tadsch Mahal – aber nicht die Sterne: Nicht einmal Rousseaus edler Wilder könnte so töricht sein, das zu glauben.

Wohl aber konnte Thomas Traherne die Sterne *anschauen.*

»Schau die Sterne an! Schau hinauf, schau zum Himmel!
Oh schau nur die leuchtenden Scharen den Äther
    bevölkern!«*

Er konnte auf das Licht reagieren, das in seine Augen fiel, und konnte denken: Dies geht mit mir vor, ich empfinde die Sterne, ich bin der einzige, der diese *Empfindung* »betrachtet und genießt«.

Wie steht es nun aber mit den Empfindungen? Können sie überhaupt aus denselben Gründen mein eigen sein, wie es mein Garten, meine Schuhe, meine Füße, meine Handlungen oder meine Willensentschlüsse sind? Und wenn ja, welche der genannten

* Gerard Manley Hopkins (1918), *The Starlight Night.*

stellt die passende Parallele dar? Können meine Empfindungen deshalb meine eigenen sein, weil auch sie – auf irgendeine verzwickte Weise – meiner Handlungsvollmacht unterstehen?

Die derzeitige Richtung unserer Überlegungen erscheint vielleicht etwas dubios. (1) Mein Körper ist meiner dank der Tatsache, daß ich über ihn qua Willensentschluß verfügen kann. (2) Meine Besitztümer, mein Grund und Boden usw. gehören mir dank der Tatsache, daß ich über sie ebenfalls qua Willensentschluß verfügen kann. (3) Aber gilt das auch für Empfindungen, gehören sie uns, weil wir sie willentlich handhaben können?

Wenn das wirklich der Gang der Überlegung wäre, müßten wir an dieser Stelle aufgeben. Niemand stellt *mit* Empfindungen etwas an. Ich kann mit den Zehen wackeln oder Geld ausgeben oder mein Grundstück einzäunen, aber mit meinen Schmerz-, Geschmacks- oder Rotempfindungen kann ich nichts Vergleichbares anstellen. Empfindungen gehören einfach nicht zu der Art von Phänomenen, die man auf diese Weise zum Objekt einer Handlung macht.

Zu welcher Art von Phänomenen gehören sie dann aber, und wie kommt es, daß sie so offensichtlich »meine« sind? Sind Empfindungen vielleicht in einer Weise als Objekt unserer Handlungen so untauglich, daß sie eher so etwas wie eine Körperhandlung eigener Art darstellen?

Schauen wir uns zum Beispiel einmal die Grammatik des Satzes »Ich spüre einen Schmerz in meinem Zeh« näher an. Es liegt nahe, den Satz folgendermaßen zu zerlegen: »Ich [Subjekt] / spüre [Verb] / einen Schmerz in meinem Zeh [Objekt]«, nach dem Muster: »Ich / jäte / meinen Garten«. Aber vielleicht wäre es zutreffender – wenn auch vielleicht nicht so naheliegend –, ihn folgendermaßen zu zerlegen: »Ich [Subjekt] / fühle-einen-Schmerz-in-meinem-Zeh [Verb]«, nach dem Muster: »Ich / winke-mit-dem-Arm«. Dann wäre der Schmerz in meinem Zeh eine *Art* zu empfinden statt Gegenstand der Empfindung, geradeso wie das Winken-mit-dem-Arm eine *Art* und nicht Objekt des Handelns ist.

Das Schmerzgefühl in meinem Arm ist natürlich als Erlebnis

eine andere Art von Handlung als das Winken mit dem Arm. Dennoch könnte es stimmen, daß Empfindungen »quasi Körperhandlungen« sind, die ihrer Natur nach eine bestimmte Bewegung in der Region implizieren, wo sie lokalisiert werden, womit sie, logisch zumindest, unter dieselbe Rubrik fielen wie die eigentlichen Körperhandlungen. Dann wäre »Ich«, mein empfindendes Selbst, in Wirklichkeit nur ein anderer Aspekt des »Ich«, das »handelndes Subjekt« ist. »Ich« wäre es, der für mein Selbst handelte und das Wort führte, und am Ende wäre »Ich« es auch, der für die Empfindungen sorgte.

Ich möchte die Erörterung des Eigentumsbegriffs nun mit einer vielleicht etwas bizarren Überlegung abschließen. Nehmen wir noch einmal den Fall meiner Finger, die mit denen eines anderen Individuums verschränkt sind. Wenn ich nicht weiß, ob in dieser Position ein bestimmter Finger mir gehört, kann ich das, wie schon erwähnt, entscheiden, indem ich den Finger zu bewegen versuche und das Ergebnis beobachte: Bewegt er sich, wenn ich es will, dann ist es meiner. Ich kann aber auch anders verfahren: Ich kann die Finger meiner anderen Hand benutzen, um in den fraglichen Finger zu kneifen. Wenn ich das spüre, macht auch diese Tatsache den Finger zu meinem.

Gehen wir nun einmal davon aus, wir haben Grund zu der Annahme – vorläufig spreche ich mich weder dafür noch dagegen aus –, daß die erste dieser beiden Methoden logisch höher zu bewerten wäre, so daß in letzter Instanz die *einzige* sichere Methode, herauszufinden, ob der Finger meiner ist, darin besteht, irgendeine Art von intentionaler Handlung mit ihm vorzunehmen. Daraus würde dann folgen, daß auch zu der Empfindung, die ich in meinem Finger spüre, logisch der Vollzug einer Handlung – oder jedenfalls der intendierte Vollzug – gehören müßte.

Diese Überlegung ist sehr abstrakt und deshalb wohl zunächst noch nicht überzeugend. Wenn wir ihr jedoch mehr Platz einräumen, können wir sie vielleicht auch konkretisieren.

Kapitel 19

Die Frage der Zeigewörter (ein Schlag in Richtung Hafen)

Auf den ersten Blick mag der Gedanke, Empfindungen seien Körperhandlungen gleichwertig, höchst irritierend anmuten (auch wenn Leser, die mit der sogenannten »adverbialen Theorie« der Empfindungen Bekanntschaft gemacht haben, ihn vielleicht weniger seltsam finden*). In der Tat mag man meinen, daß dieser Gedanke bestenfalls zu einer interessanten Analogiebildung taugt, nicht hingegen zu einer realbegrifflichen Theorie der Empfindung. Zugegeben, die Analogie ist verblüffend und interessant, faßt man sie erst einmal näher ins Auge. Denn es gibt zweifellos formale Ähnlichkeiten zwischen beiden Phänomenformen – abgesehen von der bereits genannten. Vergleichen wir zum Beispiel, wie es ist, »mit dem Zeh zu wackeln«, damit, wie es ist, »im Zeh einen Schmerz zu spüren«. Abgesehen davon, daß sie *meine* ist, ähnelt die Handlung des Wackelns der Empfindung des Schmerzes hinsichtlich folgender Aspekte:

▶ Wie die Empfindung betrifft auch die Handlung einen *bestimmten Teil* meines Körpers (sie läßt sich nicht als die Handlung, die sie ist, beschreiben ohne Angabe des Ortes, an dem sie sich ereignet – daß es zum Beispiel der Zeh ist und nicht die Hand).

▶ Wie die Empfindung ist auch die Handlung ein gegenwärtiger Vorgang mit einer bestimmten Verlaufsdauer (sie läßt sich nicht als die Handlung, die sie ist, beschreiben ohne Angabe des Zeitpunkts, zu dem sie sich ereignet – daß es sich also um das augenblickliche Wackeln meines Zehs handelt und nicht das von gestern).

* Wilfred Sellars (1963), *Science Perception and Reality*, London 1963.

▶ Wie der Empfindung eignet auch der Handlung eine *qualitative Dimension*, die in mancher Hinsicht der Empfindungsmodalität nahekommt (sie läßt sich als die Handlung, die sie ist, nicht beschreiben ohne Angabe der Art oder adverbialen Form, in der die Körperbewegung auftritt: daß also mein Zeh wackelt und sich nicht etwa nur um ein Klümpchen Sand krümmt).

Wie die Empfindung ist darüber hinaus auch die Handlung *phänomenal unmittelbar* (ich habe zwangsläufig von ihren Eigenschaften direkt Kenntnis – da ja ich selbst der Urheber der Bewegung meines Zehs bin).

Aber für eine gute Theorie braucht es mehr als Ähnlichkeiten auf einer so formalen Ebene. Und um in der eher ambitionierten Richtung unseres Gedankenganges voranzukommen, mit der wir im letzten Kapitel begonnen haben, müssen wir nachweisen, daß die Analogie in Wahrheit einer echten Homologie viel näher kommt: daß, mit anderen Worten, Empfindungen wirklich eine Art von Körperhandlung *sind*.

Nehmen wir also an, es läßt sich zeigen, daß über diese bloßen Ähnlichkeiten hinaus Empfindungen und Körperhandlungen mindestens eine Eigenschaft gmeinsam haben, die *nur* eine Körperhandlung aufweisen kann. Nehmen wir an, es gelingt uns eine Argumentationskette wie die folgende zu konstruieren: »*Nur* Körperhandlungen kommt die-und-die Eigenschaft zu; Empfindungen weisen diese Eigenschaft auf; ergo *sind* Empfindungen eine Art von Körperhandlung.«

Wie es der Zufall will, hatte die Überlegung am Ende des letzten Kapitels mehr oder minder diese Form – wobei die Eigenschaft, auf die es ankam, mein eignerschaftliches Verhältnis war. Also: »Die einzige Methode, festzustellen, ob ein Teil meines Körpers mir gehört, besteht im Versuch, ihn zu bewegen; Empfindungen können mir dazu dienen, mein Eigentum an meinem Körper festzustellen; ergo müssen Empfindungen irgendein Moment von Körperbewegung beinhalten.«

Nun bin ich zwar der Ansicht, daß man eine Argumentation, die sich um das eignerschaftliche Verhältnis dreht, mit Hilfe von ein paar Zusatzüberlegungen schlagkräftig machen kann, aber ich vermute, daß sie überzeugender sein wird, wenn man sie auf eine der anderen Eigenschaften bezieht, die Empfindungen und Körperhandlungen gemeinsam haben. Und am meisten scheint mir die Eigenschaft beider Phänomene zu versprechen, »selbstdarstellend in bezug auf ihre Lokalisierung zu sein«. Wir sollten also versuchen zu zeigen, daß nur eine Körperhandlung mir (ihrem Subjekt) unmittelbar deutlich machen kann, daß sie *diesen* Teil von *mir*, genau *hier*, betrifft.

Daß ich eine Empfindung oder eine körperliche Handlung nicht als den Vorgang beschreiben kann, der er ist, wenn ich nicht den Ort »angebe«, wo er sich ereignet, wurde bereits festgehalten. Eine Frage allerdings wurde noch nicht gestellt, nämlich, *wer* die Angabe *wem gegenüber* macht. Nun konnten wir von Anfang an davon ausgehen, daß »ich« es bin, der Eigentümer des Körpers, der offensichtlich diese Feststellung trifft. Wenn das aber so ist, dann warten weitere Fragen auf uns.

Wenn mein Zeh schmerzt oder ich mit ihm wackle, bin ich, der Eigentümer des Zehs, am besten in der Lage anzugeben, welche Region meines Körpers betroffen ist. Und zweifellos bin ich es, der primär Interesse daran hat und für den dieser Zustand zunächst als ein den Zeh betreffender Zustand existiert. Dennoch könnte ich in den meisten Fällen die Angabe auch gegenüber einem anderen machen: »Wo tut es weh?« »In meinem Zeh, diesem Zeh hier.« »Welcher Teil wackelt?« Auch hier lautet die Antwort: »Mein Zeh.« Aber was eigentlich bedeutet dann, daß ich die Angabe mir selbst mache – und wie verhält sich vor allem diese Mitteilung an mich selbst zur Mitteilung an einen anderen?

Ziehen wir den letzten Punkt vor und überlegen wir uns, welche sprachlichen Ersatzmöglichkeiten ich habe, wenn ich die Angabe mir selbst mache. Ich kann zu mir sagen, »mein linker großer Zeh«, oder ich kann sagen, »dieser Zeh« oder »dieser Teil von mir« oder einfach »hier« – und in allen Fällen weiß ich genau, was gemeint ist. Aber erwähne ich den Vorgang in dieser ungenauen Form einem anderen gegenüber, so sagen dem

Adressaten die Wörter »dies« oder »hier« nichts Definitives, es sei denn, sie wären von einer unmißverständlichen *Zeigebewegung* auf meinen Zeh begleitet. Und auch wenn ich auf den Zeh zeige, muß der andere immerhin anwesend sein und beobachten können, worauf ich zeige, damit die Wörter für ihn einen Sinn bekommen. Am Telefon etwa oder in einem Brief hätten sie keinerlei Funktion!

Die Wörter »dies« und »hier« gehören zu einer Gruppe, die in der Philosophie als Zeigewörter bezeichnet werden. Die Zeigewörter gehen normalerweise einher mit einer zusätzlichen, nichtverbalen Zeigebewegung seitens des Subjekts, das sie gebraucht. Zu dieser Gruppe zählen auch die Wörter »jetzt« und »heute« und desgleichen die Wörter »ich« und »du«. Alle Wörter dieser Art beziehen zumindest einen Teil ihres Sinnes aus dem Zusammenhang, in dem sie gebraucht werden (wer, wann, von wem, von was für Handlungen begleitet?).

Stellen wir uns zum Beispiel den folgenden Informationsaustausch vor, festgehalten auf einem telefonischen Anrufbeantworter: »Hier ist die Arztpraxis Dr. X. Bitte hinterlassen Sie, wer Sie sind und wann Sie angerufen haben, und geben Sie an, welche Beschwerden Sie haben.« »Hallo, ich bin's. Heutiges Datum und jetzige Zeit. Den Schmerz spüre ich in diesem Teil meines Körpers, genau hier.« So bedeutungsvoll diese Nachricht für den Patienten vielleicht wäre, so wenig wäre sie dem Arzt verständlich.

Aber was genau muß jemand tun, um einem anderen etwas zu zeigen? Muß er tatsächlich mit der Hand darauf deuten (vielleicht mit seinem »Zeigefinger«)? Nein, durchaus nicht. Wenn ich sage »dies« (und dabei zum Beispiel »diesen Apfel auf dem Schreibtisch« meine), kann ich den betreffenden Gegenstand dadurch markieren, daß ich auf ihn zeige, ihn aufhebe, ihn dem Gegenüber zuwerfe oder ein Fähnchen hineinstecke. Oder ich kann, wenn ich will, auch aufwendiger verfahren: Ich kann von meinem Schreibtisch einen Lageplan zeichnen und ein Markierfähnchen in den Plan stecken oder »X befindet sich hier« schreiben. Aber was ich auch tue, ich muß auf jeden Fall *an einer relevanten raumzeitlichen Stelle eine physische Bewegung hervorrufen* – entweder dort, wo der Apfel sich tatsächlich befindet, oder an einer Stelle, die als »stellvertretende Lokalität« erkennbar ist. Falls »dies« sich auf einen Teil meines Körpers bezieht und zum Beispiel »dieser Zeh« gemeint ist, dann besteht selbstverständlich die nächstliegende Methode, eine physische Bewegung hervorzurufen, darin, den betreffenden Körperteil in Bewegung zu versetzten: »Dieser Zeh« ist dann »der Zeh, mit dem ich wackle«.

Nun weisen bei näherer Betrachtung bestimmte Zeigewörter eine interessante Eigenart auf: nämlich die, daß der *Akt ihrer sprachlichen Artikulation* eben die Körperhandlung ist, die zeigt, worum es sich bei »dies« handelt. Wenn ich zum Beispiel »jetzt« sage (und »diesen Zeitpunkt« meine), dann zeige ich auf den gemeinten Zeitpunkt einfach durch das Artikulationsgeräusch, das ich in diesem Augenblick mache. Wenn ich sage »hier« (und »diesen Ort« meine, »an dem ich bin«), dann zeige ich den gemeinten Ort durch die Mundbewegung an, die ich vor Ort mache. Und wenn ich sage »ich« (und »diese Person« meine), dann zeige ich auf die gemeinte Person, indem ich mit ihrem Mund spreche. Würde ich statt dessen »diese Lippen« sagen, so würde ich dadurch auf die betreffenden Lippen zeigen, daß ich sie bewegte. Diese Zeigewörter erfordern also zur Klarstellung ihrer Bedeutung keine weitere Zeigehandlung, weil sie von eben der räumlichen Stelle aus gesprochen werden, auf die hingewiesen wird.

Aber wenn ich nun meine Lippen einem anderen auf die sparsame Weise zeigen kann, indem ich »diese Lippen« sage und sie ja dabei gleichzeitig bewege, was müßte ich tun, wenn ich die Lippen nur mir selbst zeigen wollte? In diesem Fall müßte ich den Hinweis nicht aussprechen, der gedachte Hinweis wäre vollkommen ausreichend. Vorausgesetzt selbstverständlich, ich würde eine kleine Bewegung mit den Lippen machen oder jedenfalls irgendeine Handlung andeuten, die in diese Richtung zielt. Wenn dies für meine Lippen gilt, so ist nicht einzusehen, warum es nicht auch für jeden beliebigen anderen Teil meines Körpers gelten sollte. So reichte es also aus, einfach nur »dieser Zeh« oder »diese Hand« zu denken und mit dem betreffenden Körperteil andeutungsweise eine Bewegung zu machen, um das gedachte Objekt zu lokalisieren und damit dem Gedanken eine selbstbezügliche Zeigefunktion zu geben.

Verhält es sich wirklich so? An dieser Stelle müsen wir sehr genau sein. Denken wir nämlich einfach »dieser Zeh« oder »diese Hand«, so hat der Gedanke so lange *keine* selbstbezügliche Zeigefunktion nach Art des mit Hilfe von Zeigewörtern vollzogenen Sprechakts, wie er nicht analog zum Sprechakt auf irgendeine Weise mit der Bewegung des betreffenden Körperteils direkt verknüpft ist. Ein Gedanke, der die Bewegung kausal hervorruft, würde dieser Anforderung genügen, nicht hingegen ein Gedanke, den eine unabhängig von ihm hervorgerufene Bewegung zufällig begleitet. Mit anderen Worten, ein Gedanke oder auch jeder andere geistige Zustand wird dann, und nur dann, eine selbstbezügliche Zeigefunktion haben, wenn er sich sowohl auf eine bestimmte Stelle des Körpers bezieht, als auch an der betreffenden Stelle eine physische Bewegung hervorruft. Damit ich mir in Gedanken meinen Zeh zeigen kann, muß der Gedanke in der Tat von der Art sein, daß er ausgreift und »meinen Zeh in Bewegung setzt«.

Was für Gedanken oder sonstige mentale Zustände sind auf diese besondere Weise kausal wirksam oder können es zumindest sein? Es wurde beispielsweise behauptet – allerdings nicht gerade überzeugend begründet –, daß fast jeder Akt der auf einen Körperteil faktisch gerichteten »Aufmerksamkeit« ein solches Ausgreifen darstellt und automatisch in dem in Frage stehenden Körperteil zumindest eine Mikrobewegung hervorruft: Konzentriert sich also jemand in Gedanken auf seinen linken Fuß, so macht er mit dem Fuß wenigstens eine winzige Bewegung; konzentriert er sich auf die Zunge, bewegt er sie ein bißchen, konzentriert er sich auf sein rechtes Ohr, macht er sogar eine Bewegung mit dem Ohr!

Selbstverständlich bieten die besten Beispiele dafür nicht die »Aufmerksamkeitsbewegungen«, sondern die »Absichtsbewegungen«: mit anderen Worten, intentionale Bewegungen, die Bestandteil willensbestimmter Körperhandlungen sind, bei denen das handelnde Subjekt mittels eines Willensakts einem Körperteil etwas zu tun befiehlt. Mag mein Fuß sich automatisch bewegen oder nicht, wenn ich meine Aufmerksamkeit auf ihn richte; sicher ist jedenfalls, daß er sich automatisch bewegt, wenn ich will, daß er es tut. Solche Körperhandlungen sind deshalb Musterbeispiele für selbstanzeigende Zustände.

Nun aber bleibt uns, damit der Kreis sich schließt, nur noch festzuhalten, daß es sich nicht bloß um Musterbeispiele, sondern, geht man der Sache auf den Grund, um die einzig gültigen Beispiele handelt. Denn in der Tat gehört jeder geistige Zustand, der diese beiden Elemente enthält und sich sowohl auf eine bestimmte Körperstelle bezieht, als auch an der betreffenden Stelle eine Bewegung verursacht, per definitionem in die Gruppe der Körperhandlungen – eben weil eine Körperhandlung genau darin besteht.

Demnach kann also ein Zustand dann, und nur dann, eine selbstbezügliche Zeigefunktion haben (oder, um meinen ursprünglichen Ausdruck aufzugreifen, in bezug auf die Körperstelle selbstdarstellend sein), wenn auch er eine Art von Körperhandlung ist. Und da unser Ausgangspunkt die Beobachtung war, daß auch Empfindungen diese Funktion aufweisen, dürfen wir den Schluß ziehen, daß die Empfindungen selbst in der Tat eine Art von Körperhandlung sind. Nur daß wir jetzt besser begreifen, was das eigentlich heißt: nämlich, daß Empfindungen ihrerseits ausgreifen und an der betreffenden Stelle einen physikalischen Vorgang auslösen.

Die »betreffende Stelle« kann, wie oben bereits eingeräumt, eine Stelle auf einer Karte oder Skizze sein – aber auch eine gänzlich andere Stelle, die mit der eigentlichen Stelle in einem einsichtigen Zusammenhang steht, wie beispielsweise im Falle der Navigation. Sie muß deshalb nicht der Körperteil selbst sein. Wenn Menschen über ein »inneres Modell« von ihrem Körper verfügen, dann kann die Aktivität der Sinnesempfindung, die auf den Körper hinweist, eine Quasi-Handlung sein, die sich nicht am Körper selbst, sondern an diesem inneren Modell abspielt. Aber so oder so bleibt unser Schluß bestehen, daß Empfindungen aktiv sein müssen, um an »dieser körperspezifischen Stelle, hier und jetzt«, eine Bewegung hervorzurufen.

Wenn also mit dem Zeh zu wackeln bedeutet, dem Zeh ein Signal zu senden, daß er wackeln soll (woraus sich erklärt, *warum* und *wie* die Handlung den Körper direkt betrifft), so bedeutet ganz ebenso die Schmerzempfindung im Zeh, an den Zeh ein Signal zu schicken, daß er weh tun soll (woraus sich erklärt, warum und wie für die Empfindung das gleiche gilt wie für die Handlung).

Diesem Gedankengang zu folgen war für den Leser wahrscheinlich ebenso schwierig wie für mich, ihn anzustellen. Aber auch wenn im Falle des Schmerzes (und vielleicht des Berührungsreizes überhaupt) die These überzeugend wirkt, könnte es doch immer noch fragwürdig scheinen, sie auf andere Sinnesmodalitäten anzuwenden: von der Schmerzempfindung im Zeh zum Beispiel auf eine Duftempfindung in der Nase oder eine Rotempfindung auf der Retina.

Man sagt tatsächlich, »mein Zeh tut weh« oder »meine Haut juckt« oder »mein Gesicht brennt«, und bedient sich damit einer Ausdrucksweise, die der für eine Handlung, etwa »mein Zeh wackelt«, stark ähnelt. »Meine Nase riecht« oder »meine Netzhaut rötet« sagt dagegen niemand. Und tatsächlich bleibt ja auch noch zu fragen, welche Art von zentral erzeugter physischer Bewegung sich in der Nase oder im Auge ereignen kann.

Nachdem wir aber die Grundthese aufgestellt haben, daß zu Empfindungen irgendeine Art von Aktivierung der Körperoberfläche *notwendigerweise* dazugehört, ist unser weiteres Vorgehen klar. Wir müssen diese These nutzen, um unsere Lesart von der biologischen Evolution der Empfindungen zu entwickeln.

Kapitel 20

Plus ça change ...

Die Anfänge einer solchen Evolutionsgeschichte habe
ich in Kapitel 3 [S. 41f.] skizziert, wo ich die Ansicht vertreten
habe, daß die früheste Funktion der Empfindungen die Vermittlung einer affektiven Reaktion auf den an der Körperoberfläche
auftretenden Reiz war – und daß die Empfindungen diese
Funktion bis heute behalten haben.

»[Bei den frühesten animalischen Lebewesen] waren Grenzen – und die physikalischen Strukturen, die sie ausmachen, wie
Zellwände oder Haut – wesentlich. Erstens umschlossen sie die
Substanz des Tieres drinnen und grenzten sie gegen die Außenwelt ab. Zweitens bildeten sie die Oberfläche des Tieres und damit eine Übergangsstelle, an der die äußere Welt auf das Tier
einwirkte und durch die hindurch sich der Austausch von Materie, Energie und Informationen vollziehen konnte.

Licht fiel auf das Tier, Gegenstände prallten mit ihm zusammen, Druckwellen setzten ihm zu, chemische Stoffe setzten sich
an ihm fest ... Sehr allgemein gefaßt, waren manche dieser Ereignisse vorteilhaft für das Tier, andere neutral, wieder andere
nachteilig. Jedes Tier, das über Mittel verfügte, die negativen
vor den positiven Einflüssen zu trennen, sich die einen zunutze
zu machen und die anderen zu meiden, verfügte unstrittig über
einen biologischen Vorteil. Die natürliche Auslese wirkte deshalb mit aller Wahrscheinlichkeit so, daß sie die Ausbildung von
»Empfindlichkeit« förderte. Zunächst bedeutete dies nichts anderes, als lokale Reizbarkeit auszuprägen: das Tier reagierte auf
einen Oberflächenreiz.

Schon bald indes entwickelten sich differenziertere Formen

der Empfindlichkeitsreaktion. Die Sinnesorgane waren in der Lage, unterschiedliche Reize zu unterscheiden, und die Palette möglicher Reaktionen wurde erweitert. Statt der lokalen Reaktion auf einen Reiz oder zusätzlich zu ihr wurde die Information des Reizes von einer Stelle der Haut an eine andere weitergegeben und löste dort Reaktionen aus. Und durch die Einführung von Übertragungsverzögerungen und eine Kombination aus Erleichterung und Hemmung wurde der Weg frei für eine bessere Anpassung der Reaktionen des Tieres an seine Bedürfnisse: zum Beispiel in der Weise, daß es sich von der Quelle eines schädlichen Reizes entfernte, statt einfach nur vor ihm zurückzuschrecken.«

Meine These ist also, daß die Empfindlichkeit sich primär als ein Mittel entwickelt hat, sich *gegenüber dem Reiz an der Stelle, an der er auftrat, zu verhalten*: Zumindest, soviel ist erst einmal sicher, reagierte das Tier mit demselben Stück Haut auf den Reiz, mit dem es auch auf ihn aufmerksam wurde – das sensorische Epithel war zugleich das reaktive Epithel, und das Sinnesorgan (falls es den Namen Organ verdiente) war auch das Vollzugsorgan. Aber während ich in Kapitel 3 anschließend das Schwergewicht auf die *Entkoppelung* von Empfindungs- und Reaktionsfähigkeit legte – die schließlich zu zwei Repräsentationskanälen, der Empfindung und der Wahrnehmung, führte –, hat sich unsere Position in dieser Frage jetzt geändert. Denn wir haben jetzt jeden Grund, die *bestehengebliebene Koppelung* hervorzuheben.

Den Grund dafür habe ich in den letzten beiden Kapiteln herausgearbeitet. Jede Empfindung wird immer noch – auch von uns heutigen Menschen – als etwas erlebt, das »hier« und »jetzt« mit »mir« vorgeht. Und das setzt logischerweise voraus, daß die Empfindung (beziehungsweise der Aktionsplan, der ihr entspricht) sich nach wie vor bis zur Reizsituation zurückerstreckt – um anzuzeigen, »was« »wann« »wem« passiert.

Ich meine also, wir sollten ganz einfach eine evolutionsgeschichtliche Kontinuität annehmen, wie sie Abbildung 5 zeigt, wo bei aller zunehmenden Komplexität der sensorischen Reaktion die ursprüngliche Anordnung in einer gewissen Weise doch erhalten bleibt.

Bei den primitivsten Lebewesen bleibt die Reaktion auf den Reiz ganz und gar lokal beschränkt: Wenn zum Beispiel die Oberfläche einer Amöbe berührt wird, breitet sich die Erregung direkt auf der Zellmembran aus, um in diesem Teil der Zellmembran die Krümmungsbewegungen für den Rückzug auszulösen. Bei einem höher entwickelten Tier, wie etwa einem Regenwurm, umfaßt die Reaktion bereits Signale, die zwischen der Reizstelle und einem zentraler gelegenen Ganglion hin- und herwandern. Und beim Menschen gehören dann zur Reaktion Signale, die den gesamten Weg von der Körperoberfläche bis zum Gehirn und wieder zurück geschickt werden.

Wird dieses Schema durch anatomische Gegebenheiten gestützt? Zumindest deutet genug darauf hin, daß es nicht von der Hand zu weisen ist. Alle afferenten sensorischen Nerven beim Menschen enthalten mindestens einige efferente Fasern, und selbst beim Auge leiten zehn Prozent der Fasern des Sehnervs Signale vom Gehirn zurück zur Retina (was bedeutet, daß erheblich mehr Fasern zur Netzhaut führen als zum Beispiel zur Handmuskulatur).

Aber ich möchte zugleich bemerken, daß es ein Fehler wäre, sich von dem derzeitigen Kenntnisstand auf anatomischem Gebiet die theoretische Diskussion diktieren zu lassen. Wir werden später noch Gelegenheit haben, die Theorie den physiologischen Gegebenheiten des menschlichen Körpers anzupassen.

Erst einmal ist unsere zentrale These einfach diese: daß die Empfindungstätigkeit, auch beim Menschen, ein direkter Abkömmling der ursprünglichen affektiven Reaktion ist. Die »Sinnesempfindungsschleife« ist allmählich länger geworden. Dennoch verbindet eine bruchlose Kontinuität die Empfindungen des Menschen mit jenen primitiven ursprünglichen Zuckungen, in denen sich Zustimmung und Ablehnung äußerten. Je mehr sich im Laufe der Entwicklung geändert hat, um so mehr ist sich auch im wesentlichen gleich geblieben.

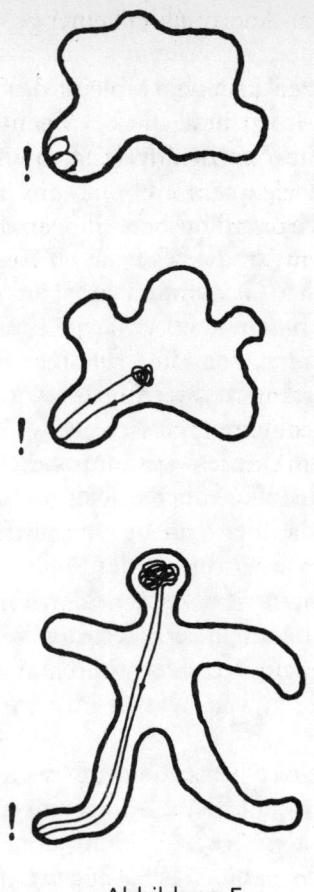

Abbildung 5

Biologen (ebenso wie Philosophen), die die heutigen Phänomene verstehen wollen, tun gut daran, genau auf die Herkunft dieser Phänomene – ihren Stammbaum – zu achten.

Nehmen wir als ein Beispiel das bemerkenswerte Verhalten der grünen Seeschildkröten im Südatlantik, die 3 000 Kilometer weit schwimmen, um ihre Eier zu legen. Das war nicht immer so. Vor 100 Millionen Jahren, als der südamerikanische und der afrikanische Kontinent noch von einem schmalen Streifen Meer getrennt waren, legten die Schildkröten, die vor der südamerikanischen Küste lebten, ihre Eier auf einer nahegelegenen Insel vor der afrikanischen Küste ab. Dann begann die Kontinentaldrift wirksam zu werden, und die Kontinentalplatten Afrikas und Amerikas trieben auseinander und schufen Platz für den riesigen Atlantischen Ozean. Was geschah? Der tradierte Lebensraum der Seeschildkröten befand sich auf der Seite Südamerikas, während ihr tradiertes Brutgebiet auf der Seite Afrikas lag. Statt aber ihre Gewohnheiten zu ändern, schwammen sie Jahr für Jahr ein bißchen weiter nach Osten. Und so kommt es, daß die Schildkröten eine »überflüssige« Reise machen, die uns – wüßten wir nicht von ihrer Entstehungsgeschichte – biologisch widersinnig anmuten müßte.

Dieser Vergleich soll keineswegs unterstellen, Empfindungen wären ähnlich absurd. Wohl aber will ich damit folgendes deutlich machen: Falls die menschlichen Empfindungen auf einer uralten Bahn nach wie vor bis zu der Stelle zurückreichen, an der sie erlebt werden, und falls sich das, was sie vollführen, von den affektiven Reaktionen unserer fernsten Vorfahren herleitet, können wir mit Fug und Recht erwarten, daß *hier* der Schlüssel zum Verständnis dessen liegt, was sie im Kern auch heute noch sind.

Um in diesem Punkt weiterzukommen, müssen wir indes sehr viel mehr ins Detail gehen – und vor allem ein auf der Hand liegendes Problem lösen. Wenn die menschlichen Empfindungen sich von amöboiden Zuckungen auf der Körperoberfläche herleiten, die ursprünglich nichts als Zustimmung oder Ablehnung bedeuteten, wie konnte es dann zu einer hinlänglichen Vielfalt von »sensorischen Reaktionen« kommen, um der Fülle menschlicher Sinneserfahrung gerecht zu werden?

Kapitel 21

Eine kleine Geistmusik

Eine Amöbe, so dürfen wir vermuten, verfügt nicht über ein vielfältiges Eigenleben: Unterschiedliche Formen von »Zuckungen, die Zustimmung oder Ablehnung bedeuten«, mögen für das, was eine Amöbe repräsentieren kann, eine hinlängliche Basis bieten. Aber menschlichen Wesen, für die es doch offenbar unendlich mehr Reizempfindungen gibt als Möglichkeiten, reaktiv zu »zucken«, kann dies nicht – jedenfalls nicht ohne weiteres – genügen.

Ende des letzten Jahrhunderts versuchten Vertreter der positivistischen Psychologie, die Gesamtzahl der beim Menschen unterscheidbaren Sinnesempfindungen zu schätzen. Edward Titchener kam auf 44 435 »elementare Empfindungen«, davon 32 820 für den Gesichtssinn, 11 600 für den Gehörsinn und 1 (jawohl, eine einzige) für die Sexualität.*

Ohne daß wir diese Zahl akzeptieren müssen, können wir unschwer erkennen, daß es in der Tat gewichtige quantitative Probleme bereiten würde, die menschlichen Empfindungen auf unterschiedliche Formen von Körperaktivitäten abzubilden. Noch größer allerdings ist das qualitative Problem. Denn worin könnte der wesentliche Unterschied bestehen zwischen einem »roten Zucken« auf der Netzhaut, einem »süßen Zucken« auf der Zunge und einem »kitzligen Zucken« am Ellbogen? Wie könnte ein vom Gehirn an die Peripherie gesendetes Signal diese Informationen enthalten?

* Edward Titchener (1896), zit. in E. G. Boring, *Sensation and Perception in the History of Experimental Psychology*, New York 1942, S. 10.

Meine Hypothese steht oder fällt möglicherweise damit, daß ich auf diese Fragen eine realitätsgerechte Antwort zu geben vermag.

Vielleicht ist ein Wechsel in der Terminologie nützlich. Statt von sensorischen Reaktionen oder gar von zustimmenden beziehungsweise ablehnenden Zuckungen zu reden, sollten wir für die »Tätigkeit des Empfindens« einen spezifischeren Ausdruck suchen – am besten ein Wort, das auch Affektkonnotationen hat. Neologismen klingen häßlich, und kein vorhandenes Wort paßt so richtig. Dennoch schlage ich vor – auch wenn es ein bißchen Gewöhnung erfordert –, die zentral vor sich gehende Aktivität »Sentition« zu nennen und die tatsächlichen Vorgänge an der Körperoberfläche, die daraus folgen, »Sentiments«. Sentiment wäre, so gesehen, der Name für die wirklichen physikalischen Bewegungen, die unserer Hypothese nach dort auftreten, wo Empfindungen gespürt werden.

Nehmen wir also an, daß jede unterscheidbare Empfindung beim Menschen einer physisch eigenen Art von Sentiment an der Körperoberfläche entspricht. Nehmen wir sogar um der Argumentation willen an, daß, eine bestimmte Empfindung zu *spüren*, für den Betreffenden einfach darin besteht, die passende Sentitionsform zu realisieren – und die nötigen Anweisungen zu geben, damit vom Gehirn das einschlägige Signal ausgeht. Die Frage lautet nun: Welche Eigenschaften dieser Sentiments könnten den qualitativen Dimensionen der Sinneserfahrung entsprechen, und mittels welcher Eigenschaften könnten die ausgeschickten Signale die betreffenden Informationen kodiert enthalten?

Wir haben zwei Befunde (vielleicht), die uns weiterhelfen können. Der erste besteht in der Tatsache, daß beim Menschen, wie gesagt, ein Zusammenhang besteht zwischen der »Modalität« einer Empfindung und dem Ort, an dem sie sich ereignet – so daß die Menschen normalerweise visuelle Empfindungen mit der Retina, Geruchsempfindungen mit der Nasenschleimhaut, taktile

Empfindungen mit der Haut erleben und so weiter. Das zweite ist die Tatsache, daß sogar noch beim heutigen Menschen eine zumindest residuale Verbindung besteht zwischen der »innermodalen« Qualität einer Empfindung und der Art, wie der Reiz auf einer affektiven Ebene bewertet wird – so daß im Bereich des Gesichtssinns Rotlicht normalerweise eine aufregende, Blaulicht hingegen eine beruhigende Wirkung hat, im Bereich des Tastsinns Jucken Irritation auslöst, Kitzeln hingegen als angenehm empfunden wird, im Bereich des Geschmackssinns Süßes wohlschmeckend ist, Faules hingegen Ekel erregt und so weiter.

Was nun die erste Tatsache angeht, läßt sich feststellen, daß jeder der modalitätsspezifischen Bereiche des menschlichen Körpers unter dem Mikroskop ein sehr eigenes Aussehen und in der Tat seine besondere physikalische Mikrostruktur aufweist. Wenn sich also die Sentition auf einen solchen bestimmten Bereich bezieht, ist es wahrscheinlich, daß alle Sentiments in diesem Bereich eine eigene, strukturell bestimmte Form haben. Man kann annehmen, daß der *Modus* einer Empfindung in einem direkten Zusammenhang mit dieser strukturellen Dimension der entsprechenden sensorischen Reaktion steht – daß also Gesichtsempfindungen bezogen sind auf die besondere Form der Retinasentiments, Geruchsempfindungen bezogen sind auf die Form der Sentiments in der Nase, Berührungsempfindungen bezogen sind auf die Form der Hautsentiments und so weiter.

Was die zweite Tatsache angeht, so ist festzustellen, daß die Art, wie jemand als Person affektiv auf Reize reagiert, aller Wahrscheinlichkeit nach in Verbindung steht mit der Art, wie er affektiv an seiner Körperoberfläche reagiert (oder wie jedenfalls seine entwicklungsgeschichtlichen Vorfahren reagiert haben). Deshalb bewahren wahrscheinlich sensorische Reaktionen immer noch zumindest den Schatten ihrer ursprünglichen affektiven Funktion, und unterschiedliche Sentiments, die in derselben Körperregion auftreten, weisen wahrscheinlich jeweils eine eigentümliche funktionell bestimmte Form auf – je nachdem, ob sie den Reiz gutheißen, ablehnen oder wie auch immer beantworten sollen (beziehungsweise in der Vergangenheit sollten). Man kann annehmen, daß die *innermodale Qualität* einer Empfindung in einer direkten Beziehung zu dieser *funktionellen* Dimension der entsprechenden sensorischen Reaktion steht: in dem Sinne, daß Sentiments, die auf Verstärkung des Reizes zielen, eine bestimmte modale Qualität aufweisen, Sentiments, die auf seine Verminderung zielen, eine andere modale Qualität, Sentiments, die ihn konstant zu halten suchen, wieder eine andere und so fort, quer durch eine breite Palette nuancierter positiver oder negativer Affekte.

Als Ausgangsbasis ist dies vielleicht nicht gerade überwältigend, aber es ist vielversprechend. Betrachten wir Körperhandlungen ganz allgemein, so sind es offensichtlich diese beiden Eigenschaften – Ort und Funktion –, die ihren »adverbialen

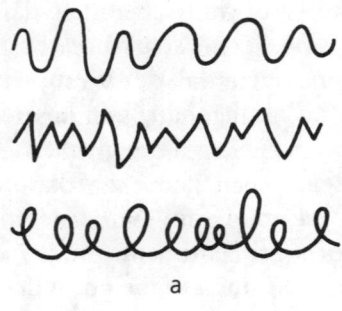

a

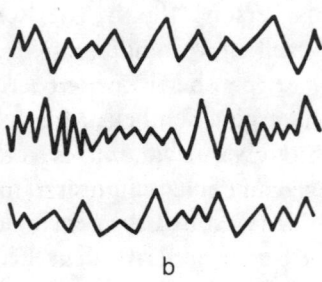

b

Abbildung 6

212

Stil« bestimmen. So erweist sich der vorher gezogene Vergleich zwischen qualitativ verschiedenartigen Empfindungen und qualitativ unterschiedlichen Körperhandlungen auch weiterhin als erstaunlich zutreffend. Man könnte sagen, daß der Unterschied zwischen einer Berührungsempfindung am Ellenbogen und einer visuellen Empfindung in den Augen ein bißchen dem Unterschied zwischen einer lokomotorischen Bewegung mit den Beinen und einer Schlingbewegung mit dem Mund ähnelt; und innerhalb eines Sinnesmodus nehmen sich Unterschiede wie die zwischen Schmerz-, Juck- und Kitzelempfindungen ein bißchen wie die zwischen Springen, Rennen und Hüpfen aus.

Ich werde nicht genau erklären, wie das im einzelnen funktionieren könnte: unter anderem deshalb nicht, weil in bestimmter Hinsicht (wir werden später noch sehen, in welcher) meine Thesen von der aktuellen Auffassung der biologischen Realität abweichen. Aber im Sinne einer groben Veranschaulichung lassen sich vielleicht die Wellenlinien in Abbildung 6a als Repräsentationen verschiedenartiger Sentiments betrachten, die Empfindungen in unterschiedlichen Bereichen der Körperoberfläche entsprechen, während sich die Wellenlinien in Abbildung 6b als Repräsentationen verschiedenartiger Sentiments innerhalb eines bestimmten Bereichs verstehen lassen, die funktionell unterschiedliche affektive Funktionen haben und Empfindungen mit unterschiedlichen submodalen Qualitäten entsprechen.

Mir gefällt diese Art, Sentiments zu veranschaulichen und sie sich wie Wellenbewegungen an der Körperoberfläche vorzustellen, weil das an einen Vergleich mit der Musik denken läßt.

Stellen wir uns ein Orchester vor, wie es in einer bestimmten räumlichen Anordnung auf dem Podium sitzt, mit den Streichern an der einen Stelle, den Blechbläsern an einer anderen, den Holzbläsern an wieder einer anderen, dem Schlagzeug an noch einer anderen und so weiter. Und stellen wir uns vor, dieses Orchester hat einen Dirigenten – einen wirklichen Maestro –, der

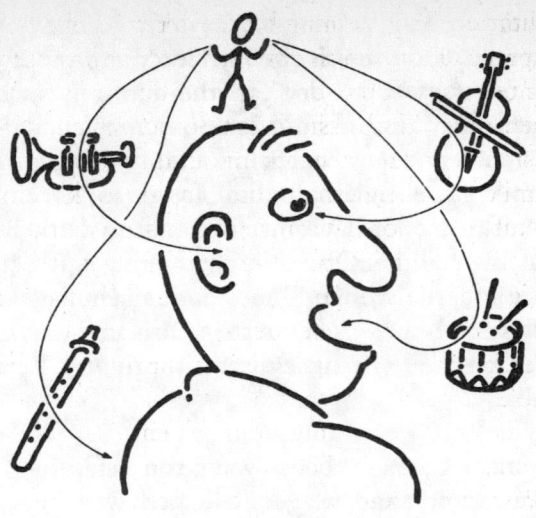

Abbildung 7

nicht nur den Takt schlägt und bestimmten Instrumenten das Zeichen zum Einsatz gibt, sondern in der Tat auch jedem einzelnen Musiker bedeutet, welche Handlungen er auszuführen hat.

Nehmen wir auch an, das Orchester entspricht der Körperoberfläche, wobei jede Instrumentengruppe einen anderen Sinnesempfindungsbereich darstellt. Der Dirigent dagegen entspricht jener Stelle im Gehirn, von der die sensorischen Signale ausgehen. Nehmen wir weiter an, das Spiel eines bestimmten Instruments in diesem Ensemble entspricht einer bestimmten Sinnesempfindung, und die Rolle des Dirigenten bei der Erzeugung dieser Instrumentalmusik gleicht der Rolle, die das Gehirn bei der Erzeugung der Sinnesempfindung spielt.

In diesem Fall würde der Modus der Sinnesempfindung der Spieltechnik entsprechen, die durch die Struktur des Instruments bedingt ist: mit anderen Worten, der Art und Weise, wie dieser Teil des Orchesters gehandhabt werden muß – ob er mit den Fingern bedient, mit dem Bogen gestrichen, geblasen, gezupft oder sonstwie bearbeitet werden muß. Und die innermodale Qualität der Empfindung würde der tatsächlichen Notenfolge entsprechen, die durch das Spiel intoniert werden soll.

So könnte zum Beispiel der Tastsinn der Holzbläsertechnik entsprechen, der Gesichtssinn der Streichertechnik, der Geschmackssinn der Schlagzeugtechnik und das Gehör der Blechbläsertechnik. Und innerhalb des Tastsinns könnte Jucken einem As auf einer Flöte, Wärme einem Es auf dem Fagott, Kitzeln einem Cis auf einer Oboe entsprechen.

In Abbildung 7 sieht man diese Theorie der Empfindungen dargestellt. Man beachte den internen Dirigenten, das »Ich«.

Woher erhält der Dirigent seine Partitur für die Musik, die er dirigiert? Nun, sofern er nicht träumt, erhält er sie durch Informationen, die er *von* den Sinnesorganen empfängt. Diese Informationen erzeugen indes ebensowenig von sich aus Musik, wie das eine Partitur tut. Entscheidend ist vielmehr, was der Dirigent daraus macht.

Kapitel 22

Besondere Nervenenergien

Auch in diesem Abschnitt mag wohl manches widersinnig klingen – insbesondere die gegen Ende des letzten Kapitels aufgestellte Behauptung, die eintreffenden Reize verfügten von sich aus nicht über »musikalische Vielfalt«. Wenn wir die Hypothese weiterentwickeln, wird sich jedoch zeigen, daß sie beträchtliche Vorzüge hat (nach Beseitigung einiger Schwachstellen, versteht sich). Aber ehe wir uns überlegen, was sich mit ihr anfangen läßt, müssen wir sie erst einmal in den Zusammenhang traditioneller Vorstellungen einordnen.

Die gängige Theorie ist dem Anschein nach das genaue Gegenstück zu der hier vorgetragenen, weil sie alles Gewicht auf die Frage legt, wie die Eingabe ins Gehirn beschaffen ist, und sich für den Ausstoß nicht interessiert. Insbesondere geht sie davon aus, daß die Modalität einer Empfindung in erster Linie durch die anatomische Anordnung der *zuführenden Nerven* bestimmt ist, so daß es zum Beispiel genügt, wenn ein Signal über den Sehnerv eindringt und die Sehrinde reizt, um zu garantieren, daß die Empfindung visueller Natur ist. Bleiben wir bei unserem Musikvergleich, so verhält es sich, als befinde sich jemand im Kopf, der die Musik nicht hervorbringt, sondern sie nur aufnimmt, kein interner Dirigent, sondern ein interner Zuhörer, der die Informationen, die der vom Sehnerv versorgte Teil seines Gehirns empfängt, als den Klang »visueller Streicher« erlebt, während er sie, wenn er sie in dem vom Hörer versorgten Teil des Gehirns empfängt, als den Klang »akustischer Trompeten« erlebt.

Diese sogenannte »Lehre von den spezifischen Nervenenergien« wurde bereits 1834 von Johannes Müller vorgetragen. Im *Encyclopedic Dictionary of Psychology* hat ein Professor der University of Oxford den Gedanken zusammengefaßt: »Die Qualität der Sinnesempfindung hängt davon ab, welcher Nerv gereizt wird ... Jegliche Reizung der Hörnerven ruft Hörempfindungen hervor, weil die Nerven zum auditorischen System des Gehirns führen. Desgleichen ruft die Reizung des Sehnervs visuelle Empfindungen hervor, weil der Sehnerv Informationen an das visuelle System des Gehirns übermittelt.«*

So weit trifft das selbstverständlich zu – wenn der Hörnerv elektrisch gereizt wird, hat die Versuchsperson vielleicht die Empfindung, daß es in ihrem Ohr klingelt, nie jedoch eine visuelle Empfindung, wohingegen die elektrische Reizung des Sehnervs sie vielleicht Lichtblitze erleben läßt, niemals aber eine akustische Empfindung. Aber ich habe gesagt, dem Anschein nach sei diese Vorstellung der unseren entgegengesetzt, weil ich in Wirklichkeit nicht der Meinung bin, daß sie überhaupt den Namen einer Theorie verdient. Sie bietet jedenfalls keinerlei Erklärung dafür, wie Empfindungen die Qualität erreichen, die sie nun einmal haben.

»Die Reizung des Hörnervs ruft auditorische Empfindungen hervor (statt visueller), weil der Nerv zum auditorischen System des Gehirns läuft!« Mit demselben Recht könnte man behaupten, die Fütterung von Hühnern führe zu Gluckgeräuschen (anstelle von Muhlauten), weil die Körner dem »Hühnerhof-System« zugeführt würden, oder daß ein Polizist (und nicht ein fahrbarer Mittagstisch) erscheint, wenn man die Ziffern 110 wählt, weil 110 zum »Polizeisystem« der Telefonvermittlungszentrale führt. Selbst wenn sie stimmt, bleibt diese Information nichtssagend, solange sie die Funktionsweise des »Systems« nicht erklärt.

Eine Theorie vom Wesen der Empfindungen, die den Anspruch erhebt, dieses Wesen zu erklären, kann nicht einfach als gegeben

---

* D. J. McFarland (1983), *The Encyclopedic Dictionary of Psychology*, hrsg. v. Rom Harré und Roger Lamb, Oxford 1983, S. 448.

voraussetzen, daß jedes besondere System den empfangenen Daten gewissermaßen seine systemspezifische Behandlung angedeihen läßt – wenn es doch eben diese spezifische Behandlung ist, die nach Erklärung verlangt. Vielmehr muß die Theorie darüber etwas aussagen, was das modalitätsspezifische System mit der Eingabe *anschließend an den Empfang anfängt*. Im günstigsten und anspruchsvollsten Fall soll die Theorie begründen können, warum das »auditorische System« anschließend Empfindungen mit der ihnen eigenen auditorischen Qualität hervorbringt, während das »visuelle System« anschließend Empfindungen mit der ihnen eigenen visuellen Qualität hervorbringt – und so auch für die übrigen Sinnesmodi. Wenn die Theorie dies aber nicht vermag, dann muß sie zumindest Vorstellungen von den relevanten Unterschieden zwischen den Verfahrensweisen des auditorischen und des visuellen Systems entwickeln.

Tatsache ist aber, daß weder die Theorie der spezifischen Nervenenergien noch eine ihrer jüngeren Spielarten in dieser Hinsicht irgend etwas zu bieten hat. Die neuere Literatur auf kognitionswissenschaftlichem oder neurophysiologischem Gebiet stellt sich kaum je der Frage, wie die qualitativen Unterschiede zwischen den unterschiedlichen Sinnesmodi zustandekommen. Bittet man die Vertreter dieser Disziplin, diesbezüglich eine Vermutung zu äußern, so werden sie vielleicht etwas von modalitätsspezifischer »Datenverarbeitung« murmeln. Gäbe man sich damit nicht zufrieden, würden sie wahrscheinlich irgendwann zugeben, daß sie nicht die Spur einer Ahnung haben, wie unterschiedliche Formen der Datenverarbeitung so etwas leisten können. Es gibt nur eine begrenzte Zahl von Möglichkeiten, Impulse zwischen den Nervenzellen hin- und herzuschicken, und keine scheint hinreichend, den Unterschied im Erlebnis einer Rot- und einer Schmerzempfindung zu begründen. Erinnern wir uns an die resignierte Feststellung von Colin McGinn, die ich zu Anfang des Buches zitiert habe: »Der ›qualitative Gehalt‹ bewußter Erfahrung – die Rotwahrnehmung, die Schmerzempfindung und so weiter – läßt sich aus Datenverarbeitungsprozessen im Nervensystem nicht herleiten.«

Wenn nun aber die gängige Theorie in diesem Punkt nicht viel zu bieten hat, ist dann meine Hypothese tatsächlich erfolgversprechender? Ich würde meinen, daß die Chance besteht, insofern nämlich meine Theorie sich nicht auf das konzentriert, was ins sensorische System *hinein*wandert, sondern auf das, was *heraus*kommt. Auf diese Weise verschiebt sich das Problem von der Datenverarbeitung im allgemeinen auf einen stärker eingeschränkten, aber auch lohnenderen Bereich. Und zwar, weil wir bereits über ein Modell dafür verfügen, wie Körperhandlungen ganz allgemein in ihrer »adverbialen Qualität« fast so weit auseinanderliegen können wie Sinnesmodi. Vielleicht sieht nicht jeder ein, warum das Blasen auf einer Trompete und das Spielen auf einer Geige etwas gar so Unterschiedliches sein soll. Betrachten wir also ein weniger präzises Beispiel, nämlich den Unterschied zwischen Essen, Tanzen, Sprechen und Gartenarbeit: Während wir uns innerhalb jeder einzelnen Kategorie leicht eine Aufeinanderfolge von Tätigkeiten vorstellen können, wie etwa den Übergang vom Tango zur Mazurka oder vom Verzehr einer Feige zu dem eines Truthahns, existiert doch zwischen Tangotanz und Truthahnmahl ein unüberbrückbarer Bruch.

Darüber hinaus bringt uns diese Hypothese womöglich jener von mir als »Bestfall« charakterisierten Theorie der Empfindungen näher, die eine vernünftige Erklärung dafür bietet, warum der Output eines sensorischen Systems eben die Qualität aufweist, die für ihn charakteristisch ist. Denn ich halte es im Prinzip für möglich, zwischen der Form bestimmter Sentiments und der Qualität bestimmter Empfindungen einen logisch notwendigen Zusammenhang zu etablieren – einen Zusammenhang, der auf formalen *Ähnlichkeiten* zwischen beiden basiert.

Ich behaupte nicht, daß etwas von dem bisher Vorgetragenen dies bereits annähernd leistet. Denn ich kann mir zugegebenermaßen keinen a priori gültigen Grund denken, warum zum Beispiel ein Sentiment, das eine durch die Netzhaut bestimmte Form hat, Ähnlichkeit mit einer visuellen Empfindung haben sollte, hingegen ein durchs Ohr bestimmtes Sentiment in seiner

Form einer auditorischen Empfindung gleichen sollte, oder warum ein retinaspezifisches Sentiment, das affektiv beunruhigend ist, notwendig einer Rotempfindung ähnelt, ein sedierendes hingegen einer Grünempfindung. *Sollte* es indes einen Zusammenhang zwischen der Form der Sentiments und der Qualität der entsprechenden Empfindungen geben, dann können wir als sicher annehmen, daß der Zusammenhang nichtwillkürlich *sein muß*. Es muß sich um einen »motivierten« Zusammenhang handeln, wie die Semiotiker so etwas nennen. Und in einer vernünftigen Theorie von der Empfindung wird sich der Zusammenhang auch tatsächlich als motiviert und nichtwillkürlich erweisen.

Falls (und sobald) wir diese Theorie haben, werden wir uns einem von vielen Wissenschaftlern für unerreichbar gehaltenen Ziel nähern: einer »objektiven Phänomenologie«, die zwischen der Sinneserfahrung und dem, was mit dem Gehirn und dem Körper vorgeht, eine direkte Verbindung herstellt. Was jemand erlebt, sollten wir im Prinzip imstande sein, aus Beobachtungen, die wir an seinem Gehirn und Körper machen, *abzuleiten*. Und wenn wir das bei einem anderen Menschen können, dann müßten wir es auch bei einer Fledermaus ... oder einem Plumpbeutler ... oder meinethalben auch bei einem Roboter können. Vielleicht sehen wir am Ende sogar, wie ein philosophisch eingestellter Roboter dasselbe auch bei uns ableiten könnte.

Mag sein, daß es bis dahin noch eine Weile dauert. Aber vor anderen Theoretikern haben wir allein dadurch, daß wir ein konkretes Ziel benennen können, einen Vorsprung gewonnen.

Als Lord Carnarvon bei seinen Ausgrabungen im ägyptischen »Tal der Könige« den ersten Durchbruch zum Grab des Tutenchamun geschafft hatte und durch das Loch spähte, wurde er von seinen Gefährten gefragt: »Was sehen Sie?« Er antwortete: »Wunderbare Dinge.« Dann jedoch mußte er zurücktreten, um mit der schweren Arbeit des Mauerabbruchs fortzufahren.

Kapitel 23

Rauch ohne Feuer

Dem Dichter William Blake hätten unsere bisherigen Gedankengänge gewiß nicht gefallen. »Allein geistige Dinge sind wirklich«, schrieb er. »Ich frage mein körperliches oder vegetatives Auge ebensowenig, was es sieht, wie ich ein Fenster fragen würde. Ich sehe nicht mit ihm, sondern durch es hindurch.«* Oder um den Einwand in der Form zu zitieren, wie er in einem späteren Gedicht Blakes vorkommt:

> »Die fünf Fenster der Seele, die dies Leben kennt,
> Entstellen das ganze himmlische Firmament
> Und machen, daß du dich selbst hintergehst,
> Wenn du die Welt, statt durchs Auge, mit dem Auge
> verstehst.«**

Selbstbetrug? Betrug war, meine ich, bei den bisher vorgetragenen Überlegungen nicht im Spiel. Dennoch werden wir mit Sicherheit den Punkt erreichen, an dem wir auch einigen unangenehmen Wahrheiten ins Auge sehen müssen.

Es stellt sich nämlich die Frage, ob man allen Ernstes behaupten kann, daß Empfindungen *mit* der Körperoberfläche gefühlt werden, Schmerzempfindungen *an* der Haut auftreten müssen,

---

* William Blake (1810), *A Vision of the Last Judgement*. Descriptive Catalogue, in: *The Complete Writings of William Blake*, hrsg. v. Geoffrey Keynes, Oxford 1957.
** William Blake (1818), *The Everlasting Gospel*, d, 1.103, in: *The Complete Writings of William Blake*, a.a.O.

Geschmacksempfindungen *auf* der Zunge und also auch Retinaempfindungen *im* Auge?

Vielleicht würde ich aus all den angegebenen Gründen gern *wollen*, daß es sich so verhielte. Aber in der Wissenschaft, hat jemand gesagt, besteht das Tragische darin, daß schöne Hypothesen von häßlichen Fakten hingemordet werden. Und selbstverständlich werde ich nicht an der Version einer Theorie festhalten, wenn sie offensichtlich falsch ist.

Das häßliche Faktum (vielleicht nicht einmal das einzige), das unsere Hypothese bedroht, ist die Tatsache, daß Menschen womöglich in »Körperteilen« Empfindungen spüren, die physikalisch nicht existieren.

Ein sehr anschauliches – wenn auch trauriges – Beispiel dafür ist das des »Phantomgliedes«, eines imaginären Körperteils, der nach der Amputation des wirklichen Gliedes von dem Patienten weiterhin als existent empfunden wird. Unmittelbar nach der Amputation, und oft noch Monate oder sogar Jahre später, berichtet er womöglich, den amputierten Körperteil physisch noch immer deutlich zu fühlen. Ronald Melzack, eine Autorität auf diesem Gebiet, gibt folgende Schilderung: »Gewöhnlich geht ein Prickeln von [dem Phantomglied] aus, und die Patienten schreiben ihm eine klar umrissene Gestalt zu. Diese ähnelt der Form des echten, vor der Operation noch vorhandenen Körpergliedes. Ferner erzählen sie, daß das Phantomglied sich beinahe in derselben Weise wie das normale im Raum bewegen könne und mitschwingen würde, wenn die Person herumläuft, sich setzt oder auf einem Bett ausstreckt ... Obwohl das Kribbeln die vorherrschende Empfindung beim Phantomschmerz ist, berichten die Amputierten auch von einer Reihe anderer Empfindungen, wie Jucken, Wärme oder Kälte, Schweregefühl, und auch von vielen Schmerzarten. Etwa 35 Prozent der Patienten geben gelegentliche Schmerzen im Phantomglied an. Glücklicherweise läßt der Schmerz langsam nach und verschwindet schließlich in den meisten Fällen ganz. Bei fünf bis zehn Prozent der Patienten sind die Schmerzen aber ziemlich stark und können mit den Jahren sogar noch schlimmer werden. Sie treten entweder gelegentlich oder dauerhaft auf und lassen sich als krampfartig, stechend, brennend oder drückend beschreiben ... Der Schmerz wird in ganz bestimmten Teilen des Phantomglieds wahrgenommen. Eine übliche Beschwerde der Patienten bezieht sich auf den Eindruck, daß ihnen die Phantomhand wie zusammengedrückt vorkommt: Die Finger seien ferner über dem Daumen abgeknickt und würden sich in die Handfläche bohren, so daß die ganze Hand erschlafft sei und schmerzen würde.«* Der Schmerz tritt weiter auf, auch wenn die Amputationswunde völlig verheilt ist und die zuführenden Schmerznerven nicht mehr aktiv sind.

Nun liegt auf der Hand, daß sich solche Phänomene mit meiner Ausgangshypothese einfach nicht vertragen. Phantomschmerzen lassen sich *mit* dem imaginären Glied offenkundig nicht verspüren. Ein nichtexistenter Fuß darf danach ebensowenig weh tun (man beachte die aktive Form des Verbs), wie er wackeln kann: Wenn kein Fuß da ist, gibt es auch keine Möglichkeit, daß im Fuß Sentiments auftreten, und ergo keine Schmerzempfindungen. Aber man erzähle das der Person, die den Schmerz verspürt! Ambroise Paré, ein Wundarzt aus dem 16. Jahrhundert, sagte: »Dies ist wahrlich eine wunderbar befremdende und ungeheuerliche Sache, die kaum zu glauben ist, es sei denn, man hat es mit eigenen Augen gesehen und mit eigenen Ohren gehört: Patienten, die sich noch viele Monate nach der Entfernung eines Beines über außerordentlich starke Schmerzen in diesem amputierten Körperglied beklagen.«** Der theoretische Zweifel des Betrachters erweist sich angesichts der unbezweifelbaren Leiden des Betroffenen als unhaltbar.

Phantomempfindungen können auch nach dem Verlust der Augen auftreten. Obwohl es, soweit bekannt, beim Gesichtssinn nichts den Phantomgliedern Vergleichbares gibt – kein voll ausgebildetes Phantom-Gesichtsfeld, das nach der Zerstörung

---

 * Ronald Melzack (1973), *Das Rätsel des Schmerzes*, Stuttgart 1978, S. 46.
** Ambroise Paré (1552), zit. in Ronald Melzack, *Das Rätsel des Schmerzes*, Stuttgart 1978, S. 46.

der Augen aufträte –, hören doch aber mit dem plötzlichen Verlust beider Augen nicht auch sämtliche visuellen Empfindungen auf. Die Fälle sind zwar Gott sei Dank selten, und es hat auch keine systematische Untersuchung zu diesem Thema gegeben, aber Berichten zufolge können im Gesichtsfeld des Betroffenen noch eine kurze Zeit lang nach dem Ereignis eine Reihe von Sensationen wie Lichtfunken, Sternschnuppen, Flammen oder Wolken auftreten. Häufiger sind die Fälle, in denen die Augen zwar noch funktionsfähig, aber durch Verletzung des Sehnervs vom Gehirn abgeschnitten sind. Und da gibt es Berichte von komplexeren Sinnestäuschungen. Zum Beispiel über eine achtzehnjährige Frau, die infolge der Operation eines Tumors, der auf den Sehnerv übergegriffen hatte, vollständig erblindete: »Nach ihrer Entlassung aus dem Krankenhaus fing sie an, ›Licht‹ zu sehen; später sah sie Dinge, die sich bewegten, wie Schlangen, aber auch Farben, dann tauchten Szenen auf, die Personen und Dinge umfaßten; diese irritierten sie, hinderten sie am Schlafen und störten sie bei ihren alltäglichen Verrichtungen.«*

Wie beim Schmerz gibt es also auch hier klinische Beweise dafür, daß das Erlebnis visueller Empfindungen nicht davon abhängen kann, daß sich tatsächlich Sentiments an der Netzhaut abspielen. Zu diesem Schluß hätten wir allerdings auch gelangen können, ohne so weit auszugreifen. Denn wenn wir nur Beweise dafür brauchen, daß Menschen in einem kleinen Ausschnitt des Gesichtsfelds Empfindungen verspüren können, die im Auge nicht existieren, dann brauchen wir uns nur an unseren eigenen »blinden Fleck« auf der Retina zu halten.

In der Netzhaut des Auges gibt es ein kleines Loch von etwa einem Quadratmillimeter. Es befindet sich dort, wo der Sehnerv das Auge verläßt. Da Licht, das auf diese Stelle fällt, unbemerkt bleibt, entzieht sich der Teil des Netzhautbildes, der mit ihr zusammenfällt, der Gesichtswahrnehmung.

* Zitiert in J. M. Heaton, *The Eye: Phenomenology and Psychology of Function and Disorder*, London 1968, S. 184.

Die Folgen lassen sich leicht demonstrieren. Man schließe das linke Auge und schaue mit dem rechten Auge auf das X, wobei man das Blatt etwa 20 Zentimeter vom Auge entfernt hält. Bewegt man nun das Blatt ein bißchen vor und zurück, stellt man fest, daß es einen Punkt gibt, wo die Wörter BLINDER FLECK verschwinden. (Öffnet man nun das linke Auge, erscheinen die Wörter erneut: Die blinden Flecke der beiden Netzhäute decken sich nicht). Wichtig ist, daß der blinde Fleck nicht als leerer Raum erlebt wird. Wenn die Wörter verschwinden, füllt der weiße Hintergrund des Blattes die Lücke aus; und wenn das Blatt rot oder blau oder grün ist, wäre diese Fläche von der entsprechenden Farbe.

Auch hier wieder ist der entscheidende Punkt, daß solche Phantomempfindungen im blinden Fleck nicht *mit* dem Auge erlebt werden. Es dürfte sie deshalb unserer bisherigen Theorie zufolge, der Theorie Nummer eins gewissermaßen, nicht geben: keine Retina, kein visuelles Sentiment auf der Retina, keine Lichtempfindung.

Es bleibt uns in dieser Situation offenbar nichts anderes übrig, als die Theorie zu modifizieren. Wenn uns dies mit der Theorie Nummer eins nicht gelingt, brauchen wir eine Theorie Nummer zwei, die die wesentlichen Eigenschaften der früheren Version beibehält und dennoch mit den Fakten besser übereinstimmt.

Die zwei erhaltenswerten Eigenschaften sind erstens der Gedanke, daß es in der Entwicklung der sensorischen Aktivität von der Amöbe bis hin zum Menschen eine evolutionsgeschichtliche Kontinuität gibt, und zweitens das logische Erfordernis, daß die Empfindungen, um in bezug auf ihre Lokalisation selbstdarstellend zu sein, weit genug zurückreichen, um an der Stelle, wo sie verspürt werden, eine physische Bewegung hervorrufen zu können.

Wenn allerdings bei Menschen der Ort, an den sie zurückreichen, nicht mehr unbedingt die Körperoberfläche selbst ist, wo befindet er sich dann?

Erinnern wir uns, daß ich in der früheren Erörterung über den logischen Status der Zeigewörter schlau genug war, eine Art von salvatorischer Klausel einzufügen: »Falls ›dies‹ sich auf einen Teil meines Körpers bezieht und zum Beispiel ›dieser Zeh‹ gemeint ist, dann besteht selbstverständlich die nächstliegende Methode, eine physische Bewegung hervorzurufen, darin, den betreffenden Körperteil in Bewegung zu versetzen: ›Dieser Zeh‹ ist dann ›der Zeh, mit dem ich wackle‹ ... [Aber] die ›betreffende Stelle‹ kann ... eine Stelle auf einer Karte oder Skizze sein – aber auch eine gänzlich andere Stelle, die mit der eigentlichen Stelle in einem einsichtigen Zusammenhang steht ... [und] muß deshalb nicht der Körperteil selbst sein. Wenn Menschen über ein ›inneres Modell‹ von ihrem Körper verfügen, dann kann die Aktivität der Sinnesempfindung, die auf den Körper hinweist, eine Quasi-Handlung sein, die sich nicht am Körper selbst, sondern an diesem inneren Modell abspielt.«

Die salvatorische Klausel besteht in diesem Gedanken eines »inneren Modells des Körpers« – eines Modells im Gehirn. Aber wie kann ein solches inneres Modell aussehen?

Wenn das Modell die Grundlage für die den Zeigeakt unterstreichenden physischen Bewegungen sein soll, dann kann es vermutlich nicht ein rein »abstraktes« oder »begriffliches« Modell sein. Wahrscheinlich muß es sich dabei um eine Art von physikalischer Struktur handeln, so daß jeder Stelle auf der Oberfläche des tatsächlichen Körpers, an der Empfindungen auftreten, eine physikalische Stelle am Modellkörper korrespondiert, wo die entsprechenden Sentiments stattfinden können. Und mehr noch: Diese Ersatzstelle muß (wie oben formuliert) in einem »einsichtigen Zusammenhang« mit der wirklichen stehen.

Aber was genau heißt das? Kraft welcher Eigenschaft kann eine Stelle im Gehirn in einem »einsichtigen Zusammenhang« mit einer Stelle an der Körperoberfläche stehen?

Hier bleibt, meine ich, nichts anderes übrig, als den Stier bei den Hörnern zu packen: »Einsichtiger Zusammenhang« kann nur bedeuten, daß alles, was sich an dieser Ersatzstelle im Gehirn abspielt, dem Subjekt so vorkommt, als spielte es sich an der entsprechenden Stelle auf der Körperoberfläche ab; eine physische Bewegung am Modellzeh muß dem subjektiven Eindruck nach von einer Bewegung am wirklichen Zeh ununterscheidbar sein.

Wie aber wäre das möglich?

Die offensichtliche Antwort lautet, daß die Ersatzstelle ihrerseits an der Strecke – oder wahrscheinlicher am Ende der Strecke – des *zuführenden sensorischen Nervenstrangs* liegen muß, der den betreffenden Teil der Körperoberfläche mit dem Gehirn verbindet. Mit anderen Worten, die Ersatzstelle für meinen linken großen Zeh zum Beispiel muß die Stelle sein, an welcher der vom Zeh herkommende sensorische Nerv den »Zehbereich« der Tastzone in der Gehirnrinde erreicht; und entsprechend müssen auch die Ersatzstellen für alle anderen Teile der Körperoberfläche die Punkte sein, an denen die afferenten Nervenstränge von Haut, Mund, Augen, Ohren und so weiter die Hirnrinde erreichen – was dann etwa bedeutet, daß die Sehrinde die Retina repräsentiert, die Hörrinde die Basilarmembran und so weiter.

Wenn das zutrifft, dann ist das innere Modell des Körpers einfach diese durch die Eingabestellen bestimmte Kartographie der Hirnrinde. Und wenn ich oben schrieb, die »Aktivität, die auf den Körper hinweist«, sei »eine Quasi-Handlung, die sich nicht am Körper selbst, sondern an diesem inneren Modell abspielt«, dann können wir nun davon ausgehen, daß die Quasi-Handlung sich auf die sensorischen Bereiche der Rinde selbst erstreckt und auswirkt.

Ich habe dies als die offensichtliche Antwort bezeichnet. Es ist ohne Frage eine einfache Antwort. Aber das spricht ja nicht unbedingt gegen sie. Ich halte diese Antwort in der Tat für die einzig denkbare (nicht-tendenziöse) Auflösung des Problems, das darin besteht, wie eine Zeigehandlung, die einer Körper-

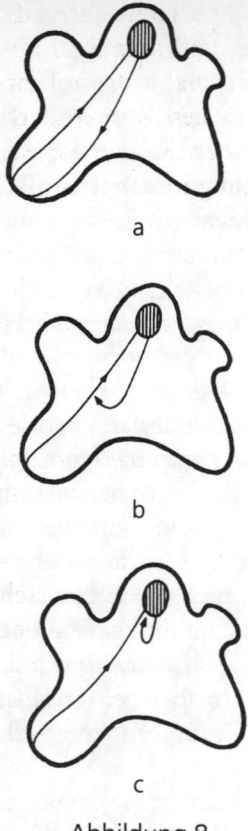

a

b

c

Abbildung 8

stelle p gilt, im Prinzip ersetzbar wird durch eine Zeigehandlung, die sich auf eine Gehirnstelle p richtet.

Demnach wäre für die Theorie Nummer zwei folgende revidierte Fassung sinnvoll:

Die Sinnesdaten erreichen das Gehirn über die zuführenden sensorischen Nerven, und wie zuvor reagiert das Subjekt damit, daß es eine Sinnesempfindungsantwort aussendet und in Richtung Körperoberfläche zurückschickt.

Aber nunmehr stelle ich die These auf, daß sich das Ziel dieser sensorischen Reaktionen im Laufe der Entwicklungsgeschichte immer weiter entlang der Bahn der zuführenden sensorischen Nerven von der tatsächlichen Körperoberfläche ins Körperinnere hinein verschoben hat. So daß es, wenn man so will, zu einer Kurzschlußbewegung in der sensorischen Reaktion kam, zur Entstehung dessen, was ich an früherer Stelle die »Sinnesempfindungsschleife« genannt habe. Während einst die Reaktion den gesamten Weg bis zum Reizpunkt selbst zurücklegte (Abb. 8a), endet er heute an der Oberfläche des Gehirns (Abb. 8c).

Wie stimmt diese neue Version der Theorie mit den paradoxen Fällen überein, die ich vorher in diesem Kapitel angeführt habe? Es liegt auf der Hand, daß die Voraussetzungen für das Erleben einer Sinnesempfindung sich markant geändert haben. Empfindungen – auch illusorische Empfindungen – hängen nun nicht mehr davon ab, daß es eine Körperoberfläche gibt, sondern von der Existenz sensorischer Abbildungsregionen in der Hirnrinde.

Angesichts dessen sind Phantomempfindungen, die nach der Amputation eines Gliedes oder dem Verlust der Augen auftreten, nicht länger ein gewichtiges theoretisches Problem, da das sensorische Zentrum in der Hirnrinde, das vormals vom jetzt fehlenden Glied die Daten empfing, immer noch intakt und also die Ersatzstelle für Schmerzsentiments oder visuelle Sentiments immer noch vorhanden ist. Zwar erwecken die Phantomempfindungen im blinden Fleck zunächst noch den Eindruck einer gewissen Anomalie, da sie ja abhängig sind von einem Rindenbereich, der einem niemals existent gewesenen Retinabereich korrespondiert. Aber für diese Empfindungen gibt es tatsächlich eine natürliche Erklärung, nämlich die, daß beide Augen Abbildungen an das Hirn senden, die sich überschneiden, wobei aber die blinden Flecke nicht an derselben Stelle liegen, so daß jeweils der blinde Fleck des einen Auges in der Sehrinde durch eine Projektion überdeckt wird, für die das andere Auge die Daten liefert.

Es ist selbstverständlich zu erwarten, daß der Verlust der Sehrinde selbst zu einem Verlust sowohl der normalen als auch der eingebildeten Empfindungen führt. Und so verhält es sich tatsächlich. Nach der Zerstörung der Sehrinde gehen den Patienten nicht nur alle normalen visuellen Empfindungen verloren, sondern sie erleben darüber hinaus (im Unterschied zu der jungen Frau mit dem zerstörten Sehnerv, von der ich zuvor berichtet habe) keine spontanen visuellen Phantome mehr, ebensowenig, wie sie noch visuelle Vorstellungen beziehungsweise – wenn die Zerstörung komplett ist – visuelle Träume kennen. Sie können nach wie vor über eine rudimentäre Fähigkeit zur Blindsicht verfügen: aber dabei handelt es sich, wie wir sahen, im Grunde um eine Leistung des Wahrnehmens, nicht des Empfindens.

Die revidierte Fassung der Theorie wird den potentiell peinlichen klinischen Befunden also relativ gut gerecht. (Glücklicherweise – aber ist das nur Glück? – stellt sie dabei auch eine Verbindung zu den früher angeführten Befunden her, die das sensorische Vorstellen im Zusammenhang mit den Projektionsbereichen der Hirnrinde betreffen.)

Unsere ursprüngliche Theorie von den Sinnesempfindungen als Körperhandlungen haben wir einer ziemlich radikalen Revision unterzogen – einer Revision, die so weit geht, daß man fast schon von einer neuen Theorie sprechen könnte.

Aufrecht erhalten wird nach wie vor, daß zum Empfinden eine »sensorische Reaktion« gehört. Aber diese Reaktion, die ihre theoretische Existenz als wirkliche *körperliche* Handlung begann, wird nun auf eine Art *zerebrale* Aktivität reduziert. Wie William Blake vielleicht gesagt hätte (wenn er unseren Überlegungen hätte folgen können), sind aus den »Körpersentiments« »Hirnsentiments« geworden.

Abbildung 9 macht deutlicher, worauf die neue Theorie hinausläuft. Während in 9a die Anordnung zu sehen ist, wie man sich die ursprüngliche Theorie vorzustellen hat, zeigt 9b die in der revidierten Fassung vorgeschlagene Anordnung. Wo vorher der innere Dirigent mit einem vollständigen körperlichen Or-

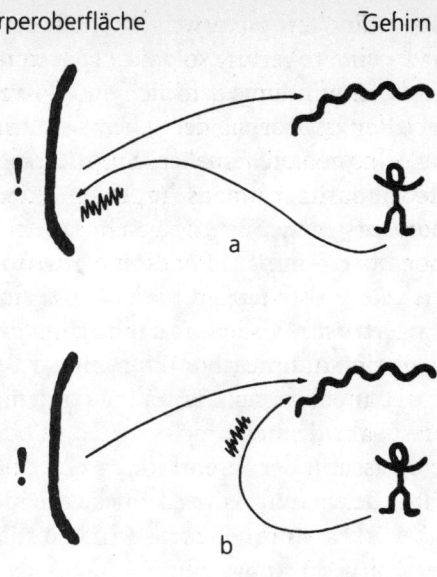

Körperoberfläche   Gehirn

a

b

Abbildung 9

chester (man spricht nicht umsonst von Klang*körper*) Musik machen konnte, hat er jetzt nur noch die sensorischen Rindenbereiche zur Verfügung.

Ich bin der Ansicht, daß diese theoretische Revision einer entwicklungsgeschichtlichen Revision entspricht. Die zerebralen Sentiments in Abbildung 9b sind direkte Abkömmlinge der körperlichen Sentiments von 9a; und viele der ursprünglichen Überlegungen treffen nach wie vor zu.

Aber entscheidend bei der Entwicklungsgeschichte ist, daß es zu echten Veränderungen kommt, mag die biologische Kontinuität noch so groß sein. Ungeachtet unserer früheren Äußerungen über die Bedeutung der Herkunft eines Phänomens, ist es durchaus vorstellbar, daß ein schrittweiser evolutionärer Prozeß in einer vollständigen Umkehrung der Funktion beziehungsweise Bedeutung des Phänomens resultieren kann.

231

Bis hierher haben wir großen Wert auf die These gelegt, daß Empfindungen an der Stelle, an der sie zu spüren sind, tatsächlich etwas *tun*: daß Sentiments wirklich eine Form von *Handlung* sind – beziehungsweise waren –, die sich an der Körperoberfläche abspielt. Möglicherweise aber können wir diese emphatische Behauptung nicht mehr lange aufrechterhalten. Zerebrale Sentiments mögen noch so sehr von den ursprünglichen Zuckungen herstammen, mit denen die Amöbe Zustimmung oder Ablehnung aktiviert – sie selbst sind eindeutig keine solchen Zuckungen mehr. Vielmehr hat es ganz den Anschein, als hätten sie jeden Handlungscharakter abgelegt und seien zu einem bloßen neuralen Impulsmuster geworden, das an der Oberfläche der Hirnrinde endet.

Endet, um *was* zu tun? Während klar ist, daß ein Organismus mit der Haut zucken kann, ist keineswegs klar, wie er es anstellen könnte, dies mit den sensorischen Bereichen der Hirnrinde zu tun. Und selbst wenn er es könnte, ist gänzlich ungeklärt, welche Funktion er damit erfüllen würde.

Zweifellos stehen wir hier vor einem neuen Rätsel. Was die Faktenlage betrifft, haben wir allerdings auch neue Erkenntnisse gewonnen. So unklar es sein mag, wozu nach dem jetzigen Stand unserer Theorie die »Zuckungen des Gehirns« gut sein könnten, so klar ist doch, wozu sie gut sein müßten, damit die Theorie zur Lösung des Geist-Körper-Problems beitragen kann. Denn mit dem theoretischen Übergang von den Körpersentiments zu den Hirnsentiments sind wir entwicklungsgeschichtlich von archaischen Organismen wie den Amöben zu bewußten Lebewesen wie den Menschen fortgeschritten. Und was uns selbst betrifft, so wissen wir, daß eines der Ergebnisse der Sinnesempfindungstätigkeit darin besteht, daß wir Empfindungen *fühlen*: daß wir also einen Schmerz im Zeh, einen Duft in der Nase oder was auch immer *bewußt* erleben.

Wir wissen mithin, was die Theorie der zerebralen Sentiments leisten muß. Und alles, was wir jetzt noch brauchen, sind die Mittel dazu.

Kapitel 24

Gegenwärtigkeit

In Kapitel 21 habe ich »um des Arguments willen« angenommen, daß »jede unterscheidbare Empfindung beim Menschen einer physisch eigenen Art von Sentiment an der Körperoberfläche entspricht ... und daß, eine bestimmte Empfindung
zu *spüren*, für den Betreffenden einfach darin besteht, die passende Sentitionsform zu realisieren – und die nötigen Anweisungen zu geben, damit vom Gehirn das einschlägige Signal
ausgeht.«

Diese Annahme war aber möglicherweise ein wenig voreilig.
Wenn das subjektive Erleben einer Empfindung »einfach«
darin bestände, daß von einem zentralen Ort aus Anweisungen
gegeben werden, dann würde dies – wenn wir »einfach« beim
Wort nehmen – bedeuten, daß nichts zählte als nur die »Anweisungen« – und daß die Sentiments *als solche* außer Betracht
bleiben könnten. In diesem Fall wäre, was das subjektive Erleben anginge, ein Großteil der gesamten vorherigen Diskussion
abwegig.

Ich kann mir vorstellen, daß jemand folgende Argumentation
vorträgt:

»Räumen wir deinem Wunsch gemäß ein, daß zu Empfindungen eine sensorische Reaktion gehört, wobei von einem zentralen Ort aus ein Signal an eine periphere Stelle (ursprünglich
die Körperoberfläche selbst, aber später eine Ersatzstelle in der
Hirnrinde) geschickt wird.

Der ausschlaggebende Punkt – und ich bin sicher, du wirst
ihn würdigen – ist ein logischer. Was *zukünftig* mit einer Sache
passiert, ändert nichts an der Bedeutung, die sie *gegenwärtig*

hat. Wenn du zum Beispiel einen Brief schreibst, ihn adressierst und in den Briefkasten wirfst, dann ist damit die Handlung des Briefschickens abgeschlossen; und was auch immer anschließend aus der Sache wird, an der Bedeutung des ursprünglichen Akts ändert das nichts. Selbst wenn der Brief verloren geht, hat es die *Intention*, den Brief abzuschicken, gegeben.

Ähnliches ließe sich an einem Computer illustrieren. Wenn du den Computer auf dem Bildschirm einen Kreis darstellen läßt, schickt er das abgehende Signal aus, das auf dem Bildschirm ein entsprechendes ›Kreissentiment‹ entstehen läßt. Stellst du nun den Bildschirm ab, läßt aber den Computer weiterlaufen, verschwindet der Kreis, während die zentrale Steuerungseinheit des Computers nach wie vor die einschlägigen ›Anweisungen‹ erteilt und sie auf den entsprechenden Leitungen rausschickt. Der Computer ›denkt‹ also immer noch, er zeichnet einen Kreis.

Nehmen wir nun den inneren Dirigenten. Wie die Zentralsteuerung des Computers hat der Dirigent vermutlich keine Ahnung, was aus seinen Anweisungen wird, *nachdem* er sie erteilt hat. Die Sentition kann also unabhängig vom tatsächlichen Auftreten allen Sentiments ablaufen. Und daraus folgt, daß deine in den letzten beiden Kapiteln angestellten Überlegungen zu der Frage, wo Sentiments ihren Ort haben, was sie dort leisten und wie sie sich zu bestimmten Empfindungen verhalten, zum großen Teil irrelevant sind.

Ich sage nicht, daß es überhaupt keine Sentiments gibt. Ich bin wie du der Meinung, daß Anweisungen für sie existieren und die Anweisungen für das eine Sentiment sich von denen für ein anderes unterscheiden müssen. Und selbstverständlich müssen auch die Anweisungen irgendwohin gerichtet sein. Aber die Sache ist die, daß es für das innere Erleben keinerlei Rolle spielt, was sie ausrichten, wenn sie dort eintreffen.

Ich behaupte, wenn du so willst, daß ›unausgeführte sensorische Aktivitäten‹ mental genau dieselbe Funktion erfüllen wie in die Tat umgesetzte. Das einzige, worauf es ankommt, ist die *Intention*. Und ›wenn du so willst‹, sage ich, weil vieles in deinen Ausführungen dafür spricht, daß dies tatsächlich deine eigene Ansicht ist – nicht nur in dem Abschnitt, in dem du davon sprichst, daß ›einfach nur Anweisungen erteilt‹ werden, sondern auch schon an früherer Stelle. Tatsächlich findet sich die Vorstellung von einer intentionalen Tätigkeit – einer ›unausgeführten Handlung‹ – schon weit zurück, in Kapitel 7 beschrieben, wo du Coleridge zum Thema ›visuelle Begierde‹ zitierst: ›Manchmal, wenn ich mir ernsthaft einen schönen Gegenstand oder eine schöne Landschaft anschaue, habe ich den Eindruck, kurz vor einem ersehnten, aber mir noch versagten Genuß zu stehen ... wie ein Mensch, der springt und doch nicht von der Stelle kommt.‹«

Touché. Daran ist unbestreitbar etwas Wahres (auch wenn ich sagen würde, daß es ein bißchen unfair ist, hier wieder Coleridge anzuführen). Aber Gott sei Dank ist daran auch etwas wesentlich Falsches.

Was ist daran wahr und was falsch?

Die »Anweisungs«-Vorstellung ist es, die wegen ihrer Vieldeutigkeit mich und meinen eben zu Wort gekommenen Sparringspartner in die Bredouille bringt. Was genau bedeutet dieser Begriff? Was macht eine Anweisung zu einer »Anweisung«?

Allgemein gesprochen ist es mit Sicherheit richtig, den Anweisungs-Begriff mit dem der *Intention* in Verbindung zu bringen. Als Anweisung kann nur gelten, was eine Anweisung *zu* oder *bezüglich* etwas ist. Anweisungen sind im wesentlichen *vorausschauend*: Zu ihnen gehört die Vorwegnahme des Resultats. Unabhängig davon, wie seine Wirkungen schließlich ausfallen, kann ein Signal nur dann eine Anweisung sein, wenn der Sender *diese Wirkungen bereits im Geist vorwegnimmt*.

Stellen wir uns zum Beispiel vor, daß über eine Leitung die folgende Zahlenreihe als Signal übermittelt wird: 0462742065. Da es sich bei der Zahl zufällig um meine private Telefonnummer handelt, würde, wenn sie jemand als Signal von einer Fernsprechzelle über die Telefonvermittlung schickte, die *Wirkung* ein Klingeln des Telefonapparats sein, der vor mir auf dem

235

Schreibtisch steht. Aber das heißt natürlich nicht, daß dieses Signal zwangsläufig eine *Anweisung* wäre, diese Wirkung zu erzielen: die Anweisung, »Nick anzuläuten«. Als diese Anweisung würde das Signal in der Tat nur dann gelten können, wenn der Sender die bestimmte *Intention* hätte, »Nick anzurufen«. Wenn er hingegen nur willkürlich Zahlen wählte, ohne damit eine bewußte Absicht zu verfolgen, könnte dasselbe Signal mit derselben Wirkung die Leitung durchlaufen, und es stellte dennoch keine Anweisung, geschweige denn diese bestimmte dar.

Gesetzt nun, es wäre eine allgemeine Regel, daß ein Signal *außerstande* ist, rein von sich aus eine Anweisung zu bilden – dann muß diese Regel vermutlich auch für Signale gelten, die Sentiments hervorrufen. Ein neurales Impulsmuster, das beispielsweise zur Körperoberfläche oder zur Hirnrinde wandert, stellt nicht einfach von sich aus eine Anweisung zu einem Sentiment dar, weil es durchaus möglich ist, daß dem Impulsmuster als solchem kein antizipatorisches oder intentionales Moment eignet.

Aber falls das so ist, bringt uns die – ursprünglich von mir vertretene – These, daß die Sentition einfach darin besteht, »Anweisungen zu erteilen«, in eine offensichtlich vertrackte Situation. Denn wen oder was sollen wir für das intentionale Moment verantwortlich machen?

Sollen wir annehmen, daß es das »Ich«, der »innere Dirigent«, ist, der die erforderliche Vorausschau leistet – der also die mit seinen Signalen intendierten Sentiments antizipiert?

Die Antwort darauf kann nur lauten, daß wir auf diesem Weg nicht weiterkommen. Jedenfalls nicht beim jetzigen Stand der Dinge. Denn, wie die Dinge stehen, ist das letzte, was wir annehmen dürfen – falls wir Wert auf theoretische Glaubwürdigkeit legen –, daß der innere Dirigent überhaupt etwas antizipieren oder intendieren kann. Der innere Dirigent ist schließlich ein bloßer Funktionär. Seine Aufgabe in der Theorie besteht nicht in einer selbständigen geistigen Funktion, sondern darin, uns das geistige Leben erklären zu helfen – nicht also, Bewußtsein zu haben, sondern Bewußtsein zu erklären. Wenn wir erst anfangen, diesem inneren Dirigenten eigene intentionale Zustände zuzubilligen, verstricken wir uns in einen unendlichen Regreß.

Hier lauern nun jede Menge Probleme – und zwar genau von der Art, wie sie das Blut jener Philosophen in Wallung bringt, die sich dem analytischen Denken verpflichtet fühlen. Aber statt uns in eine Diskussion auf dem Boden der analytischen Begrifflichkeit verwickeln zu lassen, müssen wir neu ansetzen, um unsere eigene Argumentationslinie zu verfolgen.

Zutreffend an dem obigen Argument war die Annahme, daß Anweisungen ihrer Natur nach vorausschauend sind. Falsch war meiner Meinung nach die scheinbar simple Konsequenz, die daraus gezogen wurde: daß *ihr tatsächliches Resultat keine Rolle spielt, weil* sie antizipatorisch sind. Vielleicht ist genau das Gegenteil richtig.

Um auf das Beispiel meiner Telefonnummer zurückzukommen: Wir gingen davon aus, daß er nicht weiß, was er tut, und deshalb auch nicht in der Lage ist, die Wirkungen des Signals zu antizipieren, das er durch die Leitung schickt. Wir hätten die Sache auch anders betrachten können. Der Umstand, daß er nicht sofort weiß, was er tut, verhindert nicht, daß er es *später* erfährt. Tatsächlich können wir sicher sein, daß er in dem Augenblick *erfahren* hätte, was er getan *hatte*, in dem ich den Anruf beantwortet und gesagt hätte: »Nick Humphrey am Apparat.«

Wäre es dann am Ende denkbar, daß die Rückantwort die Bedeutung des ursprünglichen Signals in kürzester Frist transformiert hätte? Könnte das Signal sich im Rückblick in die Anweisung verwandeln, Nick anzurufen? Könnte es sich retrospektiv in die vorausschauende Anweisung verwandeln, Nick anzurufen? Und wenn ja, hätten wir dann ein Modell dafür, wie, ganz allgemein, nicht-antizipatorische Signale kraft der Rückantworten, die sie hervorrufen, die Qualität von »Anweisungen« gewinnen können?

Zumindest klingt eine solche Aussage merkwürdig, denn Voraussetzung dafür wäre eine Art rückwirkender Kausalität, also genau das, wogegen unser Gegenredner sich oben verwahrte: »Was zukünftig mit einer Sache passiert, ändert nichts an der Bedeutung, die sie gegenwärtig hat.« Und das, behauptete er, sei eine Frage der Logik.

Aber mit der Logik hat es manchmal seine eigene Bewandtnis. Denn es könnte sein, daß alles davon abhängt, was man unter »gegenwärtiger Bedeutung« versteht: vor allem, wann die »Gegenwart« sich ereignet und wie lange die »Gegenwart« dauert.

Nehmen wir also an, wir dehnen die Gegenwart ein kleines bißchen. Nehmen wir an, sie dauert lange genug, daß Gegenwart und Vergangenheit sich partiell decken. Nehmen wir mit T. S. Eliot an,

> »Gegenwart und Vergangenheit
> Waren beide vielleicht gegenwärtig in der Zukunft,
> Und die Zukunft enthalten in der Vergangenheit.«*

Gehen wir also nun der Plausibilität willen einmal davon aus, daß die Menschen in einer Art »Zeitschiff« durchs Leben reisen, das wie ein Raumschiff Bug und Heck hat und Platz, um sich darin herumzubewegen.

In diesem Fall würden wir von der »Gegenwart« nicht wie von einer physikalischen Bestimmung reden. Wohl aber könnten wir über eine »subjektive Gegenwart« reden, über die Gegenwart, wie wir sie wirklich erleben. Die »physikalische Gegenwart« im strengen Sinn ist eine mathematische Abstraktion von unendlich kurzer Dauer, in der nichts geschieht. Die »subjektive Gegenwart« hingegen ist das Vehikel und *Gefäß* unseres bewußten Lebens, und was immer mit uns passiert, spielt sich *in ihr* ab. (Zweifellos gehen auch die Überlegungen, die Daniel Dennett und Marcel Kinsbourne in einem kürzlich erschienenen Aufsatz vortragen, in diese Richtung.**)

---

* T. S. Eliot (1936), »Burnt Norton«, *Four Quartets*, London 1946.
** Daniel Dennett und Marcel Kinsbourne, »Time and the observer: the where and when of consciousness in the brain«, *Brain and Behavioral Sciences*, erscheint in Kürze.

Betrachten wir das nachstehende Diagramm. Die römischen Ziffern stehen für die physikalische Zeit, die arabischen Ziffern für die subjektive Zeit. Die »physikalische Gegenwart« hat keinerlei Dauer, so daß zum Beispiel die Zeit V vorbei ist, wenn die Zeit VI beginnt. Demgegenüber dauert die »subjektive Zeit«, sagen wir, drei Einheiten lang, so daß die subjektive Zeit 5 bis zur subjektiven Zeit 7 währt.

....III....   ....IV....   ....V....   ....VI....   ....VII....   ....VIII....

– – – →

Physikalische Zeit

1 2   2 3   3 4   4 5   5 6   6 7

....3....   ....4....   ....5....   ....6....   ....7....   ....8....

– – – →

Subjektive Zeit

Wenn nun also – um wieder auf unser Problem mit den Sentiments zu kommen – das Signal für ein Sentiment (oder einen Telefonanruf) zum Zeitpunkt V ausgeschickt und zum Zeitpunkt VI die Rückantwort erfolgen würde, gehörten das gesendete Signal und die Rückantwort beide zur gleichen subjektiven Gegenwart zwischen den Zeiten 6 und 7. Und wenn sie auf diese Weise zeitgleich wären, dann wäre nichts Unlogisches daran, daß die letztere die gegenwärtige Bedeutung der ersteren beeinflußte.

Vor diesem Hintergrund dürfen wir nun vielleicht die These aufstellen, daß Empfindungen zu haben am Ende doch nicht darin besteht, *einfach* Anweisungen zu erteilen, sondern darin, »im Rahmen der subjektiven Gegenwart eine potentielle Anweisung zu erteilen und ein bestätigendes Signal zu empfangen«. Die Intentionalität hätte sich also weder »retrospektiv« noch »prospektiv«, sondern »transspektiv« hergestellt: Denn das antizipierte Ergebnis und das tatsächliche Ergebnis wären in eins zusammengerollt.

Aber ehe wir uns allzu ausufernden Spekulationen hingeben,

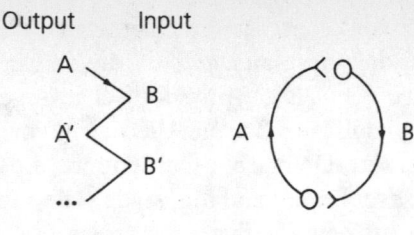

Abbildung 10

sollte ich lieber eine durch und durch irdische Hypothese festhalten.

Ich habe weiter oben gefragt, was Hirnsentiments *tun* (vorausgesetzt, daß sie überhaupt etwas tun). Im Licht der vorangegangenen Diskussion wird eine neue Antwort erkennbar, die bereits in Abbildung 9 im letzten Kapitel im Umriß sichtbar wurde. Sie lautet, daß die Hirnsentiments in Abbildung 9b gewissermaßen die zuführenden sensorischen Nerven kitzeln und dadurch eine wiederkehrende *Rückkoppelungsschleife* erzeugen, die das ausgeschickte Signal und die Rückantwort in einem größeren, anhaltenderen Vorgang miteinander verschmelzen.

Eine »Rückkoppelungsschleife« ist durchaus nichts Rätselhaftes. »Rückkoppelung« entsteht, wenn die Ausgabe des Systems auf die Eingabe des Systems einwirkt; und eine »Rückkoppelungsschleife« entsteht, wenn dann weiterhin die Eingabe auf die Ausgabe einwirkt und ein kausaler Zirkel entsteht.

Abbildung 10 zeigt einen Zirkel, der folgendermaßen funktioniert: Ausgabe A führt zu Eingabe B, Eingabe B führt zu Ausgabe A', Ausgabe A' führt zu Eingabe B', Eingabe B' führt zu Ausgabe A'' und so weiter.

Da die Aktivität in einer derartigen Schleife sich aus eigener Kraft fortpflanzt, kann das Hin und Her zwischen Eingabe und Ausgabe im Prinzip ad infinitum weitergehen. In der Realität allerdings wird der Vorgang früher oder später zum Erliegen kommen. Vor allem ist beim Informationsfluß durch eine

Schleife fast mit Sicherheit zu erwarten, daß bei jedem Umlauf etwas von den Informationen verlorengeht und daß der Störpegel größer wird.

Die Geschwindigkeit, mit der das umlaufende Signal sich verschlechtert, hängt von der »Klangtreue« der gesamten Kreisschaltung ab. Und die wiederum wird hauptsächlich von zwei Faktoren beeinflußt. Erstens davon, wieviel von der Ausgabe-Information tatsächlich als Eingabe-Information wiederkehrt und umgekehrt. Zweitens davon, wieviel von der Information auf den wegführenden und zuführenden Bahnen verlorengeht. Allgemein gilt, daß die Lebensdauer des in der Schleife umlaufenden Signals um so größer ist, je enger an beiden Enden die Koppelung – der Ausgabe mit der Eingabe und der Eingabe mit der Ausgabe – ist und je kürzer und weniger anfällig gegen Störungen die Leitungsbahnen sind.

Die Möglichkeit, daß sensorische Reaktionen zu dieser Art von Rückkoppelungsschleife führen, war natürlich von Anfang an gegeben. Tatsächlich war dies nicht nur eine Möglichkeit, sondern eigentlich sogar unvermeidlich: denn um nichts anderes als um Rückkoppelung geht es dort, wo *affektiv* reagiert wird. Einen Reiz »zu mögen« heißt, so auf ihn zu reagieren, daß die Reizsituation aufrechterhalten oder verstärkt wird; ihn »nicht zu mögen« heißt, so zu reagieren, daß er unterdrückt oder reduziert wird. Wenn etwa eine urzeitliche Amöbe mit Zuckungen reagierte, in denen sich Zustimmung oder Ablehnung äußerte, dann bestand die Wirkung dieser Reaktion – oder sogar ihr Zweck – in eben der Beeinflussung der Reizsituation, auf die reagiert wurde. Die Voraussetzungen für eine Rückkoppelungsschleife waren deshalb durchaus vorhanden.

Wir müssen uns allerdings klarmachen, wie rasch die Aktivität bei dieser sensorischen Rückkoppelung voraussichtlich ausschwang. Und dafür mag es nützlich sein, sich das Diagramm am Ende des letzten Kapitels in Erinnerung zu rufen, diesmal aber mit kompletten eingezeichneten Schleifen.

Für die anfängliche Situation, wie sie Abbildung 11a skiz-

Körperoberfläche   Gehirn

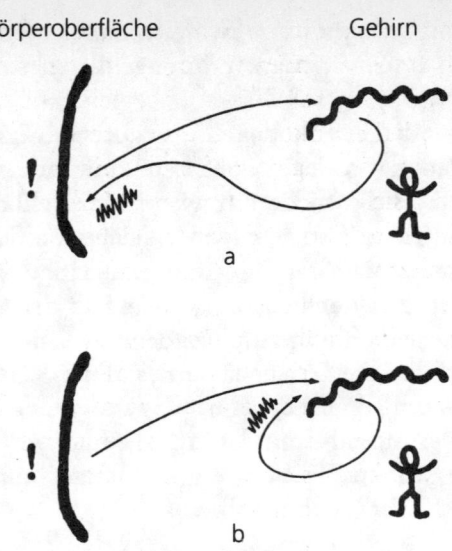

Abbildung 11

ziert, können wir davon ausgehen, daß die Schleife eine sehr ge-
ringe Wiedergabetreue aufwies. Zum einen deshalb, weil die
Schleife relativ lang und wahrscheinlich relativ störanfällig war.

Zum anderen aber und viel wichtiger noch deshalb, weil die
sensorischen Reaktionen echte Körperhandlungen waren und
der Zirkel sich über die Außenwelt schließen mußte. Der Organismus mußte äußerlich etwas machen, um die Eingabe zu ändern: er mußte zum Beispiel von der Reizquelle wegschwimmen
oder an ihr saugen, sie ausspucken, sie umfangen, sie weg-
stoßen oder was auch immer.

Unter diesen Bedingungen konnte die Koppelung von Ausgabe und Eingabe nur relativ ungenau ausfallen, und zu den
Sinnesorganen zurück gelangten nur sehr unbestimmte Informationen über die Form der Reaktion. Während die Zuckungen der Amöbe zweifellos die Eingabe modifizierten, blieb die
genaue Gestalt oder Dynamik der Zuckungen in der Rückantwort nicht erhalten. Daraus folgt, daß es keine Informationen

über Sentiments gab, die in der Schleife hätten zirkulieren können, und daß also, mit anderen Worten, die sensorische Aktivität keine Möglichkeit hatte, sich über einen längeren Zeitraum hinweg durch Rückkoppelung am Leben zu erhalten.

Mit der Fortentwicklung vom Körper- zum Hirnsentiment allerdings änderte sich die Lage. In dem Maß, wie die sensorischen Reaktionen an der Körperoberfläche allmählich durch Reaktionen ersetzt wurden, die auf die zuführenden Nerven gerichtet waren und schließlich auf die sensorischen Abbildungsfelder der Hirnrinde, mußte das nicht nur zu einer Verkürzung der Schleife führen, sondern auch dazu, daß die Koppelung zwischen Ausgabe und Eingabe viel enger wurde.

Tatsache ist, daß wir nicht wissen, wie es sich auswirkte, als die sensorische Reaktion sich anfänglich noch einfach darin erschöpfte, den zuführenden Nerv zu »kitzeln«. Aber im Lauf der Entwicklungsgeschichte gewann, so können wir annehmen, dieses Kitzeln eine immer stärker spezifizierte kommunikative Bedeutung. Das Ergebnis war, daß schließlich viele Detailinformationen über das Signal, das ausgeschickt wurde, um das Sentiment *am* sensorischen Rindenfeld zu erzeugen, in dem Signal, das *vom* Rindenfeld zurückkam, erhalten blieben. Und folglich konnte nun das Signal in dieser rein »zerebralen Sinnesempfindungsschleife« beträchtliche Zeit nachhallen, ehe es verebbte.

Nehmen wir also an, daß solche nachhallenden Rückkoppelungsschleifen in unserem eigenen Gehirn existieren, und kehren wir zum Problem der »Anweisungen« und der »Intentionalität« der sensorischen Aktivität zurück.

Das Problem entstand, weil wir unsere These, derzufolge etwas zu empfinden »einfach darin besteht, eine Anweisung für ein Sentiment zu erteilen«, nicht genau durchdacht hatten, denn es blieb unklar, wie Signale, die Sentiments hervorrufen, je als Anweisung *zu* etwas gelten konnten – es sei denn, es gab da irgendeine Art von »rückwirkender Kausalität«.

Aber schauen wir uns noch einmal die allgemeine Rückkoppelungsschleife in Abbildung 10 an. Wenn B von A verursacht wird und A' von B und so weiter, dann liegt natürlich *keine* rückwirkende Kausalität von B zu A vor. Wohl aber haben wir eine nach vorn wirkende Kausalität von B zu A'. So richtig es also ist zu sagen, daß die B's als ganzes die A's als Ganzes zur Ursache haben, so richtig ist es aber auch, *längerfristig betrachtet*, zu sagen, daß die A's als Ganzes die B's als Ganzes zur Ursache haben.

Was wir demnach eigenartigerweise haben, ist eine übergreifende Verschränkung von Ursache und Wirkung: die A's, die Ursache der B's sind, sind zugleich auch die Wirkung der B's. Und wenn wir nun diese übergreifende längerdauernde Abfolge mit der »erweiterten Gegenwart« gleichsetzen, dann erhalten wir eine Situation, wo die A's zu dem Zeitpunkt, in dem sie ausgeschickt werden – in der Gegenwart –, bereits von den B's beeinflußt sind, die sie hervorrufen werden. Folglich haben sich die A's aus bloßen Signalen, aus denen die B's kausal hervorgehen, in Signale verwandelt, die *für* die B's bestimmt sind und *von* ihnen handeln.

Diese Beschreibung ist immer noch nicht genau genug. Nehmen wir an, daß A, A', A'' und so weiter die Signale des inneren Dirigenten sind, die in der Sehrinde rote Sentiments hervorrufen, und daß B, B', B'' usw. die Antwortsignale an den inneren Dirigenten sind, daß die roten Sentiments tatsächlich auftreten. Und nehmen wir um der Argumentation willen an, die Wiedergabetreue der Schleife garantiert der Aktivität, die durch einen Rotlichtreiz auf der Netzhaut ausgelöst wurde, eine Lebensdauer von etwa einer Zehntelsekunde: mit anderen Worten, das Signal zirkuliert ungefähr eine Zehntelsekunde, ehe es in Rauschen untergeht.

Wenn nun diese Zehntelsekunde der subjektiven Gegenwart entspricht, dann ist während dieser ganzen Gegenwart der innere Dirigent fortlaufend damit beschäftigt, Signale für die Rotsentiments auszusenden und Bestätigungen darüber zu empfangen, was die Signale ausrichten. Den gerade angestellten Überlegungen zufolge verwandeln sich dabei die ausgesandten

Signale in Signale *für* Rotsentiments. Und nach dem oben vorgeschlagenen revidierten Kriterium, demzufolge »eine Empfindung zu verspüren darin besteht, im Rahmen der subjektiven Gegenwart eine potentielle Anweisung zu erteilen und ein bestätigendes Signal zu empfangen«, *verspürt* nun also das Subjekt die Empfindung des Rotlichts.

Vielleicht ist es nützlich, diesem Skelett ein wenig Fleisch hinzuzufügen.

Um zunächst ein möglichst unkompliziertes Beispiel zu konstruieren, nahm ich an, das eintreffende Signal sei kurz – ein Lichtblitz. Hält das eintreffende Signal länger an, dürfte sich die Situation mit Sicherheit komplizieren, weil es dann zwischen den laufenden und rücklaufenden Eingaben vermutlich zu Überblendungen kommt. Dennoch können wir getrost annehmen, daß bei anhaltendem Reiz die sensorische Aktivität, statt zu verebben, nachhallt und normalerweise irgendeine Art von Gleichgewichtszustand erreicht. Wir können deshalb erwarten, daß sich normalerweise bei anhaltendem Reiz auch die subjektive Empfindung stabilisiert.

Es bleibt indes die Möglichkeit, daß bei einem in der Schleife vorhandenen Summierungseffekt die Aktivität *nicht* ins Gleichgewicht kommt. Wir können uns Bedingungen vorstellen, unter denen die Aktivität sich zu einem Crescendo sammelt oder zwischen Extremen hin und her pendelt. Beispiele für solch einen Effekt aus dem Bereich der Gesichtsempfindung fallen mir nicht ein. Im Falle von Tastempfindungen jedoch deutet zweifellos einiges darauf hin: Denken wir daran, wie auch bei gleichbleibend starkem Reiz ein Jucken an Intensität zunehmen oder wie ein Schmerz pochen, also an- und abschwellen kann.[*]

Die meisten Reize in unserer Welt sind tatsächlich von relativ kurzer Dauer, nicht zuletzt deshalb, weil unsere Körper ständig in Bewegung und unsere Sinnesorgane damit beschäftigt sind,

---

[*] Ronald Melzack und Howard Eisenberg (1968), »Skin sensory afterglows«, *Science*, 159, 1968, S. 445–447.

stets unterschiedliche Dinge und Vorgänge in unserer Umgebung wahrzunehmen und einzuordnen. Das hat vermutlich zur Folge, daß unsere bewußte Gegenwart im großen und ganzen aus dem unmittelbaren sensorischen *Nachklang* von Reizen besteht, die gerade verklungen sind – aus der nachlassenden Aktivität in nachhallenden sensorischen Schleifen. Und es folgt daraus, daß die zeitliche Tiefe und subjektive Erlebnisfülle dieser bewußten Gegenwart zwangsläufig dadurch bestimmt ist, wie lange die jeweilige Aktivität anhält.

Was nun aber, wenn die Wiedergabetreue der Schleifen und somit die Lebensdauer der Aktivität in irgendeiner Weise zustandsabhängig sind, also zum Beispiel durch den allgemeinen Grad der Erregung oder Aufmerksamkeit oder auch durch bewußtseinsverändernde Drogen beeinflußt werden? Das würde bedeuten, daß die Tiefendimension der bewußten Gegenwart eine gewisse Variationsbreite aufweist – ungefähr so, wie die Klangtiefe eines Klaviers durch die Wirkung des Dämpfungspedals ausgedehnt oder verkürzt werden kann.

Ich habe weiter oben von den Auswirkungen der sogenannten bewußtseinserweiternden Drogen gesprochen und Aldous Huxleys Schilderung seiner Erlebnisse unter Meskalineinfluß zitiert: »Visuelle Eindrücke sind sehr verstärkt ... Wie die Blumen erglühten [die Bücher an den Wänden des Arbeitszimmers] in leuchtenderen Farben, von einer tieferen Bedeutsamkeit ...« Es ist durchaus denkbar, daß Huxley eine Geistesverfassung beschreibt, in der die sensorische Aktivität länger nachhallt als normal und in der die bewußte Gegenwart von ganz ungewöhnlich langer Dauer ist. (Vielleicht ist das tatsächlich eine Verfassung, die für einen Maler wie Turner etwas völlig »Normales« ist.)

Auf der anderen Seite erleben Menschen manchmal Depressionsphasen, in denen der Gesichtssinn an Intensität verliert und die Farben fade und verwaschen wirken: als ob das Leben der sensorischen Aktivität verkürzt und die bewußte Gegenwart geschrumpft wäre.

Das dramatischste Beispiel dafür, was passiert, wenn die

Nachhallaktivität einer starken Dämpfung unterliegt, ist vielleicht der Schlafzustand. Wenn jemand »in Schlaf sinkt«, reduziert sich die bewußte Gegenwart effektiv auf ein Nichts, und die subjektive Zeit ist vom seichten Fluß der physikalischen Zeit nicht mehr zu unterscheiden.

Diese Überlegungen lassen sich folgendermaßen illustrieren:

Meskalin:

```
    0       1       2       3       4       5
   1 2 3   2 3 4   3 4 5   4 5 6   5 6 7   6 7 8
  ....4....  ....5....  ....6....  ....7....  ....8....  ....9....
```

Normal:

```
    2 3     3 4     4 5     5 6     6 7     7 8
  ....4....  ....5....  ....6....  ....7....  ....8....  ....9....
```

Depression:

```
    3       4       5       6       7       8
  ....4....  ....5....  ....6....  ....7....  ....8....  ....9....
```

Schlaf:

```
  ....4....  ....5....  ....6....  ....7....  ....8....  ....9....
```

- - - →

Subjektive Zeit

....IV.... ....V.... ....VI.... ....VII........VIII........IX....

- - - →

Physikalische Zeit

Kapitel 25

Hurra!

Auf den letzten Seiten haben die Begriffe »bewußt« und »Bewußtsein« erneut Eingang in die Diskussion gefunden – zum ersten Mal, seit ich mich der Entwicklungsgeschichte des »Gefühls, Empfindungen zu haben«, zugewandt hatte.

Meine Behauptung geht dahin, daß Bewußtsein in der Tat zusammen mit diesen sich wiederholenden Rückkoppelungsschleifen in der Evolutionsgeschichte aufgetaucht ist. Das heißt, sie traten in Erscheinung, als und in dem Maße wie Hirnsentiments Teil eines Prozesses wurden, der seine eigene Existenz vorwegnimmt und sich seine eigene erweiterte Gegenwart außerhalb der physikalischen Zeit schafft.

Für Menschen (und für andere Lebewesen auf demselben evolutionsgeschichtlichen Niveau) ist »eine Empfindung zu verspüren« gleichbedeutend damit, in unentwirrbarer Verschränkung Urheber, Adressat und Genießer der nachhallenden sensorischen Aktivität zu sein.

Wer *sagt* aber, daß Bewußtsein auf diese Weise entstanden ist? Wenn man meinen Worten trauen kann, tue *ich* das offenbar. Aber warum sollte irgend jemand meiner Behauptung Glauben schenken? Ich meine, man muß sie akzeptieren, wenn man mein oben dargelegtes Programm für die Lösung des Geist-Körper-Problems akzeptiert; denn dann kann man erkennen, daß nun alle Bausteine ihren Platz gefunden haben, die erforderlich sind, um das Phänomen Bewußtsein zu erklären.

Dieses Programm und was davon erreicht worden ist, möchte ich rekapitulieren.

Unser Ausgangspunkt war die fundamentale Unterscheidung zwischen Sinnesempfindung und Wahrnehmung. Während der gesamten ersten Hälfte dieses Buches vertrat ich die Ansicht, tierische Organismen hätten zwei gänzlich unterschiedliche Weisen ausgebildet, das Geschehen an der Körperoberfläche zu repräsentieren – wobei Sinnesempfindungen affektgeladene Repräsentationen dessen sind, »was mit mir vorgeht«, Wahrnehmungen dagegen affektneutrale Repräsentationen dessen, »was da draußen vorgeht«. Diese Unterscheidung war (und bleibt) wesentlich für alles Folgende. Denn nur weil ich an ihr festhielt, konnte ich eine wichtige These entwickeln: nämlich, daß Bewußtsein im Sinne dessen, was vom Geist *gefühlt* wird und ihm *gegenwärtig* ist, ein Phänomen von ganz beschränktem Umfang ist. Anstatt die ganze Palette höherer geistiger Funktionen (Wahrnehmungen, Vorstellungen, Gedanken, Überzeugungen und so weiter) zu umfassen, ist Bewußtsein einzig und allein das »Haben von Empfindungen«. Und alle anderen geistigen Tätigkeiten (ob sie nun bei Menschen, bei anderen Tieren oder sogar bei Maschinen auftreten) fallen außerhalb des Bewußtseins, werden vom Geist nicht gefühlt und sind ihm nicht gegenwärtig, es sei denn, sie sind von dem begleitet, was ich als »Erinnerungen« an die Empfindung bezeichnet habe. Kurz: »Ich empfinde, deshalb bin ich« (oder um es mit Kundera negativ zu formulieren: »›Ich denke, also bin ich‹ ist die Feststellung eines Intellektuellen, der Zahnschmerzen unterschätzt.«*).

Nachdem das Problem so umrissen war, konnte die eigentliche Arbeit am Thema dieses Buches beginnen: zu analysieren, »was es eigentlich heißt, Empfindungen zu haben«. In Kapitel 17 untersuchte ich die entscheidenden Eigenschaften von Empfindungen.

Als wesentlich für Empfindungen erwies sich, »daß sie (1) zum Subjekt gehörig, (2) an eine besondere Stelle seines Körpers geknüpft, (3) modalitätsspezifisch, (4) gegenwartsgebunden

* Milan Kundera (1991), *Immortality*, London 1991, S. 225.

und (5) in all diesen Hinsichten selbstdarstellend sind«. Die Aufgabe, hatte ich behauptet, bestehe darin zu erklären, »wie diese fünf Empfindungscharakteristika als Begleiterscheinung eines einleuchtenden Mechanismus im menschlichen Gehirn entstehen konnten«.

Das nächste Argument war teils logischer, teils biologischer Natur. Grundsätzliche Überlegungen führten mich zu dem Schluß, daß diese speziellen Eigenschaften der Empfindung Eigentümlichkeiten von Vorgängen sind und sein müssen, die starke Ähnlichkeiten mit Körperhandlungen aufweisen. Daraus folgt, daß die »Tätigkeit« des Empfindens, die ich als »Sentition« bezeichne, aus einer Aktivität hervorgegangen sein muß, die sich bis zu der Stelle erstreckte, an der die Empfindung verspürt wurde, und daß sie bis heute diese Eigentümlichkeit bewahrt haben muß. Tatsächlich muß jede unterscheidbare Empfindung beim Menschen einer physisch eigenen Form von Körperhandlung entsprechen (entweder an der wirklichen Körperoberfläche oder aber an einer Ersatzstelle auf einem inneren Modell des Körpers) – und eine bestimmte Empfindung zu haben besteht einfach nur darin, die nötigen »Anweisungen« zu geben, um die entsprechende Aktivität in Gang zu setzen.

Vor diesem Hintergrund war ich der evolutionären Herkunft der Sinnesempfindung auf den Grund gegangen. Ich habe gezeigt, wie sich sensorische Aktivitäten Schritt für Schritt aus frühesten Anfängen entwickelt haben könnten: Zunächst waren lokale »Zuckungen« als zustimmende oder ablehnende Reaktion auf Reize an der Körperoberfläche entstanden. Später dann gab es eine über Nerven vermittelte Reaktion, die von der Körperoberfläche zum Gehirn und wieder zurück führte, noch später eine fortschreitende Kurzschaltung dieser Schleife – und zwar in der Weise, daß die Reaktion nicht auf die eigentliche Körperoberfläche, sondern auf den zuführenden sensorischen Nerv gerichtet war. Schließlich sind dann bei den höheren Tieren sensorisch nachhallende Rückkoppelungsschleifen innerhalb des Gehirns entstanden.

Auf diesem Wege gelangte ich zu einer spezifischen Hypothese über den Gehirnmechanismus, der dem Empfinden zugrunde liegt (spezifisch, was die allgemeinen logischen Bedingungen, nicht was die genaue physiologische Basis betrifft). Dieser Mechanismus ist physiologisch insofern plausibel, als für ihn nichts weiter erforderlich ist als jene neurophysiologisch keineswegs absonderlichen einfachen Rückkoppelungsschleifen. Er ist medizinisch insofern plausibel, als er zu den Befunden über die Folgen oder fehlenden Folgen von Schädigungen des sensorischen Systems (Phantomglieder, Verlust der Sinnesempfindung nach Verletzung der sensorischen Rindenfelder und so weiter) paßt; und er liefert darüber hinaus, wie am Ende des letzten Kapitels festgehalten, eine plausible Erklärung für die Veränderungen in der Bewußtseinstiefe. Das Beste daran aber ist, daß er evolutionsgeschichtliche Plausibilität beanspruchen kann.

Darüber hinaus weist dieser Mechanismus auch so ziemlich alle erforderlichen phänomenologischen Charakteristika auf – oder hat sie jedenfalls in bestimmten Stadien seiner Entwicklungsgeschichte aufgewiesen. Die Eigenart der Empfindung, nämlich rein individuell zu sein, ist Ergebnis der Tatsache, daß Empfindungen zu den Aktivitäten gehören, die »Ich«, also mein handelndes Subjekt, ins Leben rufe. Die Eigenart, sich auf ein Ereignis zu beziehen, das hier und jetzt stattfindet, ist Ergebnis der Tatsache, daß diese sensorischen Aktivitäten sich bis zu der betreffenden raumzeitlichen Stelle erstrecken, um dort eine physische Bewegung hervorzurufen. Die Eigenart einer modalitätsspezifischen Qualität der Empfindungen ist Ergebnis der Tatsache, daß die Aktivitäten mit unterschiedlichen Bereichen der Körperoberfläche verknüpft sind, die ihren jeweiligen »adverbialen Stil« besitzen. Die Eigenart, daß Empfindungen die subjektive Gegenwart hindurch existieren, ist Ergebnis der Tatsache, daß die sensorischen Aktivitäten auch nach Verschwinden des Reizes eine nicht zu vernachlässigende Zeitspanne lang fortdauern. Und zu guter Letzt ist die Eigentümlichkeit der Empfindungen, selbstdarstellend zu sein, Folge der Rückkoppelungsform der Aktivitäten, durch die sie zu Anweisungen für sich selbst werden.

Voilà! Oder haben wir vielleicht doch noch nicht alle Bausteine für die Erklärung des Phänomens Bewußtsein unter Dach und Fach? Vielleicht sollten wir uns zunächst noch ein wenig in Bescheidenheit üben, bis wir ein weiteres markantes Problem gelöst haben.

Kapitel 26

Ein Hoch auf den Konservatismus

Die Zusammenfassung im letzten Kapitel hat gezeigt, daß wir im Laufe unserer Erörterung schon den Punkt erreicht hatten – das heißt irgendeinen Punkt in der Evolutionsgeschichte –, an dem die Bausteine alle an ihrem Ort waren. Was ich jetzt noch nachweisen muß, ist nicht weniger und nicht mehr als dies: Letztendlich sind sie alle *zu ein und demselben Zeitpunkt* an ihrem Ort.

Insgesamt betrachtet ist dies nicht allzu problematisch. Es trifft zwar zu, daß ich für den Entwurf eines Gesamtbildes die verschiedenen Eigenschaften der Empfindungen jeweils partiell eingeführt und die einen mit einem früheren Entwicklungsstadium, die anderen mit einem späteren, revidierten in Verbindung gebracht habe. Dennoch habe ich wohl deutlich machen können, daß die *meisten* der bereits vorhandenen Eigenschaften im Zweifelsfall erhalten geblieben *wären*.

Es ist beispielsweise leicht zu erkennen, daß die »Zugehörigkeit« und »Zeigefunktion« der Empfindungen erhalten geblieben wäre – da ja klar ist, wie beim Übergang von Körpersentiment zu Hirnsentiment die Aktivität in der zerebralen Schleife ihre ursprünglichen Zeigemerkmale bewahrt hätte. Es *könnte* sich allerdings erweisen, daß der nicht minder wesentliche »qualitative Charakter« der Empfindungen komplizierter zu überschauen ist; wie die Aktivität in der zerebralen Schleife imstande sein sollte, ihre ursprünglichen modalitätsspezifischen Eigenschaften zu bewahren, ist nämlich keineswegs klar.

Als ich mich weiter oben im Buch mit der modalen Qualität der Empfindungen beschäftigte, behauptete ich, die anfänglichen zustimmenden oder ablehnenden Zuckungen der Amöbe hätten sich zu zentral erzeugten Sentiments fortentwickelt, die an spezialisierten sensorischen Rezeptoren auftraten, und diese Sentiments – wie auch die ausgesandten Signale, die sie hervorriefen – hätten sich durch ihren »adverbialen Stil« voneinander unterschieden. Im einzelnen vertrat ich die Ansicht, daß für die *Modalität* der Sentiments die *Struktur* des Epithelgewebes bestimmend gewesen sei, auf das sich die Sentiments bezogen hätten, und daß die *submodale Qualität* durch die Beschaffenheit der *affektiven Funktion* bestimmt wurde, die ihnen vor Ort zugefallen sei. So daß zum Beispiel bei einem süßen Geruch die olfaktorische Qualität der Sentiments sich aus der beteiligten Nasenschleimhaut ergibt und die Süße daraus, daß sie mit einer bestimmten Form von positivem Affekt einhergeht.

Schwierig wird es allerdings, wenn man sich überlegt, wie diese Situation fortbestehen konnte, nachdem die sensorischen Reaktionen sich nicht mehr bis zur tatsächlichen Körperoberfläche erstreckten und sich statt dessen auf den Ersatzkörper des sensorischen Hirnrindenbereichs bezogen. Denn es ist zu fragen, wieso irgendeine dieser ursprünglichen strukturellen beziehungsweise funktionellen Bedingungen für den »adverbialen Stil« der Körpersentiments auch noch für die Hirnsentiments Gültigkeit behalten sollte.

Vermutlich kann die Form der Sentiments, die an der Hirnrinde auftreten, nicht mehr maßgeblich durch die Struktur des Zielbereichs bestimmt sein, da die verschiedenen sensorischen Rindenbereiche keine strukturelle Ähnlichkeit mit den sensorischen Epithelbereichen aufweisen, an denen ihre Eingabe geschah, und da sie sich im Prinzip allesamt gleichen. Es gibt keinen Grund, warum zum Beispiel ein Sentiment, das an der Sehrinde auftritt, immer noch an die visuelle Form eines Sentiments auf der Netzhaut gebunden sein sollte oder warum ein Sentiment, das am Riechzentrum der Rinde auftritt, immer noch den olfaktorischen Stil eines Sentiments an der Nasenschleimhaut aufweisen sollte. Da außerdem diese Hirnsentiments schon lange nicht mehr die Aufgabe zu erfüllen haben, in der Umgebung des Reizes direkte Veränderungen herbeizuführen, gibt es auch keinen Grund, warum die Form des Sentiments noch maßgeblich durch irgendeine affektive Funktion bestimmt sein sollte.

Wir könnten sogar durchaus die Ansicht vertreten, daß die ganze Vorstellung eines »adverbialen Stils« absolut überflüssig ist und sich erübrigt, seit die Hirnsentiments aufgehört haben, im direkten Austausch mit der *körperlichen* Realität zu stehen: daß dies eine Vorstellung ist, auf die wir ohne Kenntnis der Entwicklungsgeschichte auch gar nicht erst verfallen wären. Und in diesem Fall liefen wir dann vielleicht (wie alle, die etwas Derartiges versucht haben) Gefahr, eine Theorie der Empfindungen zu konstruieren, die aufgehört hat, eine Theorie von Sinnesempfindungsqualitäten zu sein. Um das zu verhindern, werde ich noch ein letztes Kapitel zu der Geschichte hinzufügen müssen.

»Die ganze Vorstellung von einem ›adverbialen Stil‹ der Hirnsentiments also könnte absolut überflüssig scheinen, wüßten wir nichts von der Entwicklungsgeschichte.« Aber wir wissen nun einmal etwas von ihr, oder konkreter: Hirnsentiments haben nun einmal eine Entwicklungsgeschichte. Und deshalb können wir uns auf unseren guten alten Freund, den evolutionsgeschichtlichen Konservatismus, zurückziehen.

Ich werde ein bißchen abschweifen (und es wird in Kürze deutlich werden, warum ich das tue).

In *The Evolution of Designs** lenkt der Architekt Philip Steadman unsere Aufmerksamkeit auf die konservativen Neigungen, denen man bei Handwerkern und Künstlern begegnet, die in ihre Arbeiten beharrlich Elemente vergangener Konstruktionen aufnehmen, auch wenn der ursprüngliche Zweck dieser

---

* Philip Steadman (1979), *The Evolution of Designs*, Kapitel 7, Cambridge 1979.

Elemente längst überholt oder vergessen ist. Er führt als Beispiel an, wie zypriotische Töpfer »bis vor kurzem noch ihren fertigen Vasen zwei Klümpchen Ton anhefteten, ohne über diese Eigenheit mehr sagen zu können, als daß es sich um eine traditionelle Dekorationsform handele«. Eine Erklärung liefert »ein Vergleich mit Vasen, die bis zu 2500 Jahre älter sind und von Archäologen in der gleichen Region gefunden wurden. Diese haben die Gestalt sorgfältig ausgeformter weiblicher Figuren. Die zwei Vorsprünge sind die Brüste der Figur.«

Konstruktionselemente, die einst von praktischer Bedeutung waren, aber später hauptsächlich oder vollständig zum Zierat wurden – und nicht mehr der Auslese unter Brauchbarkeitsgesichtspunkten unterworfen waren –, werden als »skeuomorph« bezeichnet (aus dem Griechischen, »Werkzeug«, »Form«). In der Kleiderfertigung (z. B. die Knöpfe an den Manschetten von Männerjacketts), in der Technik (z. B. die Trittbretter bei den ersten Automobilen) und in größerem Ausmaß in der Architektur finden sich reichlich Belege dafür. In den klassischen griechischen Tempeln (und in ihren Abkömmlingen bis zum heutigen Tag) verweisen viele der Schmuckelemente der steinernen Gebäude auf die Konstruktionsmerkmale der älteren Bauten aus Holz: der hundezahnartig gezackte dorische Fries zum Beispiel hat seinen Ursprung in dem Muster, das die herausstehenden Enden der hölzernen Tragebalken des Daches bildeten, und die frühesten Steintempel wiesen sogar steinerne Nachbildungen der einst verwendeten Holzstifte auf.

Handwerker neigen dazu, vorhandene Modelle zu *kopieren*. Dafür haben sie mehrere Gründe. Zum einen ist Kopieren leicht: Die Auswahl aus denkbaren Varianten und die Planung, die zur Entwicklung der früheren Version erforderlich war, ist in der gegenwärtigen Konstruktion enthalten, und die Kopie läßt sich anfertigen, ohne daß diese Arbeiten wiederholt werden müssen. Sodann verspricht Kopieren Sicherheit: Das Vorbild erfüllte seine Funktion, und von der Kopie läßt sich erwarten, daß sie mindestens genauso gut funktioniert. Und schließlich schafft man durch das Kopieren Objekte, die den Erwartungen der

Menschen entsprechen: Die frühere Version gibt vor, wie die Konstruktion »auszusehen hat«, und die Kopie weist schließlich eine beruhigende Ähnlichkeit mit bereits Bekanntem auf. Der letztgenannte Faktor dürfte besonders dann sehr bestimmend sein, wenn, was häufig geschieht, alte und neue Formen nebeneinander existieren und ein Zusammenprall von Stilen vermieden werden muß (wenn also etwa ein steinerner Tempel in unmittelbarer Nachbarschaft eines Tempels aus Holz errichtet wird).

Was für die kulturelle Entwicklung gilt, das gilt auch für die biologische Evolution. Auch in der Erzeugung biologischer Nachkommen ist es am einfachsten, ein bewährtes Muster zu kopieren: Man braucht keine neue Konstruktionsarbeit zu leisten (und kann im wesentlichen alles den vorhandenen Genen überlassen). Am sichersten ist es ebenfalls: Man hat die Gewißheit, daß die biologische Nachkommenschaft mindestens so lebenstüchtig sein wird wie ihre Erzeuger. Und schließlich steht das »Kopieren« auch im Einklang mit den gegebenen Regelsystemen: Man läuft nicht Gefahr, daß ein Teil des Organismus durch die Erneuerung mit anderen, unveränderten Teilen in Kollision gerät.

Wir können deshalb erwarten, daß lebende Organismen, auch wenn sie neue Funktionsweisen ausbilden, manche für die neue Funktion unerhebliche Verhaltensmuster der Vergangenheit beibehalten. Wir können, anders gesagt, damit rechnen, daß es biologische Skeuomorphen, biologische »Gebrauchsformen«, gibt, die entweder als dekoratives Beiwerk oder auch einfach als nutzloser Ballast fortdauern.

Dafür gibt es zahlreiche Belege. Man denke an die nutzlose Reise der Seeschildkröten quer durch den Südatlantik. Beispiele aus der menschlichen Anatomie sind der Blinddarm, die Weisheitszähne und die verschmolzenen Wirbel, die das Überbleibsel des einstigen Schwanzes darstellen; physiologische Beispiele sind solche Merkwürdigkeiten wie die Eigenheit der Haare, sich in angsterregenden Situationen zu sträuben, oder unsere Vorliebe für den Moschusgeruch, unsere nächtliche achtstündige Schlafperiode und der am Mondmonat orientierte weibliche Menstruationszyklus.

Hätte es demnach Sinn zu behaupten, der fortdauernde qualitative Charakter der Hirnsentiments – die ja »aufgehört haben, im direkten Austausch mit der *körperlichen* Realität zu stehen« – sei ebenfalls ein Fall von Skeuomorphie?

Dazu greifen wir auf eine Analogie aus der Kulturentwicklung zurück. Heutzutage ist eine Vielzahl von handschriftlichen Alphabeten in Gebrauch: römische, griechische, hebräische Buchstaben, chinesische Schriftzeichen usw. Nehmen wir, auch wenn es vielleicht nicht im strengen Sinne stimmt, um der Analogie willen an, daß der allgemeine Stil jeden Alphabets der stofflichen Unterlage entspricht, auf der sich die Schrift einst entwickelte: Die lateinische Schrift wurde in Stein gemeißelt, die griechische mit einem Griffel in Wachstafeln geritzt, die hebräische mit einem Federkiel auf Papyrus geschrieben und die chinesische mit einem Pinsel auf Papier gemalt. Nehmen wir darüber hinaus an (auch wenn das ebenfalls nicht buchstäblich stimmen muß), daß in der Vergangenheit die Form jedes einzelnen Buchstabens zum Teil durch die Mundbewegung bei der entsprechenden Lautbildung bestimmt war: so daß zum Beispiel in der lateinischen Schrift die Buchstaben b und p ihre nach vorn weisende Rundung deshalb erhielten, weil die dazugehörigen Laute durch eine Verschlußbewegung der Lippen artikuliert werden (anders als etwa bei den Buchstaben g und d).

Heute verwenden wir natürlich nicht mehr dieselben Schreibunterlagen, und wir formen beim Schreiben die Buchstaben nicht mehr mit dem Mund: Tatsächlich haben wir vielfach das Schreiben mit der Hand gänzlich aufgegeben und arbeiten mit Schreibmaschinen oder Druckern. Und doch haben wir treu an beiden Eigentümlichkeiten der Alphabete unserer Vorfahren festgehalten (sogar auf dem Computerbildschirm), weil die Erfindung einer neuen Schriftform schwierig, riskant und konfliktträchtig gewesen wäre – und daher jede Veränderung durch das kulturelle Trägheitsmoment verhindert wurde.

Die Parallele zu den Sentiments ist, so hoffe ich, deutlich.

Weil im biologischen Bereich dieselben drei Faktoren wirksam sind, haben auch die Sentiments sowohl die strukturellen als auch die funktionellen Elemente ihres »adverbialen Stils« beibehalten. So behalten etwa die Sentiments an der Sehrinde den früheren visuellen Stil bei (als ob sie immer noch über die Netzhaut vermittelt wären), und Sentiments als Reaktion auf Rotlicht behalten nach wie vor ihren Rotstil bei (als ob sie immer noch eine Abwehrreaktion auf den Reiz produzierten), weil jede Veränderung dem biologischen Trägheitsmoment widersprochen hätte.

Wenn das so richtig ist, ergeben sich zwei Fragen. Erstens: Sind Sentiments *keinerlei* praktischen Selektionskriterien mehr unterworfen, so daß ihr Stil rein »dekorativ« geworden ist? Zweitens: Ist der Stil der Sentiments mangels Selektionsdruck wirklich *völlig* unverändert geblieben, was zur Folge hätte, daß die Formen der menschlichen Sentiments immer noch starke Ähnlichkeit mit denen so entfernter Verwandter wie Affen oder gar Frösche und Regenwürmer besitzen?

Bezüglich der ersten Frage müssen wir an die *Repräsentationsrolle* denken, die Sentiments immer gespielt haben. Seit frühesten Zeiten wurde dem Organismus durch seine Reaktion auf den Reiz immer auch eine mentale Repräsentation *des Reizes selbst* geliefert: das heißt, eine Repräsentation auf der Ebene einer Empfindung dessen, »was mit mir vorgeht«. Und wie schon geschildert, sind die höheren Tiere nicht weniger als die primitiven immer noch auf vielfache Weise auf solche sensorischen Repräsentationen angewiesen, nicht nur für den primären Zweck einer Einschätzung, ob das, was an der Körperoberfläche vorgeht, gut oder schlecht ist, sondern auch für sekundäre Zwecke im Zusammenhang mit der Gültigkeit der Wahrnehmung.

Wir können deshalb sicher sein, daß es eine fortgesetzte Selektion mit dem Ziel gab, sicherzustellen, daß die *Unterschiede* zwischen den Sentiments erhalten blieben. Damit zum Beispiel Reaktionen auf Lichtreize an der Netzhaut diese Reize weiterhin als durch Licht und nicht durch Berührung erzeugt repräsentieren konnten, mußten die visuellen Sentiments klar von den taktilen unterschieden bleiben; ebenso mußten, damit Reaktionen auf Rotlicht den Reiz als Rot- und nicht als Blaureiz repräsentierten, Rotsentiments von Blausentiments klar unterschieden bleiben.

Aber wenn doch diese Unterschiede ohnehin durch den konservativen Grundzug im biologischen Trägheitsmoment bewahrt wurden, wozu brauchte es dann noch einen solchen selektiven Trennmechanismus? Der Grund liegt darin, daß Traditionen, wenn sie ohne fortdauernden Selektionsdruck durch ein reines Kopierverfahren aufrechterhalten werden, stets gefährdet sind, »genetisch abzudriften«: Beim Kopierverfahren häufen sich kleine Fehler, bis schließlich eine Version herauskommt, die vielleicht nur noch wenig mit dem Original gemein hat.

Steadman führt aus der römisch-britischen Münzgeschichte ein bemerkenswertes Beispiel für solch ein Abdriften an. Am Anfang stand eine Goldmünze mit dem bekränzten Kopf Philipps von Mazedonien. Aber dann fertigten (etwas unachtsame) britische Handwerker regional gültige Kopien davon an: »Das Gesicht des Herrschers verschwindet im Zuge des Kopiervorgangs ziemlich rasch, und zurück bleibt nur der Kranz. Der Kranz durchläuft dann alle möglichen grotesken Transformationen, vergröbert sich im Laufe der Bearbeitung zu rechteckigen und ovalen Mustern und verwandelt sich schließlich in Weizen- oder Gerstenähren; aus dem dazwischen gelegenen Ohr des Herrschers werden symmetrisch angeordnete Mondsicheln, zu denen, wie es sich gehört, Sterne hinzutreten.« Das ist vielleicht ein extremes Beispiel. Aber auch der dorische Fries hat sich im Laufe der Zeit von der ursprünglichen Holzbalkenreihe weit entfernt, und die Klümpchen auf den Tongefäßen aus Zypern besitzen keine *allzu große* Ähnlichkeit mit weiblichen Brüsten mehr.

Zu dieser Art von Abdrift kann es also auch bei den Hirnsentiments gekommen sein – und ist es wahrscheinlich auch gekommen. In diesem Fall wird das Abdriften allerdings, zumindest in einem gewissen Umfang, durch die Notwendigkeit begrenzt, den Unterschied zwischen den besonderen sensorischen Repräsentationen aufrechtzuerhalten. Die Selektion wird dafür gesorgt haben, daß sich zum Beispiel der Stil der visuellen Sentiments dem der taktilen oder der Stil der Rotsentiments dem der Blausentiments nie zu sehr annäherte.

Gleiches gilt natürlich auch für die Schriftformen. Im Zuge der Jahrhunderte hat es in der Tat eine beträchtliche Abdrift in der exakten Schreibweise des Alphabets gegeben. Aber Schriften haben auch immer eine repräsentative Funktion zu erfüllen: Sie müssen nämlich die verschiedenen Laute der Sprache abbilden. Und deshalb bestand innerhalb des jeweiligen Alphabets ein beständiger Selektionsdruck, die einzelnen Buchstaben erkennbar verschieden zu erhalten – zu verhindern, daß zum Beispiel die P's in Richtung auf die G's abdrifteten und sich diesen zu sehr annäherten.

Ob es auch ein selektives Verfahren mit dem Ziel gegeben hat, die verschiedenen Alphabete voneinander getrennt zu halten, ist schwierig zu entscheiden. Aber stellen wir uns, um die Parallele zu den Sentiments noch zu verstärken, folgendes Szenario vor. Nehmen wir an, daß von Anfang an die verschiedenen Alphabete nicht nur unterschiedlichen Schreibunterlagen angepaßt waren, sondern außerdem gebraucht wurden, um jeweils ganz verschiedene Bereiche zu repräsentieren: so daß zum Beispiel alle Texte in lateinischer Schrift von optischen Dingen handelten, alle in griechischer Schrift von akustischen, alle in hebräischer Schrift von mechanischen und alle in chinesischer Schrift von gastronomischen. Der Umstand, daß dies den Menschen ermöglicht hätte, immer schon auf den ersten Blick zu wissen, worum es bei den Texten inhaltlich ging, hätte in der Tat einen fortlaufenden Druck erzeugt, diese generischen Unterschiede aufrechtzuerhalten – zu verhindern, daß irgendwann eine Buchstabengruppe des lateinischen Alphabets zu große Ähnlichkeit mit Buchstaben des griechischen Alphabets entwickelte.

Das berührt unmittelbar unsere zweite Frage nach dem Ausmaß, in dem die Hirnsentiments des Menschen noch Ähnlichkeit mit denen seiner entfernten Verwandten aufweisen. Wenn es wirklich beim Stil der sensorischen Reaktion eine Tendenz zum Abdriften gegeben hat und wenn zugleich das Erfordernis, die ursprünglichen generischen Unterschiede aufrechtzuerhalten, der Abdrift Schranken setzte, dann können wir ein gewisses Maß an Ähnlichkeit zwischen den Sentiments einander verwandter Arten erwarten, das aber weit entfernt von völliger Deckungsgleichheit ist. Wie meine und Ciceros Schreibweise darin übereinstimmen, daß sie beide authentisch »lateinisch« sind, ebenso stehen vermutlich auch die visuellen Sentiments von Menschen, Affen und Fröschen in der authentischen Tradition derselben »Sichtweise«. Aber gleichzeitig ist es ohne weiteres möglich, daß so, wie die gotische lateinische Schrift von der italischen lateinischen Schrift weggedriftet ist, die visuellen Sentiments der verschiedenen Arten mittlerweile ihren jeweils eigenen visuellen Substil entwickelt haben.

Auf diese Weise sieht ein Frosch

Auf diese Weise sieht eine Ratte

Auf diese Weise sieht ein Affe

𝕬𝖚𝖋 𝖉𝖎𝖊𝖘𝖊 𝖂𝖊𝖎𝖘𝖊 𝖘𝖎𝖊𝖍𝖙 𝖊𝖎𝖓 𝕸𝖊𝖓𝖘𝖈𝖍

Abbildung 12

Daraus folgt, daß ein Mensch, wenn er irgendwie in die Lage geriete, Anweisungen für äffische visuelle Sentiments statt für menschliche zu geben, und wenn er also – und darum geht es ja letztlich – *erlebte*, was ein Affe tut, wenn er zum Beispiel Rot sieht –, daß dieser Mensch dann wahrscheinlich zwar das, was mit ihm vorgeht, als »visuelle« Empfindung oder gar als »Rot« erkennen würde, daß es sich dabei aber sehr wohl um eine Rotempfindung handeln könnte, die anders wäre als alles, was er je zuvor empfunden hätte.

Doch nicht nur Vergleiche zwischen den einzelnen Arten sind interessant. Denn wer weiß, ob alle Angehörigen der menschlichen Spezies formidentische Sentiments haben? Geradeso, wie die Handschrift von Individuen, die dieselbe Schulbank gedrückt haben, kleine Unterschiede aufweisen, mögen auch ohne weiteres kleine Unterschiede zwischen den Sentiments von Menschen existieren, selbst wenn diese demselben Zeitabschnitt, derselben Ethnie und Kultur angehören. (Auf dieser Tatsache könnte vielleicht eines Tages eine ganze neue Wissenschaftsdisziplin, eine sensorische »Graphologie«, aufbauen.)

Kapitel 27

Geist ward Fleisch

Eine Theorie des Bewußtseins muß zuallererst den diskutierten grundlegenden wissenschaftlichen und logischen Kriterien genügen. Die Theorie muß einen physikalischen Vorgang im Gehirn beschreiben, dessen Merkmale auf der jeweiligen Beschreibungsebene den Eigenschaften der erlebten Empfindungen entsprechen. Nimmt man die Überlegungen des letzten Kapitels hinzu, so meine ich sagen zu können, daß die dafür erforderlichen Elemente nun alle an ihrem Platz sind.

Und doch ist das noch nicht alles, was eine Theorie des Bewußtseins leisten muß. Denn es ist nicht zu bestreiten, daß die Theorie, um in der Öffentlichkeit bestehen zu können, auch gewissen rhetorischen oder dialektischen Anforderungen genügen muß. Vor allem muß sie Antworten auf eine ganze Palette weiterer Fragen liefern können, die im Laufe von Jahrhunderten des Nachdenkens bei Fachleuten und Laien ins Zentrum der Diskussionen darüber gerückt sind, wie Bewußtsein in die Welt paßt.

Dazu gehören die ewigen Fragen danach, was wir über den Geist und das Gehirn anderer wissen können und was nicht – Fragen der Art, ob Hunde oder Computer oder Lehnstühle Bewußtsein haben und wie ihre jeweiligen Erfahrungen sich im Verhältnis zu unseren ausnehmen würden – Fragen à la: »Wie fühlt man sich als Fledermaus?«

Diese Fragen mögen sinnvoll sein oder nicht; das wird man sehen. Aber sinnvoll oder nicht, unsere Theorie kann es sich nicht leisten, sie beiseite zu schieben. Zumindest aber tut sie gut daran, zu jenen Fragen befriedigend »Stellung zu nehmen«, auf die – zu Recht oder zu Unrecht – die Menschen meinen, eine befriedigende Antwort erwarten zu können. Und die Stellung-nahme sollte außerdem überzeugend ausfallen, denn zu diesen Fragen besitzen die Menschen meist schon feste – vielleicht so-gar unerschütterliche – Ansichten, selbst wenn ihnen dafür jede theoretische Grundlage fehlt.

Das heißt nicht, daß diese Fragen mittels demokratischer Ab-stimmung entschieden werden könnten oder sollten (geschwei-ge denn durch Dr. Johnsons »Das widerlege ich so«). Aber es bedeutet, daß ich keinen Sinn darin sehe, mich auf eine aus-sichtslose Schlacht gegen Vorurteile einzulassen, die sich allge-meiner Geltung erfreuen. Wenn es zum Beispiel um die Frage geht, ob ein Hund Bewußtsein hat, dann können wir ebensogut davon ausgehen, daß die einzige öffentlich vertretbare Antwort »Ja« lauten muß, während dieselbe Frage, bezogen auf einen Lehnstuhl, ein »Nein« erfordern wird. Kurz, unsere Theorie muß beredt sein, und was sie sagt, muß Hand und Fuß haben.

Was wir jetzt tun müssen, ist, die Theorie an einigen dieser Fra-gen zu erproben – und im Verlauf dieser Erprobung hoffentlich nachzuweisen, daß die Theorie nicht nur außergewöhnlich be-redt ist, sondern auch in ihren Ausführungen ein außergewöhn-lich hohes Maß an gesundem Menschenverstand beweist.

Wie weit in die Natur hinein erstreckt sich Bewußtsein?

Ich gehe davon aus, daß jeder Leser dieses Buches die Vorausset-zung akzeptiert, mit der wir in Kapitel 3 begonnen haben: daß nämlich Bewußtsein im Universum ein zeitlich und räumlich begrenztes Phänomen ist – daß es eine Zeit in der Geschichte gab, in der Bewußtsein noch nirgends existierte, und daß es auch heute nicht überall existiert. (Die entgegengesetzte Vor-stellung, nach der Bewußtsein in jedem Stück Materie seit jeher latent vorhanden sei – man spricht manchmal von »Panpsychismus« –, ist eine jener oberflächlich reizvollen Ideen, die sich in nichts auflösen, sobald man versucht, ihnen irgendeinen Erklärungswert abzugewinnen.)

Es ist indes eine Sache, zu akzeptieren, daß Grenzen vorhanden sein müssen, eine andere, durchdachte Thesen über die Beschaffenheit dieser Grenzen aufzustellen: Thesen darüber, warum, wann und wo Bewußtsein zum ersten Mal auftrat und wie weit und in welchen Zusammenhängen sich die Infektion ausgebreitet hat. In dieser Hinsicht aber ist die vorliegende Theorie in einer bemerkenswert günstigen Lage, da es ja die mit ihr verknüpfte systematische Absicht war, Auskunft darüber zu geben, wie sich Bewußtsein evolutionsgeschichtlich aus nichtbewußten Anfängen entwickelt hat.

Vor allem einmal können wir feststellen, daß Bewußtsein strikt an *Körper* gebunden ist. Bewußtsein zu haben bedeutet notwendigerweise, Empfindungen davon zu haben, »was mit mir vorgeht«: anders gesagt, was an der Grenze zwischen Ich und Nicht-Ich passiert. Ohne einen Körper gäbe es selbstredend keine solche Grenze und folglich nichts, wovon das Subjekt ein Bewußtsein haben könnte. Das bedeutet zum Beispiel, daß wir die Möglichkeit von Bewußtsein in nichtkörperlichen Wesenheiten, wie etwa (um ein paar zugegebenermaßen unwahrscheinliche Fälle zu nennen) in Kraftfeldern, Zahlen, Schallwellen, Regenbögen, Universitäten, Pop-Hits, Telefonnetzen oder immateriellen Seelen beziehungsweise Geistern, absolut ausschließen können. Wir können all jene materiellen Dinge ausschließen, die zwar äußerlich erkennbare Umrisse, aber keine wesentliche Begrenztheit haben, wie interstellare Staubwolken, Schlammplacken oder Schneestürme, und ebenso kollektive Einheiten, die aus jeweils klar abgegrenzten Individuen bestehen, wie Zwillingspaare, Bienenschwärme oder die Menschheit als ganze. Wenn wir wollen, können wir auch das Universum in seiner Totalität oder Gott in seiner Allmacht ausschließen – da keine der beiden Wesenheiten eine Grenze hat, an der etwas passieren könnte (was könnte Gott in seiner Unendlichkeit mit sich vorgehen spüren?).

Zweitens dürfen wir feststellen, daß Bewußtsein an Körper gebunden ist, die *an sich selbst interessiert* sind. Empfindungen sind sensorische Aktivitäten, bei denen es (zumindest ursprünglich) darum geht, ob etwas »gut oder schlecht« ist. Ohne selbstbezügliches Interesse kann es Bewertungen einer Sache oder einer Handlung als gut oder schlecht nicht geben und folglich auch nicht die Möglichkeit, daß Reaktionen auf Reize diese affektive Dimension besitzen. Das bedeutet, daß wir des weiteren die Möglichkeit von Bewußtsein in all den körperlichen Wesen ausschließen können, die zwar Körpergrenzen aufweisen und tatsächlich auch auf das reagieren, was an diesen Grenzen passiert, denen es aber grundsätzlich gleichgültig ist, was mit ihnen geschieht. Wir können Eisberge ebenso wie Gummibälle, Taschenuhren oder den Mond ausschließen. Tatsächlich können wir in der natürlichen, nicht durch Menschenhand geformten Welt alles ausschließen bis auf die *lebenden* Wesen, da keine anderen ein wesentliches Interesse am eigenen Überleben haben und ein Reiz für keines von ihnen eine Bedeutung hat.

Drittens dürfen wir feststellen, daß Bewußtsein an eine ganz spezifische Gruppe von Lebewesen gebunden ist, nämlich an jene Tiere, die sich über das Stadium einer einfachen Sinnesempfindungsreaktion hinaus bis zu dem Punkt entwickelt haben, an dem die Reaktion Bestandteil einer unendlichen Schleife mit beträchtlicher *Lebensdauer* wird. Empfindungen sind intentionale Tätigkeiten, die sich über eine subjektive Zeitspanne erstrecken. Wenn die Aktivität nicht in dieser Form *existierte*, entspräche die bewußte Gegenwart einer »Totgeburt«, und der entsprechende Organismus könnte sich ebensowenig dessen bewußt sein, was mit ihm vorgeht, beziehungsweise seiner Reaktion auf äußere Vorgänge, wie ein Mensch, der schläft. Das bedeutet, daß wir Bewußtsein bei all jenen Organismen ausschließen können, die sich noch auf einer Entwicklungsstufe befinden, auf der die sensorische Reaktion eine auf die Körperoberfläche begrenzte körperliche Aktivität bleibt und sich nicht an einer Ersatzstelle im Gehirn abspielt – und bei denen folglich die erwähnte Schleife zu lang und störanfällig ist, um Nachhallaktivitäten zu erlauben. Wir können also Amöben, Würmer, Fliegen ausschließen ...

An früherer Stelle in diesem Buch habe ich mich um diese Frage herumgedrückt. Als ich im fünften Kapitel das Beispiel des auf Licht reagierenden Regenwurms analysierte, schrieb ich, daß es zumindest diskussionswürdig sei, ob man [bei der Reaktionsweise des Regenwurms auf den Reiz] von visueller Empfindung reden könne; zugleich machte ich deutlich, »alle etwaigen Bedenken bezüglich der Frage, ob ein Wurm Bewußtsein hat, beiseite lassen« zu wollen. Aber jetzt, da es genau darum geht, ob Würmer Bewußtsein haben, ist unübersehbar, daß es zwar sinnvoll sein kann, davon zu reden, daß der Wurm den gerade ablaufenden Vorgang ablehne, nicht hingegen davon, daß er die Sinnesempfindung in einem bewußten Präsens *erlebe*. Tatsächlich gilt das wohl für alle Tiere, die über keinen sensorischen Projektionsbereich im Gehirn verfügen: Denn was ihnen fehlt, ist jene enge Schleife mit hoher Wiedergabetreue, wie sie wahrscheinlich nur in der Hirnrinde von Tieren wie uns existiert.

Über die Anatomie der Nervensysteme anderer Tierarten (wie übrigens auch über unser eigenes) ist zuwenig bekannt, um mit Sicherheit entscheiden zu können, welche anderen Tiere Gehirne haben, die in dieser Hinsicht dem menschlichen ähneln. Es gibt keinen Grund anzunehmen, daß nur die Menschen die erforderliche Stufe der Hirnentwicklung erreicht haben. Aber mit der gebotenen Vorsicht können wir vielleicht vermuten, daß dieser Zustand Säugetieren und Vögeln vorbehalten ist, wenn auch vielleicht nicht unbedingt allen unter ihnen.

So viel ist sicher, daß Bewußtsein, wo immer und wann immer es im Tierreich aufgetaucht ist, nicht das Resultat einer allmählichen Entwicklung war. Liberalistische Philosophen, die den Gedanken großer Sprünge in der Natur ablehnen, haben gelegentlich die These vertreten, Bewußtsein sei schrittweise entstanden, so daß es erst Tiere mit »ein bißchen Bewußtsein« und dann andere mit ein bißchen mehr gegeben habe. Aber diese Version können wir nach unserer Theorie definitiv ausschließen. Denn Bewußtsein entstand erst in dem Augenblick, als die Aktivität in der Rückkoppelungsschleife sich als Nachhallaktivität etablierte: Und Rückkoppelungsschleifen gehorchen charakteristischerweise dem Alles-oder-nichts-Schema – entweder sie unterstützen Nachhallaktivitäten mit nennenswerter Lebensdauer, oder die Aktivität kommt sofort wieder zum Erliegen. Folglich können wir vermuten, daß im Verlauf der Entwicklung kürzerer Schleifen und erhöhter Wiedergabetreue eine Schwelle erreicht wurde, an der Bewußtsein ganz plötzlich entstand – geradeso wie die Schwelle, die wir selbst beim Übergang vom Schlaf- in den Wachzustand überschreiten.

Bevor Bewußtsein in die Welt trat, hatten die sensorischen Reaktionen keine *zeitliche Existenz*. Aber dann, an einem entscheidenden Punkt der Geschichte, »ward das Wort Fleisch«, wie es in einem anderen Buch heißt: Alles spricht dafür, daß auch die Entwicklungsgeschichte der Sentition ihr Weihnachtsereignis hat.

Was sagt das aus über außerirdisches Leben oder über künstliches Leben auf der Erde – darüber, ob von Menschen gemachte Maschinen Bewußtsein haben können?

Nichts, was ich im Zusammenhang mit meiner Theorie bislang gesagt habe oder noch sagen will, begrenzt das Bewußtsein auf irdisches Leben. Sollte sich auf einem der anderen ungefähr eine halbe Milliarde zählenden Planeten unserer Milchstraße, deren Milieubedingungen eine organische Chemie auf Kohlenstoffbasis zulassen, tatsächlich lebende Organismen entwickelt haben, dann spricht alles dafür, daß es dort auch Geschöpfe gibt, die aus den gleichen evolutionsgeschichtlichen Gründen Bewußtsein haben wie wir.

Im übrigen schränkt nichts vom bisher Gesagten Bewußtsein auf ein Leben auf Kohlenstoffbasis ein und schließt ein Leben auf der Basis von Silikonatomen, oder auf welcher Grundlage auch immer, von der Fähigkeit, Bewußtsein zu haben, aus. Der Theorie zufolge sind – um es in der Sprache der Computerprogrammierer zu sagen – eher die Eigenschaften der Software als die der Hardware ausschlaggebend: das heißt, entscheidend sind die Eigenschaften der nachhallenden Kreisschaltungen und nicht, daß die Schaltungen aus Nervenzellen bestehen oder daß die Nervenzellen eine bestimmte chemische Struktur haben. Ein lebender Organismus auf Silikonbasis zum Beispiel könnte sich sehr wohl in der Weise entwickelt haben, daß er über ein Gehirn mit Schaltungen verfügte, die genau dieselben logischen Eigenschaften aufwiesen wie die uns vertrauten. Und nach unserer Theorie wäre demnach auch er fähig, Empfindungen zu haben und in einer bewußtseinserfüllten Gegenwart zu leben.

Sollten sich also auf einem der zahllosen Planeten, die eine andere Art von organischer Chemie zulassen, tatsächlich lebende Organismen entwickelt haben, so spricht alles dafür, daß es auch dort Wesen mit Bewußtsein gibt.

Aber wenn Wesen aus unüblichen biologischen Substanzen, die über Bewußtsein verfügen, auf fernen Planeten leben können, dann könnten sie es vielleicht auch auf der Erde. Und wenn sie sich auf der Erde schon nicht im Verlauf der Evolution gebildet haben, wäre es vielleicht grundsätzlich möglich, daß sie von Menschen *fabriziert* würden. Natürlich würde kein menschlicher Techniker so arbeiten wollen (oder auch können), wie die Natur das tut: mit lebendem Gewebe wie Fleisch, Knochen, Nervenzellen, Haut. Aber wenn es stimmt, daß es nicht auf die Hardware, sondern auf die Software ankommt, dann ließe sich vielleicht aus leichter zu verarbeitenden Materialien wie Kupferdraht, Gleichrichtern, Halbleitern, Photodioden, Kunststoffmembranen und so weiter eine perfekt konstruierte Roboterversion zusammenbauen. Mit anderen Worten, menschliche Techniker wären vielleicht imstande, Roboter herzustellen, die mit ihren künstlichen Gehirnen, künstlichen Sentiments und künstlichen sensorischen Nachhallaktivitäten künstliches Bewußtsein hätten – was tatsächlich nichts anderes heißt, als daß sie eben Bewußtsein hätten.

Vielleicht wäre so etwas im Prinzip möglich; aber es gibt gute Gründe anzunehmen, daß es praktisch *ausgeschlossen* ist. Ich rede nicht von den banalen Problemen des Technikers, der jedes kleine Bißchen, jedes Tüpfelchen, jede Synapse des über Bewußtsein verfügenden animalischen Gehirns nachbilden müßte, um schließlich einen Kohlepapier-Durchschlag zu erhalten, der per definitionem als Kopie all die gleichen funktionellen Eigenschaften aufwiese wie das Original. Ich rede von den theoretischen Konstruktionsprinzipien, von den biologischen und logischen Erfordernissen, die erfüllt werden müssen, um einen ganz und gar künstlich gefertigten Roboter mit Bewußtsein zustande zu bringen. Diese Bedingungen zu erfüllen wäre deshalb praktisch unmöglich, weil es keinen Weg gäbe, die natürliche *geschichtliche Überlieferung* nachzubauen, die der Aktivität in natürlichen Gehirnen ihre eigentümliche *modale Bewußtseinsqualität* verleiht.

Ein Roboter könnte in der Tat technisch so ausgerüstet werden, daß er über ein Äquivalent zum biologischen »Körper«, mit »Interessen«, die den biologischen vergleichbar wären, verfügte. Er könnte also mindestens der Möglichkeit nach das, »was mit ihm vorgeht«, repräsentieren und sogar als etwas registrieren, das ihn angeht. Vermutlich wäre es auch technisch möglich, ihn mit sensorischen Reaktionen auszustatten und diese Reaktionen an einem sensorischen Projektionsbereich im Gehirn enden und Bestandteil einer geschlossenen Schleife werden zu lassen, so daß der Roboter die Möglichkeit erhielte, Auslöser, Zuschauer und, jawohl, sogar Genießer der daraus folgenden nachhallenden Aktivität zu sein. Aber all dies würde, für sich genommen, den Roboter noch nicht mit Bewußtsein erfüllen, es sei denn, die Aktivität in den Schleifen hätte auch noch die richtige adverbiale Beschaffenheit. Und diese entscheidende adverbiale Beschaffenheit in die Konstruktion einzubringen wäre deshalb so schwierig, weil, wie wir gesehen haben, die Form der in der Natur vorkommenden Sentiments sich weitgehend dem historischen Zufall verdankt – skeuomorphischen Charakter hat – und ganz und gar nicht Teil des Konstruktionsplans ist.

Wesentlich an den skeuomorphischen Zügen ist, daß sie keine »konstruktive Bedeutung« mehr haben. Der Techniker, der sich daranmachte, einen Roboter mit Bewußtsein zu bauen, könnte natürlich die Sache rein zufällig zustande bringen, aber das wäre etwa genauso wahrscheinlich wie, daß er beim Anfertigen eines wohldurchdachten Tonkrugs darauf verfiele, am Gefäß die erwähnten Wülste anzubringen, oder daß er eine Schreibmaschine baute, deren Typen am Ende wie von ungefähr lateinische Schrift schrieben. Sieht man einmal vom Kohlepapier-Durchschlag ab, so bestünde möglicherweise der einzige Weg, die entscheidenden adverbialen Charakteristika der Sentiments wiederzuentdecken, in einer Simulation des vollständigen natürlichen evolutionsgeschichtlichen Prozesses, durch den Tiere, wie unter anderem wir, in ihren Besitz gelangten. Aber daß Bewußtsein durch die natürliche Evolution hervorgebracht werden kann, ist uns ja bestens bekannt. Was wir in Frage stellen, ist die Möglichkeit, Bewußtsein am Reißbrett zu erzeugen.

Das ist kein nur eben mal so hingeworfener, oberflächlicher Einwand gegen den Gedanken eines künstlichen Bewußtseins. Er erlaubt vielmehr die Prognose, daß kein rationaler Konstruktionsprozeß, der systematisch verfährt, jemals Erfolg haben dürfte. Der Techniker sieht sich vor einer Art Gödelschem Theorem, das aus der Mathematik in den Konstruktionsbereich übergewechselt ist. Gödels Theorem besteht in der Feststellung, daß jedes arithmetische System zwangsläufig Eigenschaften aufweist, die sich aus seinen Axiomen nicht herleiten lassen: Es wird demnach wahre arithmetische Sätze enthalten, sogenannte »Gödelsche Sätze«, die sich weder verifizieren noch falsifizieren lassen. In Analogie dazu (natürlich keiner strengen Analogie) weist jedes natürlich gegebene biologische System Eigenschaften auf, die sich nicht herleiten lassen, wenn man nur seine gegebenen Funktionen berücksichtigt: Das System enthält

wahre Fakten, die sich durch keinen konstruktivistischen Nach-
schöpfungsversuch erfassen lassen.

Die Gödelschen Sätze der Biologie mögen häufig bedeutungslos sein. Im Falle des Bewußtseins sind sie jedoch entscheidend:
Sie trennen den Roboter, der über Bewußtsein verfügt, vom Roboter, dessen Bewußtsein im wesentlichen die Bewußtseinsqualität fehlt – der, mit anderen Worten, schlicht bewußtlos ist.

Welche Art von Beweis können wir von den anderen Tieren, die Bewußtsein *haben*, für eben dieses erhoffen?

Bewußtsein mag zwar bei Robotern, die von Menschenhand gemacht sind, unwahrscheinlich sein, aber fest steht, daß es bei allen natürlichen menschlichen Wesen und wahrscheinlich auch
bei einer erklecklichen Anzahl nichtmenschlicher animalischer
Wesen, sowohl auf der Erde als auch möglicherweise auf anderen Planeten, anzutreffen ist.

Unter den animalischen Wesen auf der Erde sind es natürlich
nur die Menschen, die imstande sein dürften, öffentlich kund-
zutun, daß sie Bewußtsein haben, da ja Sprache Kommunikati-
onsmittel ist, um sich mit anderen über das Bewußtsein zu ver-
ständigen. Es ist ein Faktum, mit dem wir leben müssen, daß
wir ein Gespräch über bewußte Empfindungen – in der Art,
wie ich es mit Lily hatte – mit einem Schimpansen, einem Hund
oder einer Elster nicht führen können (und wahrscheinlich
auch nicht mit einem Außerirdischen, es sei denn, er spricht
eine Sprache, die wir verstehen können). Mit verschiedenen anderen Menschen aber können wir eine solche Unterhaltung
führen und tun das von Zeit zu Zeit auch. Tatsächlich können
wir, wie ich das in Kapitel 17 getan habe, noch weiter gehen und
bestimmte, durch Introspektion gewonnene Beobachtungen
über den speziellen Charakter der Empfindungen – ihre Anzei-

gefunktion, ihre modale Qualität, ihre Aktualität usw. – vorlegen, um auf diese Weise andere Menschen zu der Feststellung zu veranlassen: »Ja, ich verstehe, wovon Sie reden, und, jawohl, genauso ist es auch bei mir.« Falls wir diese Zustimmung von den anderen bekommen, haben wir den denkbar besten Beweis dafür, daß auch sie zu dem Bewußtseinsklub gehören, in dem wir Mitglied sind.

Daß wir nicht auch mit anderen Spezies so verfahren können, ist bedauerlich. Aber so ist das Leben: Es erlegt unserer empirischen Erkenntnis zufällige Schranken auf, die keineswegs unbedingt das Vorhandensein der Sache selbst ausschließen. Der Umstand, daß wir die andere Seite des Mondes von dem Punkt aus, an dem wir uns zufällig befinden, nicht sehen können, heißt nicht, daß sie nicht da ist; und unser Unvermögen, in einem Gespräch herauszufinden, ob Hunde Bewußtsein haben, bedeutet gleichfalls nicht, daß sie keines besitzen.

Kehren wir jedoch zu den von Menschen gemachten Robotern zurück. In ihrem Fall gibt es eine Tradition philosophischer Skepsis, die von Anfang an das Problem exakt umgekehrt angeht und sich nicht dafür interessiert, wie wir herausfinden können, ob ein Roboter Bewußtsein hat (gesetzt, er hat es), sondern wissen will, wie wir herausbekommen können, daß er es nicht hat (gesetzt, er hat es nicht). Im Zusammenhang der sogenannten Turing-Tests ist allen Ernstes die Überlegung vorgetragen worden, daß, wenn zum Beispiel ein bewußtloser Roboter so programmiert wäre, daß er auf Fragen nach dem Bewußtsein genauso antworten würde wie ein Mensch, wir tatsächlich dazu verleitet werden könnten, ihn für ein Wesen mit Bewußtsein zu halten.* Wenn man ihn aufforderte, zu unseren Beobachtungen in Kapitel 17 Stellung zu nehmen, würde dieser bewußtlose Roboter ebenfalls sagen: »Ja, ich – der Roboter – verstehe, wo-

---

* Alan Turings ursprünglicher Aufsatz »Computing machinery and intelligence« (1950) findet sich, zusammen mit einem Teil der Diskussion, die er entfacht hat, wie etwa John Searles »Geist, Gehirn, Programm« (1980), abgedruckt in *Einsicht ins Ich*, hrsg. v. Douglas R. Hofstadter und Daniel C. Dennett, Stuttgart 1986.

von Sie reden, und, jawohl, genauso ist es auch bei mir.« Und folglich könnte man die These vertreten, daß wir, um nicht in Widerspruch zu unseren obigen Äußerungen zur Bewußtseinsprobe bei anderen Lebewesen zu geraten, unsere Bedenken hintansetzen und zumindest vorläufig auch den Roboter in unseren Bewußtseinsklub aufnehmen müßten.

Das allerdings ist ein bißchen viel verlangt. Wir können tatsächlich sehr wohl geltend machen – ohne deshalb in Widersprüche zu geraten und etwas anderes als gesunden Menschenverstand zu beweisen –, daß eine Bewußtseinsprobe, die sich für andere Lebewesen eignet, keineswegs zuverlässige Resultate erbringen muß, wenn sie auf ein Wesen angewandt wird, das *von anderen mit Bewußtsein begabten Wesen gesteuert wird oder konstruiert worden ist.* Die Puppe eines Bauchredners zum Beispiel könnte den Gesprächstest ebenfalls bestehen. Aber in diesem Fall würden wir daraus nicht schließen, daß die Puppe Bewußtsein habe; vernünftiger wäre augenscheinlich der Schluß, daß wir uns mit dem Bediener der Puppe unterhalten – und daß also nicht die Puppe, sondern der Mann, der sie bedient, Bewußtsein beweist.

Der Fall des von Menschen erzeugten, bewußtlosen Roboters läge ein bißchen anders, da dieser nicht unmittelbar von einem Wesen, das über Bewußtsein verfügt, gesteuert würde. Immerhin aber gäbe es jemanden, der für die Konstruktion und den Bau des Roboters verantwortlich wäre. Und wenn der Roboter eine überzeugende Vorstellung gäbe, dann könnte er das nur, weil sein Konstrukteur gewußt hätte, welche Antworten erforderlich sein würden – denn sicher ist, daß ein Konstrukteur, der selbst kein Bewußtsein gehabt hätte, nicht zu einer hinlänglich überzeugenden Programmierung imstande gewesen wäre. Auch hier wieder wäre es deshalb vernünftig anzunehmen, daß wir indirekt mit diesem Konstrukteur kommunizierten – und daß also dieser Konstrukteur und nicht der Roboter über Bewußtsein verfügte.

Angenommen indes, es wäre uns nicht erlaubt, gesunden Menschenverstand zu beweisen, sondern wir müßten stur folgern. Unsere Situation beim Unterhaltungstest wäre auch dann noch nicht allzu schlecht. Denn selbst wenn wir dann am Ende vielleicht den Irrtum begingen anzunehmen, der Roboter habe Bewußtsein, wäre es nur ein halber Irrtum. Der Test würde richtigerweise ergeben, daß *irgendwo* Bewußtsein wäre: wenn schon nicht im Roboter selbst, dann einen Schritt weiter zurück im Konstrukteur. Wir sollten diese Situation, so meine ich, ruhig akzeptieren. In einer Welt, in der wir nie völlig vorhersehen können, welchen Täuschungsmanövern wir ausgesetzt sind, ist es unvermeidlich, daß wir gelegentlich merken, daß man uns angeschmiert hat: Und auch das gehört zum Leben (und ist kein philosophischer Beinbruch).

Wie verhält sich die Qualität des Erlebens anderer animalischer Wesen, die über Bewußtsein verfügen, zur Qualität unseres Erlebens?

Falls und insoweit andere Tiere Bewußtsein haben, besteht dies darin, daß sie in ihren eigenen zerebralen Schleifen sensorische Aktivitäten erleben. Und nach der Theorie muß die Qualität ihrer Sinnesempfindungen in direkter Beziehung stehen zum »adverbialen Stil« der entsprechenden Sentiments. Es müßte deshalb im Prinzip möglich sein, zu bestimmen, unter welchen Bedingungen das Erleben eines animalischen Wesens dem eines anderen ähnelt oder sich von ihm unterscheidet.

Einige der hierfür maßgebenden Überlegungen habe ich am Ende des letzten Kapitels angestellt, wo es um das mögliche »Abdriften« der Form von Sentiments im Verlauf der Evolutionsgeschichte ging. Wir dürfen demnach erwarten, daß innerhalb einer bestimmten Spezies große Deckungsgleichheit zwischen den Individuen besteht mit nur geringfügigen »graphologischen« Abweichungen. So wird zum Beispiel bei den anderen Menschen das Empfinden von Süße unserem eigenen sehr nahe kommen. Zwischen nahverwandten Arten wird es immer noch Überschneidungen geben, wenn auch vielleicht wegen des größeren Spielraums bezüglich des genetischen Abdriftens beträchtlich weniger. Wenigstens aber dürfen wir erwarten, daß eine allgemeine Ähnlichkeit vorhanden ist: Die Rotempfindung eines Affen, die Schmerzempfindung eines Hundes und die Süßempfindung eines Bären gehören wahrscheinlich zumindest derselben Klasse von Qualitäten an wie unsere.

Angesichts der häufig gestellten Frage: »Wie wäre es, wenn man in einer bestimmten Umgebung von Sinnesreizen jemand anders wäre?«, brauchen wir uns also nicht zu scheuen, zu antworten, daß es wahrscheinlich für einen anderen *Menschen* im gleichen Milieu ziemlich genauso ist wie für uns und für ein nahverwandtes Tier wahrscheinlich auch noch einigermaßen ähnlich. (Ich beschränke dabei die Frage nach dem »Wie-es-ist« auf die Grundqualität der Empfindung und klammere etwaige höhere »Reflexionsstufen« aus: Selbst wenn Bären und Menschen beim Geschmack von Honig ähnliche Empfindungen haben, müssen sie natürlich ganz und gar nicht in vergleichbaren Begriffen darüber reflektieren.)

Diese Antwort gilt allerdings nur unter einer offenkundigen Voraussetzung: nämlich, daß wir und die anderen Tiere ähnliche Sinnesorgane haben. Wenn dem anderen Individuum, mit dem wir uns vergleichen, unsere Empfangsmöglichkeit für einen bestimmten Reiz fehlt oder wenn es für eine andere Art Reiz empfänglicher ist als wir, dann kann natürlich sein Erlebnis in einem bestimmten Sinnesreizmilieu sich von unserem gänzlich unterscheiden.

Wie gänzlich? Und wie wäre *das* dann? Es ist offenbar nicht sehr schwierig, sich das Erleben eines anderen Tieres vorzustellen, dessen Empfänglichkeit für eine bestimmte Art von Reiz gegenüber der unsrigen herabgesetzt ist, weil es zum Beispiel farbenblind oder taub ist. Und auch das Erleben eines Tieres, dessen Empfänglichkeit größer als unsere ist, weil es etwa empfänglich für Ultraviolettstrahlung oder Ultraschall ist, scheint keine großen Probleme zu schaffen – vorausgesetzt, der betreffende Sinnesmodus ist uns vertraut. Innerhalb eines bestimmten Modus ist der verfügbare »adverbiale Spielraum« vermutlich begrenzt, und ein Bedürfnis vorausgesetzt, die Sentiments soweit wie möglich unterscheidbar zu halten, wäre es logisch, wenn sich animalische Wesen entwickelt hätten, die diesen Spielraum voll auszunutzen vermögen. Kann demnach etwa ein Tier Geräusche in sei's niedrigerer, sei's höherer Tonlage hören als wir, dürfen wir getrost davon ausgehen, daß die niedrigsten und höchsten Laute, die es hört, für es dieselbe sensorische Qualität haben wie für uns die niedrigsten und höchsten Laute, die wir vernehmen: daß, mit anderen Worten, die qualitative Bandbreite seiner Empfindungen der uns vertrauten ähnelt, ungeachtet dessen, daß die Reize auf einem anderen Niveau liegen.

Ein ernstes Problem allerdings könnte entstehen, wenn ein anderes Tier für eine Art von Reiz empfänglich ist, die außerhalb der uns vertrauten Sinnesmodalitäten liegt – wenn es also möglicherweise Empfindungen einer Qualität verspürt, wie sie kein menschliches Wesen je erlebt hat. Der in Philosophenkreisen am meisten diskutierte Fall ist der des Echolotsinnes der Fledermäuse; als Beispiele könnten indes auch der Elektrosinn der Neunaugen und der Wärmesinn der Grubenottern herhalten.

Wie ist es, eine Fledermaus zu sein? Der Fall der Fledermäuse ist, trotz aller Aufmerksamkeit, die ihm zuteil geworden ist, in besagter Hinsicht vielleicht gar nicht so interessant, denn es ist mitnichten ausgemacht, ob die Ultraschallortung der Fledermäuse tatsächlich mit einem uns völlig fremden Sinnesmodus einhergeht. Mit ihrer Fähigkeit, durch Ultraschall zu orten, verfügen die Fledermäuse zweifellos über ein *Wahrnehmungsvermögen*, das sich von allem unterscheidet, worüber wir Menschen verfügen: Mit anderen Worten, sie sind auf ganz eigene Weise imstande, Informationen, die ihr Ohr erreichen, zur Repräsentation dessen, »was da draußen vorgeht«, zu verwenden. Aber das berechtigt noch nicht zu der Annahme, daß sie über *Empfindungen* verfügen, die anders als die uns bekannten sind: daß, mit anderen Worten, ihre Art der Repräsentation dessen, »was mit mir vorgeht«, etwas ganz Eigenes ist. Das Sinnesorgan, das die Echolotortung vornimmt, ist schließlich kein grundsätzlich neues Sinnesorgan: Es ist vielmehr das übliche Säugetierohr – ein Ohr, das unserem sehr ähnlich ist. Und wenn die Schallwellen das Ohr der Fledermaus erreichen und die Basilarmembran erregen, dann bewegt sich die Form der sensorischen Reaktion der Fledermaus – die adverbiale Form ihrer Sentiments – vermutlich geradesogut auf der evolutionsgeschichtlich geprägten Linie des Hörens wie die jedes anderen Säugetiers. Für die Fledermaus besitzt deshalb vermutlich der Empfang von Lauten am Ohr so ziemlich denselben Charakter wie für uns: Ungeachtet ihrer Ultraschallortung erlebt sie die zurückgeworfenen Pfeifgeräusche als etwas ebensowenig Exotisches, wie es durch hohe Töne erregte Hörempfindungen sind.

Das Sehen mit der Haut bietet hier eine hilfreiche Analogie. Ein Mensch, der die in Kapitel 10 beschriebene Hautsicht-Apparatur trägt, besitzt (nach ein bißchen Übung) ebenfalls eine Wahrnehmungsfähigkeit, über die wir meisten anderen nicht verfügen. Und doch erwirbt er damit kein neues Sinnesvermögen: Wenn die Vibratoren seine Rückenhaut kitzeln, repräsentiert er das, »was mit ihm vorgeht«, immer noch als eine ihrer Qualität nach taktile Reizung. Es mag zwar, wie gesagt, geschehen, daß er faktisch sein ganzes »Augenmerk« auf den Wahrnehmungskanal richtet und damit den taktilen Charakter seiner Empfindungen verdeckt. Und das mag auch bei den Fledermäusen passieren, die sich in der aktuellen Erregung, wenn sie zum Beispiel hinter Beute her sind, vielleicht gar nicht bewußt sind, daß etwas an ihren Ohren vorgeht. Dennoch wird, sobald sie erleben, daß »etwas mit ihnen vorgeht«, das erlebte Empfinden *auditorischen* Charakter haben.

Aber wenn Fledermäuse keinen interessanten Testfall für eine ausgefallene Sinnesmodalität darstellen, welches Tier dann? Was *wäre* die Bedingung dafür, daß ein Tier über ein Sinnesorgan verfügte, das Empfindungen in einer Modalität erzeugte, die uns Menschen unbekannt wäre? Nach unserer Theorie sind Hirnsentiments evolutionsgeschichtlich durch Körpersentiments geprägt, deren modaler Stil ursprünglich durch das sensorische Epithel bestimmt war, an dem sie auftraten. Folglich kann ein Tier nur dann, wenn es über ein Sinnesorgan verfügt, das ganz anderen Ursprungs ist als die menschlichen Sinnesorgane und aus einer strukturell anderen Art von sensorischem Epithel entstanden ist, heute Hirnsentiments haben, deren modaler Stil sich von jedem uns bekannten unterscheidet. Das heißt, die Bedingung wäre ein Tier mit einem Sinnesorgan, das mit unseren Sinnesorganen *durch keinerlei gemeinsame Herkunft verbunden ist*. Unter den höheren Wirbeltierarten indes findet man keine Beispiele für so vollständig andersartige Sinnesorgane. Die Sinnesorgane des Menschen und die sämtlicher anderer Wirbeltierarten sind aus der Gruppe von Organen hervorgegangen, über die bereits die archaischen Fische verfügten, von denen wir allesamt abstammen. Das gilt sogar noch für so hochgradig spezialisierte Organe wie das wärmeempfindliche Grubenorgan am Vorderkopf der nach ihm benannten Ottern oder für das elektrische Organ im Körper der Neunaugen.

Wir können deshalb feststellen, daß es wahrscheinlich *keine* Modi gibt, die uns absolut unbekannt sind, jedenfalls nicht bei den Wirbeltieren. Bei den Wirbellosen wäre das zugegebenermaßen möglich. Aber wir sind ja bereits zu dem Schluß gelangt, daß die Wirbellosen mangels sensorischer Rindenbereiche im Gehirn wahrscheinlich ohnehin kein Bewußtsein haben.

Angenommen, wir selbst hätten nie die Erfahrung eines bestimmten Sinnesmodus gemacht, wie stünde es dann um uns?

Bei meiner Feststellung, daß uns wahrscheinlich keine Sinnesempfindungsmodi absolut unbekannt seien, waren mit »uns« natürlich normale menschliche Wesen gemeint, die über die normale Palette von Sinnesorganen verfügen und in deren Gebrauch hinlänglich geübt sind. Wenn einem Menschen eines oder mehrere dieser Organe nicht zur Verfügung stehen – weil er zum Beispiel von Geburt an blind oder taub ist –, sieht seine Situation augenscheinlich ganz anders aus.

Gibt es für ihn keine Möglichkeit, herauszufinden – und sei's aus zweiter Hand –, wie es ist, den ihm fehlenden Sinnesmodus zu erleben? Der gesunde Menschenverstand sagt einem, daß dies in der Tat unmöglich ist, und das sagt auch die Theorie, die wir formuliert haben.

Da sich Empfindungen immer auf das beziehen, was mit »mir« vorgeht, muß, zu wissen, wie es ist, eine bestimmte Empfindung zu haben, gleichbedeutend sein mit einem Wissen, wie es für »mich selbst« ist. Und da für mich selbst das Empfinden in einem bestimmten Sinnesmodus darauf hinausläuft, der *Urheber* der Sentiments mit der entsprechenden modalen Qualität zu sein, kann ich nur, wenn ich in einer solchen *urheberschaftlichen* Position bin, wissen, wie es für mich ist. Aber wenn ich zum Beispiel keine Augen und keine Sehrinde habe, dann kann ich unmöglich in der Position eines Urhebers visueller Sentiments sein. Ergo kann ich nicht wissen, wie es ist, visuelle Empfindungen zu haben.

Die Intentionalität der Empfindungen, die wesentliche Rolle, die das Subjekt als *Erteiler von Anweisungen* für die Sentiments spielt – sie macht es unmöglich, sich die Erfahrung aus zweiter Hand anzueignen, und verlangt vom Subjekt, daß es über das nötige Rüstzeug verfügt, die entsprechenden Sentiments selbst hervorzubringen. Als Oscar Wilde einen anderen eine geistreiche Bemerkung machen hörte, äußerte er gegenüber einem Begleiter: »Ich wünschte, ich hätte das gesagt.« Sein Begleiter antwortete: »Keine Sorge, Oscar, das wirst du schon.« Eine berechtigte Prognose, da Wilde ja (bekanntermaßen) über das erforderliche Rüstzeug verfügte, ein ganzes Feuerwerk an geistreichen Äußerungen abzubrennen. Aber angenommen, Wilde hätte eine Hirnverletzung gehabt, die ihn unter einer partiellen Aphasie hätte leiden lassen, so daß ihm gerade die Fähigkeit zu dieser besonderen Art von Bemerkungen abgegangen wäre.

Dann hätte sein Begleiter ehrlicherweise nur sagen können: »Oscar, das wirst du nicht.«

Stellen wir uns als ein Gedankenexperiment den hypothetischen Fall einer Hirnforscherin namens Marian vor (einen ähnlichen Fall, wenn auch nicht genau denselben, analysiert Frank Jackson*). Marian ist eine Physiologin, die das visuelle System beim Menschen erforscht, aber selbst völlig blind ist, weil sie über keine visuellen Bahnen im Gehirn verfügt. Durch ihre Forschungen, für die sie ihre anderen Sinnesorgane einsetzt, bringt Marian alles in Erfahrung, was man *von außen* über die Vorgänge wissen kann, die im Gehirn eines anderen Menschen ablaufen, wenn dieser zum Beispiel eine Rotempfindung erlebt. Das heißt (wenn wir annehmen, daß sie Kenntnis von der Existenz der Sentiments hat), sie weiß alles über visuelle Sentiments, was sich von außen wissen läßt, einschließlich des spezifischen »adverbialen Stils«, den das Sentiment aufweist, das mit dem Rotsehen verknüpft ist. Bedeutet dies, daß Marian selbst weiß, wie es ist, eine visuelle Rotempfindung zu haben? Auf Grund meiner Theorie können wir mit Sicherheit antworten: Nein. Denn auch wenn Marian alles über Sentiments weiß, was es von außen zu wissen gibt, weiß sie doch immer noch nicht, wie es ist, der Urheber der Sentiments zu sein. Und da ihr das zerebrale Rüstzeug für diese Urheberrolle fehlt, wird sie das auch niemals wissen können.

Eine Reihe von Philosophen hat sich über Fälle wie den von Marian viele Gedanken gemacht. Manche haben in Marians Unfähigkeit, in die Empfindungen der Subjekte, die sie so ausgiebig studiert, einzudringen, etwas höchst Geheimnisvolles gesehen; andere haben erklärt, die Tatsache ihres Unvermögens, herauszubekommen, wie es für die Betreffenden sei, Empfindungen zu haben, könne nur bedeuten, daß es da auch nichts herauszufinden gebe – daß in der Tat der ganze Empfindungsbegriff verzichtbar sei. Und doch braucht man sich, behaupte

* Frank Jackson (1986), »What Mary didn't know«, *Journal of Philosophy*, 83, 1986.

ich, über das Unvermögen der blinden Marian nicht mehr Gedanken zu machen als über einen von Aphasie heimgesuchten Oscar Wilde. Wilde (tun wir einmal so) ist außerstande, eine bestimmte Art von Witzen zu reißen. Das ist sein Pech. Marian ist außerstande, eine bestimmte Modalität von Sentiment hervorzubringen. Das ist ihres.

Was meine Theorie von allen früheren unterscheidet, ist, daß sie das Fühlen von Empfindungen einer *Handlung* des Subjekts gleichsetzt. »Fühlen« ist meiner Theorie nach eine Art von »Tun«. Selbst wenn es so wäre, daß ein Mensch im Prinzip alles über die Außenwelt lernen und auf diese Weise eine vollständige Kenntnis des objektiv zu Wissenden erwerben könnte, ist es doch kaum überraschend, wenn dem, was ein einzelner Mensch *tun* kann, Grenzen gesetzt sind, Grenzen, die folglich auch dem gesetzt sind, was dieser einzelne *fühlen* kann.

Kapitel 28

Wasser und Wein

Im Vorwort habe ich bereits warnend darauf hingewiesen, die Lösung des Bewußtseinsproblems werde sich möglicherweise als ganz simpel und langweilig erweisen. Jetzt, wo es soweit ist, meine ich, die Warnung war unnötig. Bewußtes Empfinden, so stellt sich heraus, ist eine bemerkenswerte Art von intentionalem Tun. Empfindungen treten nicht als Ereignisse ins Bewußtsein, die uns widerfahren, sondern als *Tätigkeiten*, die wir selbst in Gang setzen und an denen wir beteiligt sind – Tätigkeiten, die in einer Schleife auf sich selbst zurückwirken und jenen *dichten Augenblick* erzeugen, der die subjektive Gegenwart bildet.

Die so vorgetragene Lösung ist nicht langweilig, und sie ist ganz und gar nicht simpel. Dennoch werden sich Kritiker finden (unter denen mit Sicherheit Colin McGinn sein wird), denen sie enttäuschend mechanistisch und profan vorkommen wird – ohne das »gewisse Etwas«. »Ist das alles?«, werden sie vielleicht einwenden. »Am Ende läuft das Ganze auf eine Reihe von Nervenimpulsen oder Informationen hinaus, die in einem physikalischen Schaltkreis im Gehirn umlaufen: Und das ist wohl kaum genug – gleichgültig, welcher Herkunft es ist und wie logisch und psychologisch glaubwürdig es sein mag –, um einem so großartigen Phänomen wie dem Bewußtsein als Grundlage zu dienen. Nenn es eine besondere Art von ›Tun‹, wenn du willst, und bezeichne es als den ›Urheber‹ einer zirkulierenden sensorischen Aktivität. Die Frage bleibt: Ist das schon alles? Ist Bewußtsein *nichts weiter als das*?«

»Die Schwierigkeit hier ist prinzipieller Natur«, schrieb Mc-

Ginn, »wir wissen nicht, wie aus einer Ansammlung nicht-bewußter Elemente, wie es Rechenapparaturen sind, Bewußtsein entstehen kann; die Eigenschaften dieser Apparaturen können also nicht *erklären*, wie Bewußtsein zustande kommt oder worin es besteht.«* Aber das ist nicht nur McGinns Auffassung. Ich habe am Anfang des Buches Ray Jackendoff zitiert: »Von der bewußten Erfahrung als von einem Informationsfluß zu reden finde ich haargenau so unsinnig, wie in ihr einen Haufen neuraler Entladungen zu sehen.« Und auf die gleichen Bedenken stößt man auch an manch anderen Stellen. Zum Beispiel bei Thomas Nagel: »Wir haben derzeit keine Vorstellung davon, wie ein und derselbe Vorgang oder Gegenstand sowohl physiologische als auch phänomenologische Eigenschaften aufweisen kann oder wie, wenn es sich so verhält, beides miteinander verbunden ist.«** Oder Julian Huxley: »Daß etwas so Eigenartiges wie ein Bewußtseinszustand der Reizung von Nervengewebe entspringen kann, ist geradeso unerklärlich wie das Erscheinen des Dschinn, wenn Aladin die Wunderlampe reibt.«*** Oder Robert van Gulick: »Wir verfügen gegenwärtig einfach über keine Theorien, weder funktionalistische noch sonstige, die erklären, wie ein physisches System zu phänomenalem Leben erwachen kann.«****

Ich räume ein, daß man immer noch in diese Richtung überlegen muß. Ich sehe aber keinen so großen Grund zur Besorgnis mehr, wie von den Betreffenden offenbar angenommen. Tatsächlich habe ich den Verdacht, daß ihre Resignation teilweise Überbleibsel einer Katerstimmung aus früheren Tagen ist, als die vorhandenen Theorien über das Bewußtsein noch weit entfernt davon waren, das zu leisten, was sie leisten sollten, und

---

* Colin McGinn (1987), »Could a machine be conscious?«, in: *Mindwaves*, hrsg. v. Colin Blakemore und Susan Greenfield, Oxford 1987, S. 287.
** Thomas Nagel (1986), *The View from Nowhere*, New York 1986, S. 47.
*** Zitiert in Colin McGinn, »Can we solve the mind-body problem?«, *Mind*, 98, 1989, S. 349–366.
**** Robert van Gulick (1988), »A functionalist plea for self-consciousness«, *The Philosophical Review*, 97, 1988, S. 149–181.

jedenfalls ihre Aufgabe nicht annähernd so gut erfüllten, wie unsere Theorie das heute tut.

»Ist das alles?« Ist ein menschlicher Schädel nichts als ein Klumpen Kalziumphosphat, ist eine Getreidemühle nichts als eine Ansammlung von Stangen, Zahnrädern und Scheiben, ist Hamlets Körper nichts als verdichteter Staub? Ist Wasser nichts als Wasserstoff und Sauerstoff, ist Wasserstoff nichts als ein Proton mit einem einzigen umlaufenden Elektron, ist das Elektron nichts als eine Wellenfunktion, eine mathematische Abstraktion? Ist die Antwort auf das Rätsel des Lebens, des Universums und des ganzen Rests einfach nur 42?

In allen Fällen wird als Antwort auf diese rhetorischen Fragen mit Sicherheit ein Nein erwartet: Mag sein, daß die betreffende Sache *faktisch* ist, was von ihr ausgesagt wird, aber sie ist nicht *nur* das – sie *geht* darin nicht *auf*, ist nicht *nichts als* das.

Natürlich ist nichts in der Welt letztgültig und absolut »nur« das, was es nach der Bestimmung, die wir ihm geben, sein soll – aus dem einfachen Grund, weil nichts in der Welt sich nicht gegebenenfalls auch aus einem anderen Blickwinkel anders bestimmen läßt. Sogar die Zahl 42 läßt sich, falls gewünscht, anders bestimmen: Denn wie es der Zufall will, ist sie auch das Produkt aus 7 mal 6, das Alter einer meiner Schwestern, die in Meilen ausgedrückte Entfernung zwischen London und Cambridge und die magische Konstante des kleinsten Zauberwürfels (ganz zu schweigen davon, daß sie ständig bei Lewis Carroll auftaucht – wie zum Beispiel in Regel Zweiundvierzig des Wunderland-Gesetzbuchs: »Alle Personen, die größer als eine Meile sind, haben sich vom Hof zu entfernen«).

Am Ende kommt es nur darauf an, daß der Fragende und der Antwortende den gleichen Blickwinkel, das gleiche Programm und die gleichen Interessen haben. Wenn die Frage lautet: »Was ist ein Schädel?«, wird der Anthropologe sich mit der Antwort eines Chemikers nicht zufriedengeben können. Wenn die Frage lautet: »Was ist der Sinn der Existenz?«, wird ein Mystiker eine andere Antwort erwarten als ein Busfahrer. Ein Kosmologe, der nichts mit der Behauptung anfangen könnte, die Lösung für das Rätsel des Lebens, des Universums und überhaupt alles und jeden sei die in Meilen ausgedrückte Entfernung zwischen London und Cambridge, könnte sich vielleicht erheblich rascher mit der These anfreunden, die Lösung bestehe in der magischen Konstante eines Zauberwürfels.

Angesichts der Vielzahl von Menschen, die sich aus unterschiedlichen Gründen gefragt haben, heute noch fragen und in Zukunft fragen werden, was Bewußtsein ist, kann man getrost als wahrscheinlich annehmen, daß es eine Vielzahl von mehr oder minder überzeugenden beziehungsweise geistesverwandten Antworten gibt. *Meine* Antwort mag als Antwort auf die Frage eines anderen durchaus zu wünschen übrig lassen.

Dennoch sollte man den Kritikern, die mit der »Ist-das-alles?«-Frage reagieren, nicht gar zu bereitwillig das Feld räumen. Bei meinem Versuch, Bewußtsein als Sinnesempfindungstätigkeit theoretisch zu entwickeln, habe ich mein spezifisches Verständnis der Fragestellung nicht verborgen und bin mit einer entsprechend spezifischen Vorstellung davon, wie eine Antwort auszusehen hätte, herausgerückt. Da ich mein Verständnis offengelegt habe, kann ich wohl auch von den Kritikern erwarten, daß sie *ihres* offenlegen. Wenn meine Antwort ihnen nicht gut genug ist, was für weitergehende Ansprüche haben sie dann? Und was immer sie noch wollen oder zu wollen meinen – sind sie sicher, daß sie es nicht bereits besitzen, ohne es zu merken?

Über die Schwächen von Bewußtseinstheorien ein Klagelied anzustimmen ist, wie gesagt, unter Philosophen einer bestimmten Richtung so sehr Mode geworden, daß sie in der Tat Gefahr laufen, auch dann noch »Ist das alles?« zu sagen, wenn gar kein wesentlicher Grund zur Klage mehr vorhanden ist. In Tschechows Stück *Drei Schwestern* sind die Hauptfiguren das ganze Stück über damit beschäftigt, sich seufzend auszumalen, wie schön es wäre, wenn sie doch nach Moskau könnten, und das, obwohl sie in Wahrheit mehr als genug Geld haben, um jederzeit mit dem Zug hinfahren zu können.

Ich möchte auf McGinns Feststellung zurückkommen, die ich ganz am Anfang zitiert habe: »Irgendwie wird, so spüren wir, das Wasser des physischen Gehirns in den Wein des Bewußtseins verwandelt, aber wie diese Umwandlung vor sich geht, bleibt uns ein absolutes Rätsel. Neurale Übertragungen scheinen irgendwie nicht der richtige Weg, um Bewußtsein in die Welt zu bringen ... Das Geist-Körper-Problem ist das Problem, zu verstehen, wie das Wunder gewirkt wird.«

Das klang wie eine unlösbare Aufgabe – und diesen Eindruck wollte McGinn natürlich auch erwecken. Und doch haben wir es bis zu diesem Punkt geschafft. Wir haben uns auf den Natursaft (warum von Wasser reden?) des physischen Gehirns beschränkt und dabei einen Gärprozeß ablaufen lassen, der erstaunliche Ähnlichkeit mit dem Keltern von Wein hat. Selbst wenn dem Erzeugnis der Charakter eines Spitzenweins abgeht, handelt es sich doch um einen ganz ordentlichen Tropfen. Name und Jahrgang sind zweifellos ansehnlich (ein bodenständiger Wein, der auf eine Tradition von etlichen hundertmillion Jahren zurückblickt). Das Produkt hat viel Körper, positiver und negativer Affekt sind angenehm ausgewogen, der Farbton ist reich, und es läßt sich ein kräftiger Hauch von Subjektivität, ein Nachgeschmack von Intentionalität, ja, sogar eine Andeutung von latenter objektiver Phänomenologie feststellen. Hinzu kommt, daß es als Beilage zu einem philosophischen Hauptgang ungewöhnlich ansprechend und verträglich ist und eine abgestimmte Palette von gleichermaßen traditionellen und neuartigen Gerichten umfaßt – Pastete à la »Der Geist anderer«, Fledermaussuppe, marinierter Turing, Roboter-Frikassee –, ohne doch die Menschen so zu berauschen, daß sie Dinge sagen, die ihnen später leid tun.

Wenn McGinn immer noch leugnen möchte, daß es sich um den Wein des Bewußtseins handelt, dann soll er kosten und sagen, was fehlt.

Ich gestehe, daß auch ich zeitweilig von der »Ist-das-alles?«-Krankheit befallen war und daß ich mir in früheren Tagen nur zu bereitwillig zusammen mit McGinn den Kopf darüber zerbrochen hätte, was eine Theorie des Bewußtseins *außerdem noch* zu leisten hätte. Aber wie bei einer Krankheit, auf die man, hat man sie überwunden, zurückblickt, als habe sie zu einer völlig anderen Person gehört, scheinen auch diese Gedanken *mich* nichts mehr anzugehen. Auch wenn noch viele Einzelheiten ungeklärt sein mögen, würde ich jetzt tatsächlich sagen, daß in meinen Augen neurale Übertragungen genau das richtige Medium sind, um Bewußtsein in die Welt zu setzen. Und wenn mir etwas völlig rätselhaft vorkommt, dann nicht mehr, wie die Umwandlung vor sich geht, sondern wie es überhaupt kam, daß sie als etwas so Rätselhaftes erscheinen konnte.

Ich will aber bei der Wahrheit bleiben. Ich kann mir nämlich durchaus denken, wo das Problem unverändert liegen mag. Bei aller Eigentümlichkeit, die sie aufweist, ist die Theorie, die ich entwickelt habe, im wesentlichen eine Form von »Identitäts«-Theorie, und zwar eine »funktionalistische« Identitätstheorie. Und es läßt sich immer noch geltend machen, daß sie ebenso *metaphysisch unvollständig* sei wie jede andere Theorie dieses Typs.

Identitätstheorien in der Bedeutung, daß X als Y identifiziert wird, also Y *ist*, behaupten, daß der Inhalt, den der eine Ausdruck der Gleichsetzung, X, beschreibt, eben dieselbe Sache ist, die vom anderen Ausdruck, Y, beschrieben wird; nicht daß die beiden Ausdrücke dieselbe Beschreibung darstellen (was natürlich nicht oder nur bei den trivialsten Beispielen der Fall ist), sondern daß sie ein und dieselbe Sache bezeichnen oder aufgreifen. Und die funktionalistischen Identitätstheorien behaupten außerdem noch, daß sich der eine Ausdruck der Gleichsetzung sehr wohl als rein logische Operation der Verknüpfung von Ursachen mit Wirkungen oder Inputs mit Outputs entwickeln läßt, ohne daß dabei auf die materialen Strukturen Bezug genommen werden müßte, die für den Ablauf der Operation erforderlich sind.

Wenn wir also die These vertreten, daß Bewußtsein das Agieren als Urheber nachhallender Hirnsentiments *ist*, dann sagen wir damit nicht nur, daß der Ausdruck »Bewußtsein« genau dasselbe bezeichnet wie der Ausdruck, »als Urheber nachhallender Hirnsentiments agieren«, sondern auch, daß dieser Ausdruck als eine logische Operation zu betrachten ist, die unabhängig von allen beteiligten neuralen und sonstigen Strukturen ist.

Ich möchte nun zwar behaupten, daß diese Theorie des Bewußtseins nicht an den offenkundigen Mängeln früherer funktionalistischer Theorien krankt, deren Gleichsetzungen erkennbar falsch sind. Aber auch dann noch ließe sich einwenden, daß sie die vollständige Erklärung nicht sein kann. Denn wie gut es ihr auch immer gelingen mag, die *Terme* der Gleichsetzung zu entwickeln, den wesentlichen *Grund* hat sie damit noch nicht erklärt. Das heißt, sie kann auf der Ebene wissenschaftlicher Explikation noch so erfolgreich die Frage beantworten, welche formale Operation im Gehirn mit Bewußtsein identisch ist, der tiefer liegenden Frage, warum diese Operation mit Bewußtsein identisch ist, hat sie sich damit noch nicht gestellt.

Die zuletzt erwähnte Frage klingt nach einer typisch kindischen. Aber ich neige zu der Ansicht, daß sie das nicht unbedingt ist. Denn wie vor allem Paul Kripke immer wieder hervorgehoben hat,* gibt es möglicherweise zwei Arten von Identität, von denen die eine viel problematischer ist als die andere.

Zum einen gibt es da die *notwendigen* Identitäten, die in letzter Instanz tautologisch wahr sind und deshalb unter allen denkbaren Umständen in allen denkbaren Welten Gültigkeit haben müssen. Zum Beispiel: Die Zahl 42 ist das Produkt aus den Zahlen 7 und 6; Alkohol erhält man durch Vergärung von Zucker; monochromatisches gelbes Licht ist eine elektromagnetische Strahlung mit einer Wellenlänge von 580 Nanometer; Parallelen sind Geraden, die in derselben Richtung verlaufen; eine Mark hat einen Wert von hundert Pfennig. In all diesen Fällen scheinen die beiden Ausdrücke, recht verstanden, von der

* Paul Kripke (1971), »Identity and necessity«, in: *Identity and Individuation*, hrsg. v. M. Munitz, New York 1971.

Art zu sein, daß man sich selbst widerspräche, würde man leugnen, daß sie sich auf ein und dieselbe Sache beziehen. Das bedeutet nicht, daß jedermann auf Anhieb die Identität erkennen muß oder daß ihr Nachweis keine Arbeit erfordert. Wohl aber bedeutet es, daß, wenn wir die Identität nachgewiesen haben, sie auch erklärt ist und es in der Tat kindisch wäre, noch einmal »warum« zu fragen.

Zum anderen gibt es da die *zufälligen* Identitäten, die nur wahr sind, weil in der Welt, in der wir leben, die Dinge sind, wie sie sind, und die also *nicht* in allen denkbaren Welten oder unter allen denkbaren Umständen wahr sein müssen. Zum Beispiel ist 42 die Nummer des Busses, mit dem ich nach Hause fahre (was aber nicht der Fall wäre, wenn ich zufällig in Paris lebte); Alkohol entsteht, wenn man Trauben gären läßt (aber nicht, wenn es zu kalt ist); die Farbe, die Menschen sehen, wenn gelbes Licht ihr Auge erreicht, ist die Farbe, die sie sehen, wenn eine Mischung aus rotem und grünem Licht ihr Auge erreicht (allerdings nur, wenn sie über das trichromatische Sehen verfügen); Parallelen sind Geraden, die sich nicht schneiden (aber nur, wenn man die Geometrie nicht auf einer Kugeloberfläche treibt); ein Dollar hat den Wert von drei Rubeln (allerdings nicht auf dem Schwarzmarkt). In all diesen Fällen kaprizieren sich die beiden Ausdrücke in einer bestimmten Welt zufällig auf die gleiche Sache, aber man würde sich mit Sicherheit nicht in einen Widerspruch verwickeln, wenn man bestritte, daß das auch in irgendeiner Welt so sein müßte. Selbst wenn wir also die Identität herausgefunden haben mögen, haben wir sie damit noch nicht vollständig erklärt, und es wäre keineswegs kindisch, die weitergehende Frage nach dem »Warum« zu stellen – das heißt, zu fragen, warum die Identität in der einen Welt gilt und in einer anderen nicht.

Mit welcher Art Identität haben wir es nun aber im Fall des Bewußtseins zu tun? Wenn wir sagen, daß Bewußtsein zu haben darin besteht, Urheber nachhallender Hirnsentiments zu sein, ist dies dann eine Identität, die universale Geltung hat, so daß also jeder in jeder denkbaren Welt, der tut, was wir tun, wenn wir Schmerzsentiments erzeugen, mit Bewußtsein denselben Schmerz empfinden würde wie wir? Oder handelt es sich um eine Identität, die nur in einer bestimmten Welt oder Reihe von Welten Geltung beanspruchen kann: so daß ein Wesen auf einem anderen Planeten oder in einem anderen Universum die funktionell gleichen Schmerzsentiments produzieren könnte, ohne doch den mindesten Schmerz zu empfinden? Und wenn die Identität zufällig und nicht-notwendig ist, was ist dann das Besondere an den Welten, in denen sie gilt, im Unterschied zu den Welten, wo sie keine Geltung hat? Welche Laune Gottes oder der Natur macht dann, daß es sich im einen Fall *so* und im anderen *nicht so* verhält?

In der Vergangenheit waren die Menschen tatsächlich bereit anzunehmen, daß die Vorgänge im Gehirn nur unter ganz bestimmten Umständen von Bewußtsein begleitet seien. Descartes zum Beispiel vertrat die Ansicht, diese Identität finde sich beim Gehirn der Menschen, nicht hingegen bei dem der anderen Tiere, und glaubte, dies habe seinen Grund einfach darin, daß Gott es so eingerichtet habe. Aber selbst wenn heutzutage nur noch wenige Philosophen *dieser* Art von Zufall das Wort reden und vielmehr akzeptieren, daß die Identität – falls sie überhaupt gilt – einen ziemlich umfassenden Geltungsbereich beanspruchen kann, würden doch nach wie vor eine ganze Reihe von ihnen darauf beharren, daß daraus keine universale Geltung der Identität folge und daß wahrscheinlich *irgendeine* Art von unbekanntem (und vielleicht auch unerkennbarem?) Zufall seine Hand im Spiel habe. Denn sie können sich einfach nicht dazu aufraffen, den Fall zu konzedieren, daß bestimmte bewußtseinsspezifische Empfindungen notwendigerweise mit bestimmten Zuständen im Gehirn identisch sein könnten: so daß es zum Beispiel für jemanden logisch unmöglich wäre, Urheber zirkulierender Schmerzsentiments zu sein, ohne eine Schmerzempfindung zu erleben. Und als Grund dafür geben sie an (oder jedenfalls ist das der Grund, den Saul Kripke angibt), daß sie sich angeblich sehr wohl eine Welt *vorstellen* können – das wäre dann vielleicht nicht unsere Welt, aber was soll's –, in der genau derselbe funktionelle Zustand in einem Wesen existierte, das sich tatsächlich keiner Schmerzen bewußt wäre. Da sich nicht bestreiten läßt, daß eine vorgestellte Welt eine mögliche Welt ist, scheint dies in der Tat ein hinreichendes Argument gegen die Notwendigkeit.

Wenn die Betreffenden recht haben mit ihrer Behauptung, daß sie sich eine Welt vorstellen können, in der die vorgeschlagene Identität keine Gültigkeit hat, dann wäre es zugegebenermaßen tatsächlich gleichermaßen vernünftig und von Wichtigkeit, der Frage weiter nachzugehen, warum die Identität für unsere Welt gültig ist. Genauso, wie es vernünftig und wichtig wäre, zu fragen, warum in dieser bestimmten Welt 42 gleich 7 mal 6 ist, wenn irgend jemand sich eine Welt vorstellen könnte, in der 42 nicht 7 mal 6 ist. Fraglich ist nur: Kann im einen wie im anderen Fall jemand mit Fug und Recht für sich beanspruchen, zu so einer Vorstellung imstande zu sein?

Im Falle von 42 = 7 x 6 gibt es gute Gründe, diesen Anspruch zurückzuweisen. Es gibt sicher nichts, was Menschen vom Versuch abhalten kann, sich alles mögliche vorzustellen. Vielleicht empfinden sie es als nützliche geistige Übung, sich versuchsweise vorzustellen, daß 42 nicht gleich 7 mal 6 ist ... oder daß es ein Leben nach dem Tod gibt oder daß sie das Geräusch einer einzelnen klatschenden Hand hören können oder daß ihre Köpfe aus Quark sind. Aber es ist eine Sache, den Versuch zu machen, und eine andere, damit erfolgreich zu sein. Und wenn jemand behauptete, er stelle sich gerade erfolgreich vor, daß 42 nicht gleich 7 mal 6 sei, dann müßten wir wohl nicht sonderlich beeindruckt sein. Wenn wir nett wären, könnten wir dem Betreffenden vielleicht zugestehen, sich guten Glaubens geirrt zu haben beziehungsweise einer Täuschung erlegen zu sein; oder wir könnten, weniger wohlmeinend, die Ansicht äußern, er wisse einfach nicht, wovon er rede. Denn 42 = 7 x 6 ist tatsächlich eine notwendige Identität. Und wenn sich vielleicht auch jemand eine oberflächlich ähnliche Identität ohne Gültigkeit vorstellen könnte, *diese* Identität kann er sich nicht als ungültig vorstellen.

Müßte es uns nun aber stärker beeindrucken, wenn jemand

behauptete, er könne sich ein Wesen vorstellen, das Urheber nachhallender Schmerzsentiments ist, ohne dabei Schmerz zu empfinden? Ich neige zu der Ansicht, daß dieser Fall dem ersteren absolut parallel ist, und zwar aus ein und demselben Grund. Wenn jemand behauptete, er könne sich eine Welt vorstellen, in der dieser Zusammenhang keine Gültigkeit hat, dann müßten wir entweder daraus schließen, daß er sich irrt oder daß er die Theorie nicht begriffen hat. Und selbst wenn jemand imstande sein sollte, sich irgendeine andere Spielart von Identitätstheorie ohne Gültigkeit vorzustellen, *diese* Theorie kann er sich nicht als ungültig vorstellen. Denn ich vermute, daß diese bestimmte Identität in Wahrheit eine notwendige Identität ist.

Gewiß, Kripke kommt genau zu dem entgegengesetzten Ergebnis. Aber schließlich trennt uns ja auch, daß für Kripke jede identitätstheoretische Argumentation, die zu zeigen beansprucht, daß »wir diese Dinge, die wir meinen, uns vorstellen zu können, tatsächlich gar nicht imstande sind, uns vorzustellen ... eine Argumentation mit mehr Tiefgang und Subtilität sein müßte, als ich zu ermessen vermag und in der ganzen mir bekannten materialistischen Literatur gefunden habe«. Ich zögere zwar, es auszusprechen, aber es könnte sehr wohl sein, daß das, was uns trennt, die letzten zehn Kapitel sind, deren Weg Kripke nicht mit uns zurückgelegt hat.

Das Problem ist, daß die Gewässer durch *schlechte* Theorien ziemlich verunreinigt sind: durch Theorien, in denen Identitätsbehauptungen aufgestellt werden, die nicht einmal für die Welt, in der wir leben, Gültigkeit haben, geschweige denn für alle denkbaren Welten.

Als ich kürzlich in der Ausgabe der *Encyclopedia Britannica* von 1929 den Artikel über »Zauberei« [»Conjuring«] nachschlug*, stieß ich zufällig unter dem Stichwort »Bewußtsein« [»Consciousness«] auf den folgenden Eintrag: »Einer Theorie zufolge eignet jedem Atom des physischen Corpus von Natur

* *Encyclopedia Britannica*, 14. Ausgabe, 1929.

die Eigenschaft Bewußtsein... Eine zweite Theorie geht von besonderen Nervenzellen im Gehirn aus, die bei ihrer Aktivierung Bewußtsein erzeugen... Die Psychonentheorie [die der Verfasser des Artikels, W. M. Marston, eindeutig favorisierte] vertritt die Ansicht, daß Bewußtsein immer dann auftritt, wenn irgendeine Einheit des Verbindungsgewebes zwischen den einzelnen Neuronen elektrisch aufgeladen wird. Die Einheiten, aus denen das Verbindungsgewebe besteht, werden *Psychonen* genannt, und jeder Psychonenimpuls konstituiert nach dieser Ansicht eine physische Bewußtseinseinheit. Die Theorie wird zur Zeit experimentell überprüft.«

Es ist nicht überliefert, was aus der experimentellen Überprüfung dieser bemerkenswerten Theorie geworden ist. Aber wenn heute ein Philosoph sich die Psychonentheorie zu eigen machte und behauptete, er könne sich sehr wohl eine Welt vorstellen, in der Psychonenimpulse, sagen wir, im Schwanz eines Hummers aufträten, ohne von Bewußtsein begleitet zu sein, wäre ich der letzte, das bestreiten zu wollen. Tatsächlich kann ich mir, ganz unabhängig vom Ergebnis noch so vieler experimenteller Überprüfungen, überhaupt keine Welt vorstellen, in der diese Theorie Gültigkeit hat.

Aber das ist nicht die Theorie, die ich vorgetragen habe. Und bestreiten würde ich allerdings, daß jemand, der *meine* Theorie verstanden hat, sich vorstellen kann, daß *sie* keine universale Gültigkeit hat.

Das Problem bei der Psychonentheorie ist, daß nichts an ihr den Eindruck der Stimmigkeit vermittelt und in uns auf Resonanz stößt. Der Theorie ging (wie ich vermute) kein Nachdenken darüber voraus, worin das Bewußtseinserlebnis auf der phänomenologischen oder sprachlichen oder verhaltenspraktischen Ebene eigentlich besteht: Und deshalb kann die Theorie schließlich auch kein Erleben vermitteln. Meine Theorie hingegen nahm ihren Anfang bei den wesentlichen Eigenschaften des Bewußtseins und verband sie dann systematisch mit der Identität, weshalb sie diese Charakteristika dann auch, wenn gewünscht, als Momente der Identität sichtbar machen kann.

Und daraus ergibt sich, daß die Vorstellung von einem Wesen, das – wo und wann auch immer – tut, was wir tun, wenn wir nachhallenden Schmerzsentiments als Schauplatz dienen – mithin die Vorstellung von diesem Wesen als von einem *Urheber* sensorischer Aktivität, der in der *erweiterten Gegenwart* der Sentition lebt –, (im Erfolgsfall) mit der Vorstellung deckungsgleich ist, daß dieses Wesen Schmerzempfindungen bewußt erlebt. Auf der Körperseite der Gleichung bleibt nichts von dem unbestimmt, was auf der Bewußtseinsseite bestimmt wird, und umgekehrt.

Aber ist das alles? Ich wüßte nicht, was ich sonst noch sagen könnte. »Für einen Dichter«, hat Henry Thoreau bemerkt, »besteht die Lebenskunst darin, *etwas* zu sagen, auch wenn man nichts zu sagen hat.« Aber wer kein Dichter ist, tut besser daran, Schluß zu machen.

Kapitel 29

Sein und Nichts

Ich habe Schluß gemacht – aber für eine so bemerkenswerte Geschichte war der Schluß doch zu undramatisch.

»Eine Geschichte des Geistes«, eine »Naturgeschichte des Ich«, ist, wie ich prophezeit habe, nur eine Teilgeschichte eines Teils der Beschaffenheit des Geistes geworden. Dennoch handelt die Geschichte davon, wie in den vergangenen vier Milliarden Jahren die animalischen Wesen kraft ihres Geistes den Status des Universums, in dem sie leben, vollständig verändert haben.

Ich möchte die Geschichte mit einem konkreten Ereignis beschließen – mit dem Eintreffen eines Fleckens Sonnenlicht auf der Oberfläche unseres Planeten.

Vor langer, langer Zeit, ehe es irgendwelches Leben auf der Erde gab, fielen Strahlen der späten Nachmittagssonne auf den Wasserspiegel eines flachen Tümpels in den Felsen an der Küste, drangen durch das Wasser und wurden von einem Kiesel am Grund absorbiert. Wie alles andere in der Natur war auch der Kiesel leb- und fühllos. Und also schien die Sonne auf eine Welt ohne Bedeutung, in der nichts *als* etwas *für* jemanden existierte.

In diesem Tümpel begann sich Leben zu bilden; und bald schon wimmelten die Meere von winzigen, selbstbezogenen Organismen. Im gleichen Felstümpel trat ein Protozoon ins Leben, das sich von den Partikeln dicht unter der Wasseroberfläche ernährte. Wenn nun die Sonne auf den Tümpel schien, wurde von dem Licht ein bißchen – ein winziges bißchen – an der Grenze des Protozoons absorbiert. Aber im Unterschied zum

Kiesel war das Protozoon lichtempfindlich. Mittags drohte die ultraviolette Strahlung, ihm Schaden zuzufügen, und so brachte es sich durch Schlängelbewegungen in Sicherheit, aber wenn die Sonne unterging, konnte es gefahrlos an die Oberfläche zurückkehren. Das Protozoon repräsentierte das Sonnenlicht – durch seine Aktivität – als ein Ereignis mit Bedeutung »für mich«.

Die Entwicklungsgeschichte ging weiter, und im selben Tümpel nistete sich ein Fisch ein. Der Fisch bewohnte einen Tanghaufen, aus dessen Schatten er hervorschoß, um nach Beute zu schnappen. Auch für den Fisch war das Licht von Bedeutung: Sein ideales Milieu war die Zone, wo der Tang endete und das offene Wasser begann. Der Fisch hatte immer noch eine lichtempfindliche Haut, und durch das Vergleichen der Lichtreize an verschiedenen Teilen seines Körpers war er imstande, sich in einer Position zu halten, bei der er mit dem Schwanz im Schatten, mit dem Kopf im Hellen stand. Aber der Fisch hatte auch ein Auge entwickelt, das abbilden konnte, und er machte sich das Bild auf der Netzhaut zunutze, um eine neue Wahrnehmungsfähigkeit auszubilden. Das Licht wurde nicht mehr einfach nur als Hinweis auf die Richtung des Lichteinfalls interpretiert, sondern auch als Zeichen für das, was »da draußen« vorging. Hätte der Fisch zum Himmel hinaufgeschaut, hätte er möglicherweise sogar eine schimmernde rote Scheibe gesehen, die zur Welt jenseits des Tümpels gehörte; aber der Wind blies, und die gekräuselte Wasseroberfläche schloß diese ferne Welt aus dem Blickfeld aus.

Nicht weit entfernt von der Stelle, an der sich einst dieser Tümpel in den Klippen befand, steht heute die Stadt Cambridge. Und dort lebe ich nun. Wenn ich in diesem Augenblick aus dem Fenster schaue, kann ich die Sonne im Westen versinken sehen. Wie meine Vorfahren interpretiere ich das Licht, das auf meine Netzhaut auftrifft, gleichermaßen als kreisrunde rote Scheibe, die mir als Reiz widerfährt, und als Feuerball, der da draußen in der Milchstraße existiert. Aber etwas anderes hat sich im Laufe der Evolution neu ergeben: das scheinbare Wunder des Bewußtseins. Ich lebe jetzt in der Gegenwart der Empfindungen, die »ich« ins Leben rufe. Ich umschließe in mir meine eigene Reaktion auf das Bild der Sonne als eine Aktivität, deren Urheber »ich« bin. Ich habe, wenn man so will, das dünne Seil der physikalischen Zeit in eine Schleife gelegt, in der ich wie mit einem Lasso die Sonne einfange – und sie mir, für einen Augenblick, aneigne.

Ich will keineswegs darüber befinden, was für einen absoluten Wert wir dieser Verwandlung des Universums beimessen oder welche Priorität wir ihren einzelnen Aspekten einräumen sollen. In seiner *Elegy* hat Thomas Gray ausgesprochen, wann Philosophen möglicherweise gut daran tun, den Mund zu halten:

> »In unauslotbar dunkler Meeresgrotten Gruft
> Gar manch Juwel von reinster Strahlkraft glüht,
> Gar manche Blüte von betäubend süßem Duft
> Verströmt sich in den leeren Äther und verblüht.«[*]

Aber es sind nicht nur Gefühlsmenschen wie Gray, die eine Welt ohne Repräsentation durch das Bewußtsein für eine Welt halten würden, die ihre Bestimmung beklagenswert verfehlt hat. Wenn die Frage lautet: »Wer will schon bestimmen, was ›Verschwendung‹ ist?«, wissen wir meines Erachtens alle, was diesen Namen verdient.

Es ist wahr, daß jede Form des selbstbezogenen Reagierens ein existentiell wichtiges Ereignis ist. Die Amöbe, die sich vom Licht abkehrt, der Frosch, der nach einer Fliege schnappt, der Mensch, dessen Pupille sich im Schlaf zusammenzieht, der Blindsichtige, der nach einem Ball greift – alle verleihen sie durch ihr Tun der Welt einen Farbtupfer von Bedeutung, den sie sonst nicht hätte.

Und doch ist es am Ende erst der von *Bewußtsein* begleitete

---

[*] Thomas Gray (1750), »Elegy Written in a Country Churchyard«, XIV, in: *The New Oxford Book of English Verse*, hrsg. v. Helen Gardner, Oxford 1972.

Selbstbezug, der in die neue Dimension semantische Tiefe hineingebracht hat. Denn das Bewußtsein mit seiner Fähigkeit, den verschwindenden Nu der physikalischen Zeit als den erlebten Augenblick des Empfindens fortdauern zu lassen – es läßt AUS UNSEREM SELBSTSEIN ERLEBTE WIRKLICHKEIT WERDEN und versüßt und bereichert damit das Dasein der äußeren Welt FÜR UNS.

Ein bloß scheinbares Wunder? Keineswegs, sondern einem wirklichen Wunder so nah wie nur irgend etwas! Der Clou aber ist vielleicht, daß zur Erklärung dieses Wunders eine relativ einfache wissenschaftliche Theorie ausreicht.

Register

Affen:
  Blindsicht 111
  Farbexperimente 82 ff.
Agnosie, visuelle 103 ff., 131
Alcock, James 107
Alice im Wunderland 94, 103, 286
Allport, Alan 38
analoge vs. digitale Repräsentation
  131 ff.
Antonioni, Michelangelo 71 f.
Anweisungen 182 f., 188, 213 f.
  234–239, 243, 281
Aristotles 119, 148
autozentrischer vs. allozentrischer
  Modus 53 f.
Auge, Evolution des 64 ff.

Bach-y-Rita, Paul 99 ff.
Beschreibungsebenen 28 ff., 286 f.
Bewußtsein 294 f.
  bei Außerirdischen 269 f.
  Definition 37 ff., 148 ff.
  als »Empfindungen haben«
  148 f., 155
  Etymologie 151 ff.
  evolutionsgeschichtliches Auftauchen 248, 265 ff., 297 ff.

  bei Robotern 270–276
  bei Tieren 267 f., 276 f.
binoculare Rivalität 142 f.
Bisiach, Eduardo 190 ff.
Blake, William 79, 221, 230
blinder Fleck 224 f., 229
Blindsicht 111–118, 127, 230
Boccaccio, Giovanni 76 f.
Boring, Edward 130
Bowra, Maurice 63
Broad, C. D. 33
Bunyan, John 22
Burton, Maurice 39
Byron, Lord 61

Calvin, William 17
Carroll, Lewis 94, 103, 145, 286
Cézanne, Paul 79
Clynes, Manfred 73
Coleridge, Samuel 19, 75, 126,
  235
Constable, John 78
Critchley, Macdonald 104
Crook, John 38

Dennett, Daniel 13, 238
Descartes, René 25, 292

Diderot, Denis 93
Donne, John 143
Drummond, William 22, 60
Dualismus 25

Eagle, M. 108
Eignerschaft 184–195
Eliot, George 36 f.
Eliot, T. S. 32, 238
Empfindungen 116 ff., 124 ff.,
   140 ff., 148 f., 159 ff., 249 ff.,
   181 f., 292
   als Körperaktivität 194–203;
     siehe auch Sentiments
   körperliche Lokalisierung von
     173 ff.
   Präsenz von 178 ff.; siehe auch
   subjektive Präsenz
   Qualität von 176 ff.; siehe auch
     Modalität von Empfindungen
   selbstdarstellende Eignerschaft
     von 180 ff.
   als »was passiert mit mir« 49,
     52–61
Evolution von Design 255–261
evolutionärer Konservativismus
   69, 206 ff., 255–261

Farah, Martha 147
Farbe 70 ff., 82 ff., 89 ff., 181 f.
Fledermäuse 278 f.
Freud, Sigmund 54, 60, 104
Frösche 65 f.
Fry, Roger 85
Funktionalismus 30, 289

Geist-Körper-Problem, Definition
   21–31
genetische Abdrift 260 f.
Gödelsches Theorem 272 f.
Goldstein, Kurt 72 f.
Gott 266
Gould, Stephen Jay 37
Gray, Thomas 299

Halpern, L. 72 f.
Hardin, C. L. 61
Helen (Affe) 111 ff.
Hopkins, Gerard Manley 193
Horaz 77, 152
Huxley, Aldous 80, 151, 246
Huxley, Julian 285

Ich:
   als ausführendes Selbst
     187–195
   als Hervorbringer von Empfin-
     dungen 149, 159 f., 194 f.,
     248 ff., 281, 292
   als innerer Dirigent 214 f., 236 f.
Identitätstheorie 26, 289–294
Impressionistische Malerei 78 f.
inneres Körpermodell 202,
   226–231
Intentionalität 182, 234 f., 239,
   243, 281
Interesse vs. Lust 82 ff.

Jackendoff, Ray 31, 185, 193,
   285
Jackson, Frank 282
Jago 186, 192

James, William 38 f., 159
Johnson, Samuel 27, 157

Kandinsky, Wassily 70
Kant, Immanuel 78 f.
Kinsbourne, Marcel 238
Kohler, I. 97
Kripke, Saul 290–294
Kundera, Milan 173, 249

Leibniz, Gottfried 28
Leugnen der Körperzugehörigkeit
    190 ff.
Lily, Gespräch mit 157–162
Locke, John 87, 90, 120, 152, 163
LSD 80; siehe auch Mescalin
Lycan, William 30

Macbeth 125
MacDougall, Duncan 22
McGinn, Colin 27, 31, 218, 284 f.
    288 f.
Marcel, Anthony 38, 108, 116
Marian (blinde Psychologin)
    282 f.
Marvell, Andrew 70
Melzack, Ronald 222 f.
Mescalin 80, 246; siehe auch LSD
Mikellides, Byron 70 f.
Modalität von Empfindungen
    100 f., 176 ff., 196 f., 210 ff.,
    216 ff., 253 ff.
Molière 156
Monet, Claude 78, 86
Monismus 26
Müller, Johannes 217

Nagel, Thomas 35, 285
Notwendigkeit und Kontingenz
    290 ff.

objektive Phänomenologie 220

Paré, Ambroise 223
Penrose, Roger 17
Phantomempfindung (optische)
    223 f., 229 f.
Phantomglieder 222 ff., 229 f.
phänomenale Regression 139
Phänomene, geistiger Status 42 ff.,
    297 ff.
Picasso, Pablo 50 f.
Platon 33 ff., 76
Porter, Tom 70 f.
Prüfung durch Rückübertragung
    133 ff.
Psychonentheorie des Bewußtseins
    295
Purpurkuh 121 f., 140 f.

Reaktionszeit auf Farben 181 f.
Regenwürmer 65 f., 268
Richard II. 120
Roboter 30, 149, 270 ff.
Rousseau, Jean-Jacques 185
Rückkopplungsschleife 240–247
rückwirkende Kausalität 237–244
rückwirkendes Überdecken 108
Russell, Bertrand 88

Sacks, Oliver 132
Sanktionierung der Wahrnehmung
    durch Empfindung 116 f., 124 ff.

Schachtel, Ernest 53
Schildkröten 207 f.
Schlaf 157 f., 161, 247
Schrift, Evolution der 258, 261
Scott, Peter 39
Sehen mit der Haut 98 ff., 173 ff.,
    178, 279
selektive Aufmerksamkeit 75–81,
    100 f.
Sentiments, adverbialer Stil der
    212 f., 219 f., 253–263
    Definition 210 ff.
Sentition, Definition 210
Shakespeare, William 120 f., 125,
    152, 186, 192
Sprache, Schwierigkeiten mit
    31–40, 56 f., 151
Siamesische Zwillinge 188 ff.
Skeumorphen 256 ff.
Sloman, Aaron 150
spezifische Nervenenergien 216 ff.
Starbuck, E. D. 54 f.
Steadman, Philip 255, 260
Stern, Daniel 189
subjektive Präsenz 127, 176 ff.,
    238 f., 243 ff.
Sutherland, Stuart 165
Sylvie und Bruno 145 f.

»Tischplatten-Illusion« 136 f.
Thoreau, Henry 296
Thouless, Robert 138 f.
Titchener, Edward 209
Traherne, Thomas 184, 193

Träume 126, 144 f., 161
Tschechow, Anton 287
Turing-Test 274 f.
Turner, William 78, 246

Ungeheuer von Loch Ness 36, 39
»umgedrehtes Spektrum« 89 ff.

van Gogh, Vincent 72
van Gulick, Robert 285
visuelle Imaginationen 119–147,
    149, 161, 168

Wahrnehmung 107
    im Unterschied zur
    Empfindung 52–64, 82–102,
    117 f., 125 f., 173 f., 196 f.,
    210 ff., 216 ff., 253 ff.
    als »was da draußen vorgeht«
    49, 52–61
Weiskrantz, Lawrence 109, 111
Welch, Robert 97
wesentliche Eigenschaften 170
Wilde, Oscar 281 ff.
Wilkes, Kathleen 38
Wittgenstein, Ludwig 33, 63, 91 f.
Wordsworth, William 75 ff.

Zeit, subjektiv vs. physikalisch
    238 f., 247
zweifacher Weg der Bewußtseins-
    evolution 41–51, 55
zweifacher Zuständigkeitsbereich
    der Sinne 52–61, 82–102